한국 여성의 정치 참여

여성은 왜 정치에 참여해야 하나?

한국 여성의
정치 참여

POLITICAL PARTICIPATION

김민정 지음

인간사랑

이 저서는 2015년도 서울시립대학교 연구년 교수 연구비에 의하여 연구되었음.

차례 POLITICAL PARTICIPATION

머리말

우리나라에서 여성이 참정권을 얻은 것은 1948년 대한민국 제헌헌법부터이다. 외국에서는 19세기에 길고 치열한 여성참정권 운동을 거치면서 일반 여성들의 정치에 대한 관심도 높아지고 여성이 정치에 참여해야 하는 이유에 대해서도 합의가 형성되면서 제1차 세계대전 이후부터 여성이 참정권을 획득했다. 그러나 우리나라에서는 이러한 과정 없이 해방이 되어 근대 민주주의국가가 성립되면서 여성참정권이 입법화되었다. 그래서인지 정치에 대한 여성의 관심이 낮았고 오랫동안 여성들은 정치의 주체가 아니라 피치자로 통치의 대상이었을 뿐이다. 민주화운동과 더불어 여성의 정치에 대한 관심이 서서히 나타나기 시작하였고 여성의 정치운동도 전개되었다. 이와 때를 같이 하여 여성들의 교육수준도 높아지고 사회참여도 늘어나면서 정치 참여도 조금씩 늘기 시작했다. 큰 전환점이 되었던 것은 2002년 선거법의 개정과 더불어 비례대표 정당 명부에 여성후보를 50% 공천하도록 하는 여성할당제가 도입된 것이다. 이 조항이 적용된 첫 번째 선거였던 2004년

17대 총선에서 여성국회의원이 역사상 처음으로 10%가 넘는 13%가 되면서 여성정치 참여가 확대되기 시작했다. 우선 여성들의 의식 변화가 있었고 제도가 뒤따랐고 이어서 여성들의 의식은 더욱 빠르게 변화되었다. 이제 할당제가 적용되고 4번의 총선을 하였고 지방의회의 경우에도 4번의 선거를 했다. 그 과정에서 우리나라 여성들의 정치 참여가 얼마나 변화하였는지 보려는 것이 이 책의 목적이다.

이 책에 실린 논문들은 각 선거가 끝나고 여성단체 혹은 학회 등에서 발표한 논문들로 2015년 연구년 기간 동안 정리, 보완하여 한 권의 책으로 엮었다. 여기에 2016년 20대 총선이 끝나면서 그간의 변화에 대해서 다시 한 번 일별하는 연구를 통하여 17대로부터 시작된 할당제 이후의 여성정치 참여의 변화를 추적하는 이 책을 완성하게 되었다.

프랑스에서 학위를 마치고 귀국하여 처음 사회생활을 시작하였을 때 지나치게 남성 중심적인 한국 사회에 무척 놀랐다. 계속 학교에만 있었기 때문에 이러한 남성 중심적인 사회를 피부로 체험하지 못했기 때문에 여성해방보다는 인간해방이 더 기본이라고 생각하여 왔던 나의 생각은 한국 사회에 적응해나가면서 인간해방의 기본은 여성해방이라는 생각을 하게 되었다. 정치학자이기 때문이기도 하고 정치가 모든 것에 기본이라는 생각을 하고 있기도 해서 여성해방의 출발은 여성정치 참여의 확대로부터 시작한다고 생각해왔다. 이런 생각을 할 즈음 한국 정치학회에 연구분과위원회로 여성정치연구위원회가 생기면서 1997년부터 이 연구분과를 중심으로 여성정치문제를 연구하게 되었고 이어서 국제정치학회에도 유사한 분과위원회가 생기면서 정치현상 연구를 여성의 시각으로 재해석하는 활동에 참여하게 되었다. 돌아보니 어느덧 20년의 세월이 지났고 그동안 선거가 있을 때마다 선거를 여성의 시각으로 해석해온 연구결과물이 많이 축적되었다. 물론 여기에 실린 논문 이외에도 학회지 혹은 다른 연구저서들에 논문들을 발표했지만 이러저러한 이유로 발표만 하고 출간되지 못했던 논문들과 새로 쓴 글들을 모아서 여기에 실었다. 다시 읽어보니 그간 사회가 많이 바뀌었다는 생각이 들기도 하고 또 지금 보니 맥락이 조금 안 맞는 내용이 있기도 하여 맥락에 맞추어 수정을 하고 내용과 추가 설명들도 덧붙이고 글들 사이의 연관성을 높이도록 바꾸었다. 여기에 실린 논문들은 20년 동안 한국 여성 정치 참여를 관찰해온 산물이고 또 한국에서 여성의 정치 참여가 발전하기를 바라는 나의 작은 노력의 결실들이다.

연구자로서 일을 하면서 보람 있고 즐겁고 때로 힘들었지만 가장 미안한 것은 아들과 딸에게 많은 시간을 할애하지 못했다는 것이다. 그래도 잘 자라주었고 또 자기들의 길을 잘 가고 있어서 고마울 따름이다. 이 책의 원고를 정리하면서 우리 아이들이 살아갈 세상은 남녀가 보다 평등하고 함께 책임지는 더 좋은 세상이 되기를 꿈꾼다.

2016년 12월 김민정

서론

여성은 왜 정치에 참여해야 하나? 어떻게 확대할 것인가?

여성은 정치에 참여해야 하는가? 부패한 기존의 정치권력을 정제할 수 있는 개혁세력으로서 여성은 정치에 참여해야 하는가? 여성이 정치에 참여하면 정치가 변화되는가? 최근 우리가 스스로에게 수없이 던지고 또 다른 사람들에게 대답했던 질문들이다. 한국 여성들은 오랫동안 정치로부터 배제되어왔는데 과거 근대 이전에도 그랬고 해방 이후나 권위주의 시대에도, 심지어 민주화 시대에도 여성들의 정치 참여는 남성들에 비해 상당히 저조했다. 우리는 이러한 현실 속에서 여성의 정치 참여가 필요한가? 필요하다면 무슨 이유 때문인가? 필요하다면 어떻게 발전시킬 수 있을까에 대해 대답하고자 한다.

Ⅰ. 여성이 정치에 참여해야 하는 이유

서양에서 여성이 집단으로서 정치에 관심을 가지기 시작한 것은 19세기 1기 여성운동이 시작되면서일 것이다. 1기 여성운동의 주된 관심사는 여성들의 참정권 쟁취였다. 물론 참정권 쟁취만이 유일한 이슈는 아니었지만 대체로 참정권 쟁취가 가장 중요한 이슈의 자리를 차지하고 있었다(Evans 1977). 참정권을 가진다는 것은 근대민주주의의 기본적인 속성인 정치권력의 주체이면서 동시에 정치권력의 명령을 따라야 하는 피치자로서 여성이 자신들의 대표를 통하여 자신들이 따라야 할 명령을 만드는 일에 참여하겠다는 의지의 표명이라고 할 수 있다. 과거 영국의회 역사 초기 젠트리의 중요한 정치적 주장이었던 "대표 없이 과세 없다"가 슬로건이 여성들에게는 "대표 없이 (정치권력에의) 복종 없다"로 바뀐 것이다. 여성들의 참정권 투쟁의 결실로, 혹은 남성 정치의 필요 때문에[1] 20세기에 들어오면서 대부분의 국가들에서는 여성의 참정권이 인정되었다.

여성에게 참정권이 부여되면 여성들의 참여는 활발해지고 여성들의 목소리에 대한 대변이 있을 줄로 기대했지만 2기 페미니즘이 등장하기까지 이런 권리는 상징적인 의미일 뿐 실제로는 정치에 별로 영향을 미치지 못했다.

---

1 룩셈부르크의 경우를 예로 들 수 있다. 룩셈부르크는 페미니스트들의 압력 없이 국내정치의 맥락에서 여성들에게 참정권이 주어졌다. 보수주의자들이 입헌왕정을 유지하기 위해 사회당의 도움이 필요했고 사회당의 일부 정책들이 받아들여졌다. 이것이 1919년으로 프랑스나 다른 유럽 국가들에 비해서 시기적으로 빠르면 빨랐지 결코 늦지 않지만 여성정치는 발달하지 못한 것은 바로 여성들의 힘으로 얻은 참정권이 아니고 정치적 맥락에서 받아들여졌기 때문이라고 분석될 수 있다. 그래서 룩셈부르크의 여성의 정치적으로 엘리트로서의 참여에 있어서 유럽연합 국가들 가운데 상당히 저조한 편이다(www.db-decision.de/english/eu).

여성들은 정치와 자신들의 관계를 연결 짓지 못하여 관심이 없는 것으로 나타났고[2] 정치에 대한 인지도도 낮은 것으로 나타났다. 이런 사실들의 조합으로 여성들의 참정권은 정치적으로 의미 있는 권리가 되지 못했다. 2기 페미니즘은 이런 문제의식으로부터 출발하여 진정으로 평등하기 위해서는 어떤 조건들이 이루어져야 하는지에 대해서 고민했다. 이에 대한 하나의 방법으로서 정치에 보다 많은 여성들이 엘리트로서 참여하게 된다면 형식적인 평등으로부터 실질적인 평등이 이루어지리라는 주장들이 있어왔다. 이 주장은 몇 가지 논리적인 근거를 가지고 1980년이래로 여성정치의 중요한 주장 가운데 하나가 되어왔다. 이런 주장들은 정치의 기본적인 본질을 어떻게 이해하느냐와 밀접한 연관관계에 있다.

우선 정치는 데이비드 이스턴에 의하면 "사회적 제가치의 권위적인 배분 활동"이라고 했다. 이스턴의 주장은 인간들이 원하는 가치는 제한되어 있고 이 사이에서 갈등이 생기기 때문에 정치에 의하면 권위적인 즉 누구나 따라야 하는 명령을 통해서 배분이 이루어진다는 것이다. 정치는 다양한 정의 및 접근방법에도 불구하고 하나의 합의가 있다면 그것은 정치가 홀로 존재하는 인간이 아닌 같이 더불어 살고 있는 인간 사이에 발생한다는 것이다. 로빈슨 크루소에게는 정치가 필요 없고 사회 속에서 자신이 얻고자 하는 것은 다른 사람도 얻고자 할 때 희소한 이 가치를 누가 가지느냐로 충

---

2 투표참여율에 있어서 여성이 남성보다 낮은 것은 사실이다. 그러나 이것을 여성이 원래 본성적으로 정치와 무관한 존재이기 때문이라는 본질주의적 해석에 의한 남성우월주의로 연결될 수는 없다. 왜냐하면 여성들은 오랜 세월 동안 정치와 무관하게 살도록 교육되어왔고 정치는 남성들만의 세계였기 때문에 여성들이 이해하기 힘든 용어와 방식으로 전개되어왔기 때문이다. 그러므로 여성의 투표참여율 저조는 여성을 정치와 분리시키는 논증으로 사용될 수 없고 오히려 여성이 정치와 분리된 현상의 결과 혹은 한 단면이라고 해야 정확하다. 그래서 여성이 정치에 참여해야 한다면 당연히 여러 방법들을 동원하여 장기 혹은 단기적으로 이런 현상을 고쳐나가야 한다.

돌이 발생하고 이를 해결하기 위한 방법이 정치인 것이다. 이렇게 볼 때 정치 참여는 도구적으로(강정인 1993, 41), 자신이 원하는 가치를 추구하는 방법이다. 그래서 인간은 정치권력을 만들고 정치권력의 명령에 복종하기로 약속하였기 때문에 그 명령은 권위적이고 사회구성원은 그 명령을 받아들여 갈등이 해소된다고 한다. 그렇기 때문에 사회 속에서 필요한 가치를 배분받기 위해서, 얻고자 하는 것을 얻으려면 정치과정에 어떤 형태로든 참여하여 자신의 의견을 나타내야 한다. 정치과정에의 참여 없이는 원하는 가치를 얻을 수 없다. 해롤드 라스웰은 정치를 누가, 무엇을, 어디서, 어떻게라는 시각으로 분석하여 '무엇을 어떻게 언제의' 문제보다 앞서 중요한 것은 '누가' 정책결정과정에 참여하느냐가 정치 참여에 있어서 가장 기본적인 문제라고 지적했다(Lasswell 1958). 라스웰은 정치연구가 '영향력과 영향력 행사자에 관한 연구'라고 하면서 엘리트의 특징은 가장 많은 것을 얻을 수 있고 가장 많은 영향력을 행사하는 자라고 규정했다. 정치에 있어서 가장 기본적인 문제가 참여자라면 여성은 자신들의 이익을 위해서 정치에 참여해야 하고 그 참여의 방법이 유권자 수준뿐만이 아니라 엘리트 수준에서도 참여해야 한다. 만약 여성이 정치에 참여하지 않거나 참여는 막는 장애가 있다면 정치의 배분은 공정한 게임이라고 할 수 없다. 가치의 권위적인 배분을 위한 참여가 되려면 여성은 정치 영역에 투표권을 통한 참여에 그치는 것이 아니라 여성의 이익이 전달될 수 있도록 정책결정과정에 영향력을 행사할 수 있는 참여가 이루어져야 한다.

여기에서 여성이라는 집단이 정치적으로 대표될 이익이 있느냐의 문제가 제기된다. 피트킨스는 과연 모든 사회계층이 정치적으로 유의미한가, 그리고 정치 지도자들이 반드시 자신에게 권력을 위임해준 집단과 생각을 공유해야 하는가라고 질문하면서 이 문제를 제기했다(Pitkins 1967, 4장). 이에 관하여 샤피로는 현재의 시점에서 여성들은 남성과 다른 정치적 정향, 정치적 가치관, 사고방식들을 보이고 있기 때문에 여성은 정치적으로 대표될 남성과는 다른 이익을 가지고 있다고 주장했다(Sapiro 1981, 703). 한국의 경우 실증적인 연구들에서 보여주듯이 여성에 관련된 입법의 대부분을 여성의원들이 입안하고 있으며 그 입안의 내용도 여성의 권익향상에 도움이 되는 방향으로 진행되고 있다. 그러므로 여성대표가 없었다면 여성권익향상에 관련된 여성의 이익은 정치적으로 대표되는데 어려움이 있을 것이라고 결론지을 수 있다. 이렇게 볼 때 이제까지의 정치에서는 여성이 여성의 이익을 전달하지 않은 상태에서 남성들의 호의에 기대거나 아니면 어떻게 되든지 거의 관심이 없는 상태로 일관되어왔다. 이런 점에서 자신들의 이익 표출, 이를 통한 이익 배분과정에 참여하기 위해서 여성들은 정책결정과정에 참여해야 한다.

둘째 민주주의적인 시각으로 보면 정치는 모든 구성원들의 효과적인 참여로부터 출발하는데 정치를 통해서 정치공동체의 문제를 해결하고 정치공동체의 지향점을 설정해서, 공동체 내부의 어떤 집단의 배제도 없는 참여가 보장되어야 한다. 이것이 바로 평등사상이며, 모든 인간에 대한 존중사상이며, 국민주권사상이고 기회균등, 다수결의 원칙, 소수존중의 원칙과 연결되어 있다. 성차별에 의해서 여성참여가 배제되어 있다면 민주주의의 기본 이념을 실현하지 못하고 있을 뿐만이 아니라 이것은 여성의 인권에 관한 문제이다. 따라서 민주주의를 완성하기 위한 당위로서 여성의 정치 참여는 효과적으로 이루어져야 한다.

대의정치의 정통성은 정치가 얼마나 국민의 대표성을 잘 표현하느냐에 달려있다. 그 대표는 기본적으로 입법부를 의미하는데 입법부는 모든 사회집단별 의사가 대표를 통해서 대변되는 기구이므로 사회계층 분포의 축소판이어야 한다. 다양한 세력의 대표가 정치에 포함되어야하는 이유는 공공의 이익이라는 것은 폭넓은 대중의 참여로만 보장받을 수 있기 때문이다.

즉 정치과정 전반에 대한 시민의 참여는 개개인의 능력을 정치체계에 투입할 수 있다는 측면에서 민주주의의 필수조건이다. 따라서 공직에서의 여성 배제는 인구의 반인 여성의 인적 능력 발휘 기회를 박탈한다는 의미이며 그러한 상황에서는 민주주의 제도가 근본적으로 작동이 안 되고 있다는 것을 반증하고 있다. 그래서 여성의 저대표성을 민주주의체제의 정통성 위기라고 수잔 캐롤은 주장했다(Carroll 1984, 317).

민주주의의 완성을 위한 당위로서 여성의 정치 참여가 보장되어야 한다면 여성정치 참여의 보장이란 것은 무슨 의미인가? 여성의 참정권으로 그것이 보장되는가? 여성참정권은 여성의 정치 참여의 첫 단계이다. 효과적으로 여성이 정치에 참여하기 위해서는 여성들이 논의될 정치적 의제(political agenda)를 결정하는 과정에 참여할 수 있어야 하며, 정해진 정치적 의제의 정책적인 결과와 그 영향에 대해서 정확히 이해할 수 있어야 하며 그 과정에서 자신들의 의견을 효과적으로 표현하고 토론에 참여할 수 있어야만 효과적인 정치 참여가 이루어진 것이고 민주주의 원칙이 실현되었다고 할 수 있다.[3] 이런 관점에서 여성들의 참여가 민주주의의 공고화를 위한 전제라면 여성들이 정치의 전 과정에서 의미 있게 참여해야 한다.

세 번째 더욱 급진적인 페미니스트들의 주장에 의하면 정치권력 자체가 성에 관한, 성과 관련된(gender-related) 영역이기 때문에 이에 대한 참여 없이는 근본적으로 성평등은 불가능하다는 주장이다. 이들의 주장에 의하면 성평등을 위해서는 정치의 담론구조 자체를 바꾸어야 하며 권력의 개념

---

3 로버트 달은 『민주주의』에서 민주주의를 평가하는 기본적인 기준으로서 민주적인 절차를 중요시하고 있다. 민주적인 절차가 얼마나 이루어지고 있는가에 의해서 그 정치질서가 민주주의인지 또는 어느 정도 민주적인지를 판단한다. 그 기준은 5가지인데 효과적인 참여, 투표의 평등, 계몽적인 이해, 의제의 통제, 성인들의 수용이 그것이다(달, 김왕식 외 역 1999, 58-59).

을 바꾸어야 한다고 주장한다. 정치는 사회적 제반 정책뿐만이 아니라 좀더 기본적으로 사회에서 옳다고 하는 것, 사회에서 논의되어 하는 담론들, 사회에서 사용하는 언어 등을 규정하는 최상위의 힘이다. 이런 점에서 노동의 성적 분업에 따라 여성들이 사회적인 역할을 담당해 왔지만 여성들의 일은 무시되거나 중요하지 않은 일, 하찮은 일로 규정되고 그래서 여성들의 지위가 상대적으로 낮았던 것은 바로 정치에 의해서 그렇게 규정되어 왔기 때문이다. 따라서 여성들이 사회에서 분업을 없애고 다양한 분야에 진출하고 역할을 확대하는 것도 중요하지만 동시에 이것을 조정하고 결정하는 구조에 참여함으로써 구조 자체를 전환하고 담론을 바꾸는 것이 필요하다. 여성들이 정치에 참여하지 않은 상태에서 사회적 역할만을 확대한다면 또 다른 형태로 여성의 종속 내지는 상대적 지위의 약화는 계속될 것이다. 이런 점에서 보다 근본적으로 기존의 담론을 해체하고 구조 자체를 바꾸는 일에 여성들이 참여해야 하는 것이다. 오늘날의 사회는 여성적 리더십을 필요로 하고 있기 때문이다.

여성리더십은 시대적 요청이고 어떻게 보면 미래 사회에 있어서 여성리더십의 이해와 개발은 사회발전의 필수적인 요건이 될 수도 있다. 정치, 경제, 사회적 이슈에 대한 여성의 시각과 정향은 남성과는 다르다.[4] 그러므로 여성의 시각과 경험으로 정치적 배분의 과정을 좀 더 완성되게 발전시킬 수 있다는 점에서 남성 리더십이 해결할 수 없거나 보완이 필요한 부분에서 여성리더십이 대안적 리더십이 될 수 있다는 점에서 여성리더십의 필요를 주

---

4 이것은 본질적으로 여성과 남성이 같은가, 다른가의 문제가 아니라 현실적으로 그렇다는 의미이다. 본질적으로 같다고 하더라도 오랜 시간을 거치면서 사회화와 문화적인, 정치적인, 경제적인 배제를 통해서 여성들은 남성과 다른 경험, 다른 생각을 가지도록 교육돼왔다. 그 결과 오늘날 현재의 시점에서 여성과 남성은 정치적으로 다른 정향을 보이고, 사회경제적 경험에 있어서도 다르다는 것이다.

장할 수 있다.

여론 조사와 투표 성향을 분석한 연구들을 통해서 보면 여성의 정치 성향은 남성과는 사뭇 다른 모습을 보이고 있다. 일반적으로 여성들은 도덕적이며 온정적이고 이상주의적인 경향을 가진 것으로 나타난다(랜달 2000, 99-115). 또 평화주의적이며 전쟁 반대운동의 주요 동력도 여성들로부터 나온다. 미국 여성의 경우 금주법, 매춘에 대한 반대를 표명하며 평화정책을 옹호하는 후보자를 선호하는 뚜렷한 성차를 보이고 있다(Clark, Clark 1993, 32-45). 또 경제, 사회 관련 이슈에서 여성들은 남성에 비해 진보적인 성향을 보인다. 여성들의 주요 관심분야가 환경보호, 사회복지, 빈곤, 인권, 양육, 군축, 기회균등, 물가, 주택 등에 집중됨으로써 남성보다 더 인도주의적인 사회복지 지향적, 이상주의적인 경향을 보인다(Conway, Steuernagel, Ahern 1997, 33-56). 이것은 전통사회에서 현재에 이르기까지 여성들이 가정에서의 역할을 주로 해왔기 때문일 것이다. 가정 관리자의 위치에서 정치를 바라보는 여성의 정치적 정향이나 가치관의 우선순위가 남성과 다르다는 점이 경험적으로 입증되었기 때문에 이런 여성의 정치 참여는 남성 위주의 정치에 새로운 시각을 보여줄 수 있을 것으로 기대한다. 보다 많은 여성들이 정책결정과정의 고위직에 참여한다면 사회복지의 규모가 더 확대될 수 있고 더 공평하고 인간적인 정치가 가능할 것으로 생각된다. 그래서 여성들의 경험과 시각이 남성들의 그것을 대체하는 것이 아니라 남성들의 그것에 보완적으로 작용하여 보다 완성된 정치 배분이 이루어지는 데에 기여할 수 있을 것이다.

지금까지 남성 중심적 정치학의 패러다임은 정치를 권력을 둘러싼 현상으로 정의했고 지배와 피지배, 갈등과 경쟁에 지나친 비중을 두어왔다. 이제 정치에는 새로운 패러다임의 전환을 필요로 하며 그것은 정치가 공동체의 삶을 개선하고 생명을 얻되 풍성히 얻도록 하며 사회를 경쟁과 갈등이 아니라 사랑과 보살핌의 리더십으로 전화하기 위해서는 여성적 리더십이 꼭 필요하다.

과거의 발전모델에 있어서도 마찬가지이다. 과거의 남성 중심적 한국 사회의 발전은 극히 불균형적인 측면이 있다. 성수대교 붕괴, 삼풍백화점 사건, 각종 비자금 사건, 각종 게이트 등은 급속한 경제성장 속에서 외형적인 발전만을 추구한 결과이며 이 과정에서 정치과 경제가 결탁하여 부패한 정치 상황을 만들었기 때문이다. 기존의 이런 모델들에 대한 대안적 모색이 필요하다. 앞으로의 21세기는 더 이상 표면적인 GNP의 향상이나 물질적인 풍요를 추구한다고 보기 어렵다. 각 분야에서는 지속가능한 발전모델에 대한 관심이 높아지고 사회는 이제 정보화사회로 옮겨가고 있기 때문에 이제까지의 정치에서 보여주었던 해결방식 이외의 다른 방식이 필요하다. 새로운 대안으로서 여성적 리더십은 분명히 일고의 가치가 있다.

Ⅱ. 어떻게 참여를 확대할 것인가?

여성이 정치에 참여하는 것이 당연하다면 어떻게 여성의 정치 참여를 진작할 것인가? 당장 여성후보가 많아지지도, 여성후보의 경쟁력이 높아지지도 않기 때문에 우선은 제도적인 접근이 중요하다. 가장 중요한 것은 선거제도와 선거구제도일 것이다. 그리고 이어서 경선의 문제도 다뤄야 할 것이다. 선거제도, 선거구제도와 경선 방식은 서로 연관되어 있으며 여성이 정치에 진입하기 위한 중요한 관문이 되고 있다. 이와 더불어 가장 먼저 논의해야 할 제도는 여성할당제이다. 여성의 정치 참여를 진작하기 위해서 각국에서 가장 우선적으로 채택하는 것이 할당제이다.

1. 할당에 대한 논의

"할당제는 양날의 칼과 같다. 한쪽으로 할당제는 남성들에게 의무적으로 여성을 정책결정에 포함해야 한다는 것을 생각하게 한다. 왜냐하면 남성들이 여성들을 위해서 자리를 만들어야 하기 때문이다. 다른 한편으로 이 공간을 열어주는 일을 하는 것은 남성이기 때문에 남성의 지배를 좀 더 쉽게 받아들일 수 있는 그런 여성을 찾아서 이 자리를 채우려고 할 것이다"

– 아나 벨레트보(스페인 국회의원)

(1) 할당제에 대한 찬성, 반대 의견

할당제는 각 사회에서 찬성과 반대의 극단적인 의견 대립을 보인다.

<u>반대 의견</u>

- 할당제는 모든 사람을 위한 기회의 평등에 위배될 수 있다. 왜냐하면 여성들에게 유리하기 때문이다.
- 할당은 비민주적이다
- 왜냐하면 유권자들에게 선택의 폭을 제한하기 때문이다.
- 할당에 의해서 당선된 경우 여성의원들은 그들의 능력 때문이 아니라 그들이 여성이기 때문에 당선되었다는 것을 의미하며 더 능력있고 자격 있는 후보가 그들 때문에 당선되지 못했다는 것을 의미한다.
- 많은 여성들 또한 자신들이 여성이기 때문에 당선되는 것은 원하지 않는다.
- 할당을 도입하게 되면 정당조직 내에서 정당민주주의와 충돌하게

된다.

찬성 의견

· 할당제는 차별이 아니다. 그것은 오랫동안 정치의 공정한 배분에서 제외되어왔던 여성들의 현실적인 장애에 대한 보상이다.
· 할당은 여성들이 위원회나 의회에서 함께 일할 수 있는 것을 의미하기 때문에 명목상의 여성들이 정치에서 느끼는 스트레스를 최소화한다.
· 여성들은 동등한 대표권을 가진다.
· 여성의 경험이 정치에는 필요하다.
· 선거는 대표에 관한 것이지 교육적 자격에 관한 것은 아니다.
· 여성은 남성과 마찬가지로 능력을 가지고 있지만 남성 중심사회에서 여성의 능력은 언제나 과소평가된다.
· 공천을 결정하는 것은 정당이지 유권자가 아니다.
· 할당제를 도입하는 것은 정당민주주의와 충돌할 수 있지만 그것은 일시적이다.

(2) 평등의 두 가지 의미

일반적으로 할당은 평등 개념의 전환이다. 고전적 자유주의에서 보는 평등의 개념은 "기회의 평등" 혹은 "경쟁적 평등"을 의미한다. 형식적인 장애를 제거함으로써 "기회의 평등" 혹은 "경쟁적 평등"은 이룰 수 있다. 예를 들어 여성들에게 참정권을 부여함으로써 여성정치 참여의 형식적 장애는 사라졌고 기회가 똑같이 주어진 것이다. 나머지는 여성 개인 각자에게 달려 있게 되었다.

지난 몇 년간 페미니스트들 사이에서 진정한 평등 개념에 대한 논의가 활발히 진행되었다. 그것은 "결과의 평등" 개념이다. 단지 형식적 장애가 사라졌다고 진정한 기회 평등이 존재한다고는 생각지 않는다는 것이 그들의 생각이다. 직접적 차별은 사라졌지만 은밀하게 진행되는 다양한 형태의 차별들이 여전히 여성의 정치 참여를 방해하고 있으며 여성의 정치적 영향력을 무력화하고 있다. 그래서 할당제 및 다른 여러 형태의 적극적 우대조치들은 이런 보이지 않는 혹은 은밀한 차별관행을 넘어서 "결과적 평등"에 도달하려는 것이다. 목표로서의 평등은 더 이상 수단으로서 형식적 평등 대우에 의해서는 달성될 수 없으며 형식적 평등 대우는 목표로서의 평등을 이루는 수단이 될 수 없을 뿐만이 아니라 사람들에게 형식적으로 평등하니 불평등이라는 존재하지 않는다고 잘못된 현실로 호도할 가능성이 있어서 이중적인 억압이 될 수 있다. 보이지 않는 장애들이 여전히 존재한다면 평등은 더 이상 수단으로서가 아니라 결과로서 혹은 목표로서 받아들여져야 하며 그렇다면 할당제는 의미 있는 평등제도가 될 수 있다.

(3) 세계의 할당제

세계 여러 국가들은 이런 평등 개념에 입각하여 다양한 할당제를 도입하여왔다. 할당제는 크게 3가지 종류로 나눌 수 있는데 법에 의한 할당제, 의석할당제, 그리고 정당에 의한 할당제가 그것이다. 법에 의한 할당제는 선거법 혹은 정당법에 할당을 명시하고 모든 정당들이 이을 따르게 하는 방법이다. 의석할당제는 의회의 일정 부분의 의석을 여성에게 할당함으로써 일종의 당선 할당제인 셈이다. 정당에 의한 할당제는 법에서는 아무런 규정을 두고 있지 않지만 정당에서 자발적으로 정당의 후보 공천에서 일정 비율을 여성에게 할당하는 방식이다.

표 1_ 할당 방식

할당종류	해당국가	할당내용
법에 의한 할당	프랑스	1999년 헌법을 개정하여 여성의 정치 참여를 확대를 위하여 정부 및 정당이 적극적으로 노력할 수 있다고 규정하여 할당제가 위헌 소지에 휘말릴 가능성을 원천봉쇄하고 2000년 선거법을 개정하여 모든 선거에서 후보 공천에서 여성이 50%가 되도록 규정했다
	아르헨티나	모든 선출직 공무원 후보에 여성비율이 30%
	남아프리카	모든 선출직 공무원 후보에 여성비율이 50%
의석 유보	탄자니아	여성의 비율이 의회에서 20%
	인도	지방의회에서 여성의 의석 비율이 33%
정당에 의한 할당	스웨덴	사민당은 모든 선거에서 여성과 남성이 교대로 나오도록 명부를 만드는 지퍼 시스템을 도입했다
	노르웨이	노동당은 여성의 비율이 40%되도록 명부를 만들도록 규정했다.

(4) 할당제의 효과

할당제는 단시간 안에 정치에 보다 많은 여성들이 있도록 하는 것이 일차적인 목표이고 장기적으로는 이를 통해서 여성들이 활성화되어 보다 많은 젊은 여성들이 정치에 관심을 가지고 예비 정치인이 되는 것이 이차적인 목표가 된다. 이것이 얼마나 효과가 있는지는 프랑스의 사례를 통해서 검증해본다.

2001년 3월 프랑스에서는 도의회와 시의회 선거가 있었다. 이것은 프랑스에서 할당제의 성과를 볼 수 있는 좋은 기회였는데 그 이유는 도의회의 경우에는 남녀동수후보법(Parité 빠리테)이 적용되지 않는 선거이고 시의회 선거는 남녀동수법이 적용되는 선거였기 때문이다.

① 긍정적인 면-여성의원 수의 획기적인 증가

우선 시의회 여성의원 수에 있어서 획기적인 진보를 보였다. 이것은 동시에 실시된, 그러나 빠리테 법의 적용을 받지 않는 도의회 선거 결과와 비교해보면 좋은 대조를 보여준다.[5] 도의회의 여성의원 당선자는 총 1287명 가운데 189명으로 9.8%에 그쳤다. 임기가 완료된 이전 의회의 경우에는 여성이 126명으로 6.3%인 것과 비교하면 약간의 약진을 보이기는 했으나 동수와는 거리가 먼 것을 알 수 있다.

도의회 여성후보 비율에 있어서도 이전의 1998년 선거에서 15.1%의 여성후보가 출마했던 데에 비해 20.12%로 약간의 진보를 하였음을 알 수 있다.

한편 동수법의 적용을 받는 시의회의 3500명 이상의 주민이 사는 콤뮨 선거에서는 상당히 진보된 모습을 보여주어 좋은 대조를 이룬다. 우선 여성 당선자 비율에 있어서도 47%로 해산된 시의회의 여성의원 비율이 22%였던 것을 생각하면 많은 진보가 있었음을 알 수 있다. 특히 10만 명 이상의 주민이 사는 큰 도시에서의 명부에서 여성이 1번에 공천된 명부가 89곳이나 되었으며, 10만 명 이상의 대도시의 시장 가운데 4곳에서 여성을 시장으로 선출했다.

② 여성정치인 풀의 다양화

여성시의원들의 특성을 보면 프랑스 여성정치의 앞으로의 변화 모습을 읽을 수 있다. 우선 이들의 평균 나이는 50대이며 주로 사기업에 종사하고 있는 것으로 나타났다. 여성후보의 평균 나이가 46세인데 비해 당선자의 경

---

5 빠리테 법은 모든 공직 선거에 남녀동수를 적용하도록 규정하고 있지만 몇 가지 예외를 두고 있다. 1000명 이하의 주민이 사는 시(최초의 동수법에서는 3500명 이하의 시로 되어있었지만 2014년의 선거법 개정을 통해서 1000명 이하의 시로 개정되었다)와 도의회(conseil général), 그리고 상원(sénat) 의원 선거의 경우에는 이 법이 적용되지 않도록 하고 있다.

우에는 50대로 나타났다. 전통적으로 의원의 직업이 되었던 각종 직업은 후퇴하고 사기업의 종사자가 많이 당선되었다(전체의 33% 정도). 한편으로 도의회의 경우에도 마찬가지였지만 시의회의 경우에도 직업 없음(주부이거나 실직자로 보인다)으로 표시한 당선자가 많았다(전체 여성당선자 가운데 15%, 남성의 경우에는 직업 없음이 2.7%에 지나지 않는다). 다음으로 많은 당선자의 직업은 교육자로 나타났는데 전체 여성당선자의 13.7%이다. 연금자 혹은 은퇴자의 비율은 남성의 경우에는 18%인데 그 절반가량밖에 되지 않는 10%로 나타났다. 재미있는 것은 당선자 가운데 젊은 당선자가 많았던 것도 주목할 만하다. 여학생이 699명으로 남학생이 355명에 그쳤던 것과 좋은 대조를 보여준다. 하여튼 중앙의 정치와는 달리 지방의 정치는 실생활의 정치 혹은 일상의 정치를 실현하는데 가까운 의원이, 특히 여성 가운데 많이 당선되었음을 알 수 있다.

③ 할당과 더불어 장기적인 차원의 조치들이 동반되어야 한다

할당만으로 부족하다는 것을 프랑스의 2001년 선거에서 분명하게 보여주고 있다. 즉 할당은 변화의 시간을 단축시키거나 혹은 변화를 가능하도록 자극을 주기 위한 극단적인 조치이기 때문에 적용에 문제가 생길 수 있다. 예를 들어 동수를 공천하기 위해서 충분한 예비 여성정치인이 없다는 문제이다. 공천할 여성후보가 없어서 명부 작성에 어려움이 있던 많은 정당에서는 자신의 친척 및 지인을 정당 명부에 포함시킨 경우도 많이 있었다. 개정 선거법에서는 시의회 후보 명부에 직계 2대 이상, 2대 이하를 공천할 수 없도록 못 박고 있다. 즉 할아버지와 손녀가 같은 명부에 포함될 수 없고 할머니와 손자가 같은 명부에 포함될 수 없도록 명기했지만 아버지와 딸, 어머니와 아들은 가능하도록 명시했다. 이런 현상은 일시적인 현상으로 보인다. 여성의원의 수가 늘고 이들의 의정활동이 국민들의 지지를 받으면 받을수록

정치에 입문하는 많은 여성들이 나올 것이므로 이 문제는 선거가 치러짐에 따라 점차 없어질 것으로 보인다.

④ 강제이행 의무방식

가. 지원금 삭감방식

프랑스 하원의원 선거의 경우에는 동수를 지키지 않은 명부에 대해서 국고지원금을 삭감하도록 규정하고 있다. 다른 선거의 경우에는 명부가 선거관리위원회에 접수되지 않도록 되어있지만 하원의원 선거의 경우에는 벌금이 부과되도록 규정하고 있다. 이 경우 정당들은 선거에서 지명도가 낮은 신인의 여성후보를 공천하기보다는 지명도가 높은 남성후보를 공천할 가능성이 있고 이에 대해서 벌금을 지불하리라고 결정할 수 있다. 실제로 동수법 적용 첫 하원선거였던 2002년 5월의 프랑스 하원의원 선거에서는 대다수의 정당들이 동수 할당을 지키지 않았고 국고지원금의 상당 부분을 지급받지 못하게 되었다. 예를 들어 당시 원내 제일당인 UMP의 경우에는 여성후보를 19.58%밖에 공천하지 않았는데 이에 대한 제재조치로서 국고에서 지원받기로 되어있는 정당 지원금 중에서 첫 번째 부분 즉 정당 득표율에 따른 지원금 중에서 여성을 공천하지 못한 비율인 30.42%를 삭감 받아서 예정된 12,941,293.68유로에서 벌금인 3,936,741.54유로를 차감한 9,004,552.14유로를 지원받았다. 이에 대해 각 정당에서는 여성후보를 적게 공천한 것은 하원의원 선거의 성격상 중앙정치로서 그만큼 남성 정치인들이 치열하게 경쟁하는 장이며 또한 각 정당들은 적절한 여성의원 후보를 발견하지 못했기 때문이라고 변명했다. 이것은 프랑스 정치의 성격상 도의회의원 및 시장 등 지방자치단체에서의 활동을 근거로 중앙의 하원의원 선거에 공천되는데 이 지방 차원에서 여성이 별로 없기 때문이다. 따라서 시의회에서의 여성의 증가는 다음 도의회 선거에서의 여성의 증가를 나을 것이고 이어서 하원의원 선거에서의 여성의 증가를 가져올 것으로 전망하였다.

나. 할당을 지키지 않은 명부를 선관위에서 접수 거부하는 방식

프랑스의 남녀동수법에서 시의회 선거의 경우 각 정당의 명부를 시청에 접수해야 하는데 시청에서는 할당을 지키지 않은 명부에 대해서는 접수를 거부한다. 이것은 놀라운 효과를 가져와서 2001년 선거에서 시의회의 여성의원의 비율을 47.5%로 높이는데 기여했다. 한국의 경우에도 선관위에서 비례대표에 대해 할당을 지키지 않은 정당에 대해 명부 접수를 거부하는 방안을 생각해 볼 수 있다.

2. 선거제도

할당제와 더불어 중요한 것은 선거제도이다. 선거제도에는 크게 다수대표제와 비례대표제로 나누어진다. 다수대표제는 유권자들이 자신이 원하는 후보를 직접 선택한다는 점에서 의미가 있지만 반면에 유권자의 의사가 의회에 정확히 반영되는가 하는 점을 중심으로 보면 왜곡이 발생하기 때문에 단점이 될 수 있다. 또한 거대 정당에 유리하다는 점도 소수 유권자들의 의견 반영에 있어서는 불리하다. 한편 비례대표제는 유권자의 의사를 정확하게 비례로 대표한다는 점에서는 긍정적이지만 정당이 선택한 명부에 대해서만 선택할 수 있기 때문에 직접 대표를 선택하려는 유권자의 뜻과는 맞지 않는다. 한편 선거제도는 각국의 정당제도와도 밀접한 관련을 가지고 있다. 영국처럼 사회적 분리가 비교적 단순한 국가에서는 다수대표제가 적절하지만 유럽의 대부분의 국가처럼 사회적 균열이 계급, 종교적 요인, 인종,

언어 등 다양한 요소들로 형성되어 있는 경우에는 사회 내 집단들의 의견을 잘 반영할 수 있는 비례대표제가 적절하다. 이외에도 복합선거제도가 있는데 이것은 다수대표제의 장점과 비례대표제의 장점을 결합시킨 제도로서 독일의 선거제도가 대표적이다. 독일은 선거구별로 1인을 선출하는 다수대표제로 전체 의원의 과반수를 뽑고 주별로 정당의 명부에 투표하는 방식으로 나머지 의원을 선출한다.

한편 여성의 입장에서 보면 비례대표제가 여성의원들의 진출에 유리해 보인다. 다음 표를 보면 북유럽 국가들은 비례대표제로 의원을 선출하는데 여성의원들의 비율이 높다.

표 2_ 지역별 여성의원 비율 비교

(단위: %)

지역	1990	2000	2016
전 세계 평균	13	14	22.9
북유럽 노르딕 국가	34	39	41.6
유럽-OSCE회원국(노르딕 국가 포함)	17	17	26.0
유럽-OSCE회원국(노르딕 국가 제외)	16	15	24.5
아메리카대륙	11	16	27.7
아시아	13	15	19.5
사하라 이남 아프리카	9	13	23.1
태평양	5	13	13.9

출처: www.ipu.org.

전 세계 여성의원 비율은 22.9%인데 유럽의 비율은 26%로서 유럽이 약간 높은 편이지만 이 가운데 북유럽 노르딕 국가에는 여성의원들이 41.6%이므로 다른 유럽 국가들에 비해 훨씬 높은 편이며 세계적으로도 높은 편이다. 그 이유는 무엇일까? 여성의 사회참여가 활발하고 조합주의적 전통이 강한 정책결정 방식도 여성의 정치 참여를 도와주는 요인이지만 보다 중요한 것은 비례대표제를 택한 선거제도에 있다. 다음 그림은 선거제도와 여성의원들의 비율과의 관계를 나타난 그래프이다.

그림 1_ 여성의원 비율과 선거제도의 관계

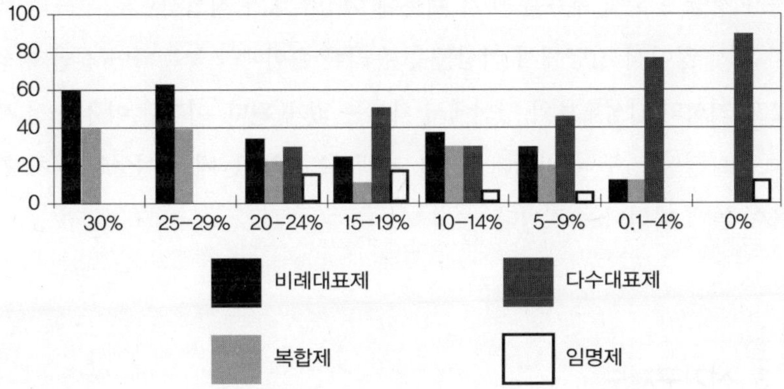

출처: IPU 1997, 2.

1997년 통계에 의하면 여성의원 비율이 30%가 넘는 국가 가운데 비례대표제를 선거제도로 택한 국가는 모두 60%이며 나머지는 모두 복합선거제도이다. 30% 이상의 여성의원을 가진 국가들 가운데 다수대표제로 의원을 뽑는 국가는 하나도 없다. 이런 점에서 비례대표제이거나 비례대표제로 일부를 뽑는 선거제도가 여성들에게 유리함을 알 수 있다. 물론 비례대표제를 실시하는 국가 중에도 여성의원의 비율이 낮은 국가가 있다. 이들 국가들에서는 여성의 사회적 지위 자체가 무척 낮으며 여성의 정치적 관심도 및 참여도도 무척 낮기 때문에 성이라는 변수가 정치에 있어서 논의의 대상조차 되지 못하는 국가들이다. 이것을 볼 때 비례대표제 혹은 복합선거제도로의 개혁이 무조건 여성의원들의 당선에 유리하다고는 말하기 힘들다. 다만 다른 조건이 같다면 비례대표제 혹은 복합선거제도가 다수대표제보다 여성의 참여에 유리하다고는 말할 수 있다. 다수대표제는 유권자로부터 더 많은 득표를 한 후보자가 당선되기 때문에 유권자들에게 잘 알려진 기성 정치인에게 유리하며 여성과 같은 신인 정치인들은 아무래도 득표가 낮을 수밖에 없다. 그러나 비례대표 특히 정당 명부식 비례대표제의 경우에는 유권자가 정당 명부에 투표를 하기 때문에 여성후보가 직접적으로 투표의 대상이 되지 않아서 정당에서 여성들을 유리한 순번에만 놓는다면 신인 여성후보도 기성의 남성후보와 당선에서 차이는 없게 된다. 이러한 이유로 전 세계적으로 정당 명부식 비례대표제를 채택하는 국가들에서 여성의 정치 참여율이 높게 나타나는 것이다.

3. 선거구제도

선거구의 크기는 3종류가 있다. 소선거구제도, 중선거구제도, 대선거구제도인데 소선거구제도는 한 선거구에서 1인만을 선출한다. 중선거구제도는 2-5인을 선출하고 그 이상을 선출하는 선거구제도는 대선거구제도이다. 선거구제에도 선거제도와 마찬가지로 장단점이 있지만 여성의원의 당선 가능성을 중심으로 생각해볼 때 소선거구제도가 가장 불리해 보인다. 프랑스의 경우 정치학자들은 소선거구제도를 검투사들의 전쟁으로 지칭한다. 검투사들의 전쟁은 이긴 한 명만이 살아남고 다른 사람은 모두 죽음을 당하는 극한의 경쟁구도라는 의미이다. 일반적으로 소선거구제도는 그 지역에서 당선 가능한 한 명만을 정당에서 공천하기 때문에 각 정당들은 지역 유력자 혹은 명망가 아니면 전직 의원을 중심으로 공천이 이루어진다. 여성과 같은 신인 정치인들에게는 기회가 거의 오지 않는다. 따라서 여성의 당선 가능성이라는 입장에서 보면 중대선거구제가 유리하며 선거구가 클수록 여성이 공천 받을 가능성은 높아진다. 한편 여성의 당선 가능성을 조직 및 선거자금과 연관해서 생각해보면 가장 부정적인 선거구제도는 오히려 중선거구제도이다. 일반적으로 선거자금과 관련해서 볼 때 대선거구제도는 워낙 선거구가 크기 때문에 개인적인 선거운동은 거의 하지 않지만 소선거구제도에서는 상당히 적극적인 선거운동이 이루어지고 중선거구제도에서는 크기에 따라 오히려 소선거구제도보다 더 많은 선거비용이 든다고 알려져 있다. 그런 점에서 자금 면에서 열세에 놓여있는 여성후보들의 경우 중선거구제도는 더 불리할 수 있다. 특히 2인을 선출하는 중선거구제도의 경우에는 자금도 부족할 뿐만이 아니라 2인자로 공천될 가능성도 높기 때문에 여성후보들의 정치적 입지를 더욱 약화시킬 수 있다. 영국, 프랑스, 한국, 미국이 대표적인 소선거구제 국가이며 독일은 다수대표제로 뽑는 연방의원의 경우 소선거구제에서 선출이 이루어진다. 북유럽 국가들은 대선거구제도를 취하고 있는데 예를 들어서 스웨덴의 선거구제를 살펴보자.

일반적인 크기는 10명에서 12명을 선출하는 선거구이지만 선거구들의 크기가 상당히 다양하다. 예를 들어 스톡홀름은 38명의 의원을 뽑는 선거구이고 가장 작은 선거구인 고트랜드 선거구는 단 2명의 의원만을 선출한다. 각 선거구에서 10여명을 선출하기 때문에 각 정당들은 이에 맞추어 후보 명부를 만들고 이에는 정당들이 상정한 여성후보 할당이 지켜져서 여성후보가 50% 포함되며 이 후보들이 남녀 교호 순번으로 배치된다. 그렇기 때문에 대부분의 정당 당선권에는 여성들이 거의 과반수 포함되어서 오늘날 40%에 이르는 여성의원들을 가질 수 있었다.

4. 당내 공천 방식

선거제도와 선거구제도가 중요하지만 무엇보다도 가장 기본적인 것은 여성을 공천하는 정당이다. 정당은 여성공천에 있어서 문지기(Gatekeeper) 역할을 하는 행위자로서 정당의 태도에 따라서 사실상 같은 선거제도하에서도 여성의 정치 참여 비율은 확연히 달라질 수 있다.

그림 2_ 여성정치인 충원 모델

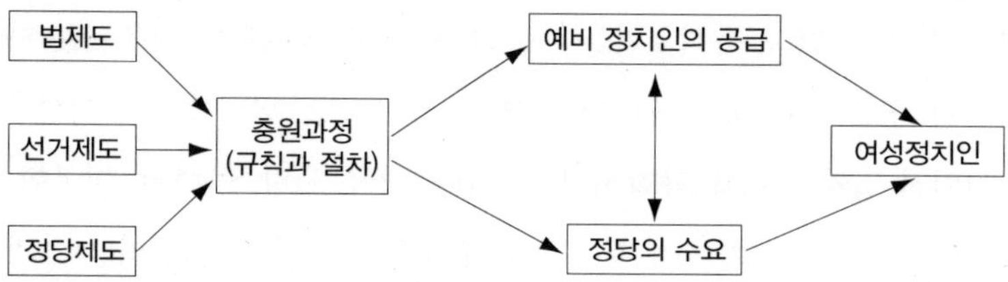

출처: Norris 1997, 2.

일반적으로 공천 방식은 크게 상향식 공천 방식과 하향식 공천 방식으로 나눌 수 있다. 일반적으로 정당 구조는 피라미드형으로 되어 있는데 아래의 일반당원과 중간의 후보 예정자들, 최상위에는 정당의 리더들로 구성된다. 상향식 공천의 경우에는 일반당원 혹은 지구당의 대의원들에 의해서 공천이 결정되며 하향식 결정 방식은 당의 지도부에서 결정하는 방식인데 추천식 결정 방식과 관료적 공천 방식이 있다(Norris 1996, 202-204). 관료적 공천 방식은 제도화의 수준이 상당히 높은 정당에서 정당의 내규 및 당헌을 통해서 명시적으로 공천 과정이 정해져있고 이에 따라서 표준화, 제도화되어 있는 공천이 이루어지는 방식을 의미한다. 그래서 외부의 관찰자들에게도 당내의 공천 방식은 투명하게 공개된다. 반면에 후원에 의한 상향식 공천 방식은 공천 과정이 폐쇄적이며 결정권자들은 상당히 은밀하고 비공개적으로 공천한다. 프랑스의 경우 국회의원 선거에서 후보의 이름 옆에 자신이 후원하는 자신의 의원직 직위 계승자(Suppléant(e))의 이름을 적어놓는데 이것은 자신이 의원에 당선된 이후에 혹시 장관직과 같이 의원직과 겸직할 수 없는 직을 가지게 되어 사임할 경우, 자신을 대신하여 의원직을 승계할 후보의 이름이다. 이것은 프랑스 정치가 후원제로 이루어짐을 알 수 있는 좋은 예이다.

표 3_ 공천 방식

	하향식 공천 방식	상향식 공천 방식
관료제	오스트리아 사회당 그리스 사회당	스웨덴 사민당 영국 노동당 독일 사민당 프랑스 사회당
후원제	프랑스 UDF 이탈리아 DC	미국 민주당 캐나다 자유당 스위스 정당들

출처: Norris 1995, 203.

(1) 상향식 공천 방식

정당의 공천 과정은 국가마다 다양하다. 중앙집권적인 방식부터 지방분권적인 방식까지 그 범위가 상당히 넓다. 한쪽 극단에는 국민들의 광범위한 참여까지도 가능한 방식이 있는가 하면 다른 극단에는 당의 지도부에서 공천을 결정하는 방식도 있다. 전자의 경우에는 미국이 대표적인 예로서 당원이 아닌 일반 국민까지도 참여할 수 있는 예비선거의 방식이 있고 캐나다의 경우에도 여기에 속하는데 캐나다의 중요 정당에서는 정당의 모든 당원이 참여하는 전당대회에서 후보를 결정한다.

유럽의 많은 정당이 후보 공천을 지방 수준에서 맡기거나 당원들의 투표로 공천을 결정하며 공천 과정이 분명하고 개방적이다. 영국, 스웨덴, 독일, 핀란드, 덴마크, 아일랜드가 여기에 속한다. 영국에서는 모든 정당들이 후보를 공개로 공고한다. 그러고 나서 공천 과정을 거치고 면접을 거쳐서 결정된다. 보수당이나 자민당의 경우 중앙의 역할이 중요한데 공천 대상을 결정하는 일을 중앙당에서 함으로써 공천 과정에 영향력을 행사한다. 노동당에서는 당 지도부가 마지막에 올라온 후보를 거부할 수 있는 비토권을 가지고 있다. 그러나 이런 요인에도 불구하고 전체적으로 후보를 선택할 때 일반 당원이 공식적이고 규칙에 의거한 중요한 역할을 수행한다.

독일과 핀란드에서는 후보의 결정이 법적인 맥락에서 이루어지는데 다른 국가들보다 훨씬 엄격하다. 독일에서는 이 과정이 지역과 선거구를 중심으로 이루어진다. 예비선거를 거치거나 지방대의원회의를 통해서 결정된다. 결정과정이 극도로 규격화되어 있고 선거법에 기록되어 있다. 정당의 수뇌부는 선거구별로, 그리고 지방별로 후보 명부를 만든다. 그러고 나서 이 명부를 당원들이 확정하도록 지역구에 보낸다. 분명한 것은 당의 수뇌부가 별로 중요한 역할을 하지 못한다는 것이다.

핀란드의 경우에 모든 당원은 후보를 지정하고 선택하는데 같은 권리를 가진다. 국회의원의 선출에 관한 모든 사항은 선거법에 기록되어 있는데 예비선거를 통해서 선출하도록 규정하고 있다. 사실상 어떤 정당들은 선출에 있어서 예비선거와는 관계가 없이 선출하는 경우도 있다. 사민당과 국민연합당은 예비선거를 사용하는 정당이지만 중앙당은 예비선거와 광범위한 대의원회의를 함께 사용한다. 대의원회의를 선택의 메커니즘으로 사용하는 경우 대의원회의는 지역적 균형, 다른 정당과의 연합을 용이하게 하려고 내부 갈등을 해소하거나 연합이 선거전에서 최대한의 의석을 확보하기 위한 것으로 생각되어 정당성을 얻는다. 핀란드기독연맹과 핀란드 농촌당의 경우

예비선거는 좀 예외적인 현상이며 좌파 연합은 명부에 속하기를 원하는 예비후보의 숫자가 리스트의 자리보다 많은 선거구에서는 예비선거를 시행한다. 선거구의 경우 지구당은 선택에 필요한 충분한 표를 확보 후보의 1/4까지만 채울 수 있고 나머지는 성과 직업 및 나이에 있어서 리스트 내에서 균형이 이루어지도록 지구당의 수뇌에 나머지 자리를 결정할 권한이 주어진다. 당 차원의 수뇌는 심각한 반발에 부딪힌다. 하지만 그런 일은 드물다. 그래서 당의 지도부는 음성적인 방법으로 선택에 영향력을 행사하려고 하므로 지역 혹은 지방의 선택권자들과 공개적인 충돌을 피한다. 유권자가 후보를 지명할 권리를 가질 경우 유권자들의 명부는 정당의 명부와는 구별된다.

덴마크에서는 정당의 당원이 후보 선택에 있어서 매우 중요한 역할을 하는데 1960년대 말부터 사회당, 중앙민주당 그리고 SF당에서 지명된 후보들을 경쟁하게 하는 내부 투표를 부활함으로써 역할이 강화되었다. 당원의 역할이 점차 강화 추세에 있지만 당 지도부의 역할은 시간이 지나면서도 변화되지 않고 있다. 구체적으로 4개의 정당(SF, SD, KRF, FRP)들에 중앙당의 지도부는 지명된 후보들의 명부나 당원들이 지명한 후보들을 승인해야 하기 때문에 그들의 역할이 축소된 것은 아니다. 다른 정당들에서는 중앙당 지도부들은 선택 과정에 개입할 수 있고 수정을 제안할 수 있는 권한이 있고 또 지역 및 지방 공천회의에 참석할 수 있는 권한이 있다.

우리나라에서 최근 시행하고 있는 경선제가 상향식 공천제의 일종이다.

(2) 하향식 공천 방식

한편 과거에는 중앙집권적이고 관료적인 공천 방식은 민주적 집중제라는 원칙하에 조직된 전통적 공산당의 전유물로 알려졌다. 예를 들어 프랑스

공산당이 이에 속했다. 이 외에도 오스트리아 사회당이나 이탈리아 사회당 혹은 네덜란드 자유당, 그리스 사회당(PASOK), 그리고 스페인과 포르투갈의 많은 정당들이 이에 속한다.

최근 들어 중앙집권적이고 관료적인 방법으로 전환한 정당도 있다. 벨기에와 네덜란드가 이 유형에 속한다. 이 두 나라에서는 공천을 할 때 일반 당원의 역할이 급격히 축소되면서 정당의 지도부에 개입할 소지를 많이 남겨두는 형태로 변화되었고 정당의 지역조직의 역할도 감소되었다. 벨기에 기민당(CVP/PSC)이 그 대표적인 예이다. 벨기에 사회당에서는 공식적인 규칙에 의하면 선거구에서 투표를 하지만 당의 지도부에게 특정 후보에 정당의 명부상에서 안전한 위치를 보장할 수 있는 권한이 부여된다. 특히 1990년대 이후에 당의 중앙당사무국에는 각종 선거에서의 명부를 승인하는 역할이 부여됨으로써 훨씬 공식적으로 위에서 결정되는 방식으로 전환되고 있다.

네덜란드에서는 4대 정당(노동당 PvdA, 민주좌파 정당 D66, 보수적 자유당 VVD, 기민당 CDA)의 충원 방식을 수정하여 당 지도부에 충원에 있어서 가장 중요한 역할을 맡겼다. 1990년대의 정치개혁을 거치면서 정당들은 선거구민의 구성과 더욱 일치하려고 노력하고 있으며 자신들의 명부가 성, 나이 그리고 직업상태, 경험 등에 있어서 균형을 이루게 하려 한다. 그 결과 이제까지 후보 공천에서 중요한 기준이 되었던 당내에서의 활동 경험 및 정치활동의 경험은 뒤로 물러나고 이익집단에서의 활동 및 직업적 경험 혹은 다른 사회적 특성을 고려하여 당의 지도부에서 후보를 결정한다. 이런 변화는 여성들의 진입이나 젊은이들의 진입에 유리하다.

중앙집권적 방식 가운데에는 공식적인 규칙보다는 추천에 의존하는 제도도 있다. 이 방법을 사용하는 정당에서는 후보 공천이 정당 내부에 서로 경쟁하는 분파 지도자들 사이에서의 흥정의 결과로 나타난다. 이탈리아 사회당과 이탈리아 전 기민당(DCI 현재 대중당이 되었다), 그리스 신민주주의당이 이에 속하는데, 정당 당수의 승인이 후보 선택에 있어서 결정적이며 명부에서의 위치에 있어서도 결정적이다. 프랑스의 UMP 정당은 정당의 일반당원 사이에서 제안된 것을 고려한 이후 지역명사 및 정당수뇌부의 선호에 따라 후보들의 위치를 정하는 일이 가장 중요한 결정과정이다. 당원은 선택에 있어서 별다른 역할을 하지 못한다. 프랑스 사회당에서는 선택이 기본적으로 지방분권화되어 지방의 구조에서 당원들의 비밀투표에 의해서 후보를 결정한다. 그러나 현실적으로는 중앙당의 지도부에서 중요한 영향력을 행사하며 후보를 승인하는 중요한 순간에 지명을 수정할 수 있으며 그 과정에서 지방에서 선호하는 후보의 선택을 취소할 수도 있음을 의미한다.

이렇게 볼 때 일반적으로 서구의 발전된 민주주의국가에서는 민주적인 경선 방식으로 상향식 공천 방식을 가지고 있지만 여성후보에게 보다 많은 공천을 주기 위하여 당 지도부에 명부를 조정할 수 있는 권한이 주어져 있다. 한국의 경우에 이를 적용하면 일반적으로 상향식의 공천 방식이 민주적 절차에 맞지만 여성에게 일정 비율을 할당하는 선거법이 만들어지면 이에 따라 당 지도부에 명부 혹은 지역구에 공천을 조정할 수 있는 권한이 주어져야 한다.

한편 영국 노동당에서는 특이하게 여성전용 선거구를 설치하고 있다. 1993년에 노동당 전당대회에서 노동당은 현역의원이 출마하지 않는 선거구의 과반수에 여성후보를 공천하기로 하였고 승리할 가능성이 높은 선거구의 절반에 여성후보를 공천하기로 결정했다. 이를 위해서 정당은 여성전용구를 만들어서 여성예비후보들만으로 예비선거가 이루어지는 여성전용구를 만들었다.

결국은 할당제, 선거제도, 선거구제도가 모두 여성의 정치 참여 확대에 중요한 영향을 미치지만 정당 내에서의 공천 방식 역시 이 모든 요인을 상쇄할 만큼의 강력한 효과를 지닌다. 한국은 17대에 상향식 공천제를 다소 도입하였고 19대, 20대 총선에 오면서 경선을 점차 확대하고 있는 추세이다. 위에서 본 바와 같이 정치신인이며 지역구에서 아직은 인지도나 정치자금, 조직 면에서 열세에 놓여있는 여성들에게는 상향식 공천제는 불리한 측면이 많다. 앞으로 선거제도, 선거구제도와 더불어 당내 공천 방식에 대한 논의가 보다 심도 있게 진행되어야 할 것이다.

1부
국회의원 선거와 여성의 정치 참여

POLITICAL PARTICIPATION

1장

17대 총선과 한국 정치의 새로운 패러다임

Ⅰ. 머리말

한국은 급격한 경제성장과 노력으로 식민지배와 전쟁으로 폐허가 된 땅에 상당히 발전된 경제 국가를 만들어놓았다. 한국 경제에 많은 문제가 있지만 그래도 1950년대 이전과 비교하여 한국 경제가 상당히 발전했다는 데에는 이견이 없을 것 같다. 그러나 정치에 있어서는 상황이 다르다. 제1공화국 이후로 한국 정치는 '회오리바람의 정치(Politics of Vortex)'라는 오명으로부터 완전히 벗어났다고 볼 수 없으며 다른 많은 문제를 안고 있는 가장 큰 개혁 대상이었다. 우리는 연중행사처럼 정치개혁을 말하고 TV와 신문에서 가장 흔히 볼 수 있는 단어는 한국 정치의 병폐이다. 한국 정치에서 개혁되어야 할 부분이 많지만 그중에서도 특히 빠지지 않고 언급되는 것은 정체된 정치, 스스로 이익집단화한 정치인이다. 얼마 전까지도 우리는 3김(金)을 말했고 아직까지도 유능한 인물이 정치무대에 진입하지 못하고 정치의 생리를 비판하고 있다. 3김으로 대표되는 고착화된 정치인, 대권만을 향해서 질주하는 일단의 정치인 그룹과 계보정치로 일컬어지는 폐쇄적인 정치인 집단의 속성을 비판한다. 이로 인해서 정치는 항상 고비용 저효율구조를 가질 수밖에 없었고 개혁의 대상이면서 개혁의 주체인, 그래서 스스로를 개혁해야 하는, 결과적으로 스스로의 개혁을 통해서 스스로 정치로부터 물러나야 하는 존재론적인 한계에 봉착했다고 지적할 수 있다.

이런 상황에서 한국 정치가 변화되려면 결국 새로운 세력이 정치에 진입해야만 한다는 결론에 이르게 된다. 그런데 새로운 정치인이 진입하는 것만으로 한국 정치는 변화되지 않는다. 우리는 자주 정치권에서 '새로운 피'를 수혈하는 것을 보아왔다. 그러나 이러한 '새로운 피'는 정치라는 인체를 바꾸지 못하고 곧 '헌 피'로 스스로를 전락시키는 것 또한 우리는 목격했다. 그 '새로운 피'가 새로운 피가 아니어서인지 아니면 '새로운 피'의 수혈만으로 우리의 인체가 새로워지지 않아서인지는 모르겠다. 그래서 새로운 정치인의 진입만이 아닌, 새로운 정치인을 받아들일 수 있는 정치의 인프라 구축이 우선적으로 논의되어야 한다. 이와 더불어 진정한 새로운 피, 즉 새로운 정치인의 공급이 필요하다. 즉 정치의 개혁을 통해서 새롭고 유능한 인물이 정치에 진입할 수 있는 정치 인프라가 구축되어야 하며 이를 통해서 새롭고 유능한 정치인이 정치에 진입할 때 한국 정치는 발전한다.

그런데 이러한 한국 정치의 양상을 젠더의 관점에서 살펴보면 한국의 기성 정치인은 남성 정치인이다. 한국 정치는 상당히 젠더화된 정치의 모습을 보여 왔고 남성은 정치의 주체로서, 여성은 정치의 객체로서 역할을 주고 성 역할의 이분법적인 구조를 유지해왔다. 여성들의 이익은 남성들에 의해서 대변되어왔고 여성들의 대표도 역시 남성들이었다. 젠더화된 정치구조의 결과는 한국 정치의 지독히 폐쇄적인 성격뿐만 아니라 여성들의 이익과 의견, 목소리가 전혀 대변되지 않고 왜곡되는 구조를 낳았다는 것이다. 그래서 정치의 입장에서 정치의 문제점을 고치기 위해서는 정치의 생리를 전환하고 공급구조를 개방하여 젠더화된 정치구조를 극복해야 하고 여성의 입장에서도 자신들의 의견이 정치에 반영되기 위해서 한국 정치는 여성을 받아들여서 변화해야 하는 것이다. 정치를 위해서도, 여성 자신을 위해서도 한국 정치의 개혁이 절실히 필요한 시점이다.

Ⅱ. 한국 여성과 정치

우선 한국 정치에 있어서 여성과 정치는 어떠한 관계에 있었는지, 여성은 정치에 어느 정도 참여하여 영향을 미쳐왔는지를 살펴보고자 한다. 이를 두 가지 측면, 즉 정치의 객체로서의 여성인 유권자로서의 여성과 정치의 주체로서의 여성인 정치 엘리트로서의 여성의 참여로 나누어 살펴본다.

1. 유권자로서의 여성

한국에서 여성의 참정권은 1948년 제헌정부가 수립되면서 남성들과 함께 자동적으로 부여받았다. 따라서 참정권을 얻기 위해 치열하게 투쟁했던 서구의 여성들과는 달리 한국에서는 투표권을 얻기 위한 여성들의 투쟁은 없었다. 정치에 대한 교육도, 정치의식도 형성되지 않았던 상황에서 여성들은 참정권을 가지게 되었다. 자연히 남성들보다 여성의 투표 참여율은 높지가 않다.

표 1-1_ 역대 선거에서의 남녀 투표율 비교

선거명	투표율			
	합계	남자	여자	남녀 차이 (남자투표율-여자투표율)
18대 대선(2012)	75.6%	74.8%	76.4%	-1.6%
17대 대선(2007)	63.2%	63.3%	63.1%	0.2%
16대 대선(2002)	70.8%	71.3%	70.3%	1.0%
15대 대선(1997)	80.7%	81.3%	80.1%	1.2%
20대 총선(2016)	54.4%	55.7%	53.1%	2.6%
19대 총선(2012)	54.9%	56.7%	53.1%	3.6%
18대 총선(2008)	46.4%	48.4%	44.3%	4.1%
17대 총선(2004)	61.1%	63.0%	59.2%	3.8%
16대 총선(2000)	57.6%	58.7%	56.5%	2.2%
15대 총선(1996)	63.6%	65.3%	62.0%	3.3%
14대 총선(1992)	71.6%	72.2%	70.9%	1.3%

출처: 중앙선거관리위원회 자료 정리.

통상적으로 여성들은 정치에 관심이 없어 남성에 비해 투표율도 현저하게 낮다고 인식되어 왔으나 〈표 1-1〉에서 볼 수 있듯이 1990년대 이후 한국에서의 여성유권자들의 투표율을 보면 남성에 비해 약간 저조하긴 하나 그 차이는 매우 근소하다. 특히 2002년에 치른 제3회 동시지방선거는 오히려 여성의 투표율이 남성의 투표율을 앞서서, 여성들이 정치에 관심이 없고 남성에 비해 투표율이 현저하게 떨어진다는 것은 근거가 없다고 할 수 있다.

투표율뿐만 아니라 여성유권자들의 투표 행태 역시 여성들의 정치의식을 살펴볼 수 있는 가장 적합한 근거로 활용된다. 통념상 여성유권자들의 정치의식은 매우 부정적으로 그려지고 있다. 이런 견해에는 첫째, 여성은 대체로 정치에 소극적이며 참여 정도가 낮다. 둘째, 여성들은 대체로 보수적인 성향을 지니고 있기 때문에 집권당을 선호한다. 셋째, 여성들은 남편이나 가족의 의견에 따라 투표자를 결정하는 준봉투표 경향이 있다. 넷째, 후보자 선택 기준에서 여성이 남성보다 더 인물 중심적이며 덜 정책공약적이다. 다섯째, 여성들은 후보자에 대한 정보입수 경로에 있어 남성과 차이가 있다. 마지막으로 여성유권자들이 오히려 여성후보를 찍지 않는다. 이와 같은 여성들의 정치행태에 대한 부정적인 인식은 기존 정치권에서 여성후보들을 공천하지 않는 이유로도 통용되어왔다. 그러나 최근 들어 실시된 조사연구를 보면, 이러한 기존의 가설들이 점차 파괴되고 있음을 알 수 있다. 2000년 총선 이후와 2004년 총선 이후 여성정치세력민주연대, 한국여성정치문화연구소에서 실시한 여성유권자 의식조사에 따르면(김민정 2005), 여성유권자들은 자기 판단에 따라 독자적으로 투표하고, 여성후보에 선호적이며, 안정을 추구하는 경향이 있지만 남성과 마찬가지로 한국 선거정치의 고질적인 특성인 지역주의 정치 성향에 따라 투표하는 경향이 강하다는 것을 보여준다. 그러나 투표 행태에서 성 변수의 영향이 두드러지게 나타나지 않아 여성이 여성을 뽑지 않는다는 가설은 입증되지 않았다. 즉 일반적인 남성들의 투표 행태와 큰 성차를 보이지 않는 것으로 나타나고 있다.

2. 엘리트로서의 여성

정치 참여의 가장 기본이 되는 참정권 획득은 초창기 여성운동의 가장 중요한 의제였으나 1960년대 이후에는 정치적 의사결정 구조에 여성의 대표성을 높여야 한다는 주장이 국제적으로 주요 이슈로 부각되고 있다. 유엔은 이미 1975년을 '세계여성의 해'로 정하고 1976년부터 1985년까지를 '유엔 여성 10년'으로 정하였으며, 1995년의 베이징 대회에서는 "정치적 결정 과정을 포함한 모든 의사결정 과정에 동등한 참여는 민주주의와 사회정의 실현의 전제이며, 여성의 이해와 관심을 고려하기 위한 필수적인 조건"으로 선언하고 이를 위한 전략과 행동목표를 강령으로 채택했다. 베이징 여성대회 이후 각국은 성 평등 사회의 실현을 위해 공통적으로 성 주류화(gender-mainstreaming) 전략을 채택하고 있으며, 한국에서도 1990년대 이후 여성의 정치적 대표성 확대가 여성계의 주요한 관심사가 되고 있다. 뿐만 아니라 정당정치가 정상화되면서 정당 내에서도 여성의 참여를 주요 의제로 설정함으로써 정치 영역에서 여성들의 대표성을 높이기 위한 활동이 본격적으로 시작되었다.

유엔은 여성의 정치적 대표성을 적어도 30%까지 확대하도록 각국에 권고하고 있다. 그러나 전 세계 의회를 구성하고 있는 4만여 명의 의원 중 남성은 31,257명으로 86%를 차지하고 있는 반면, 여성의원은 5천 명으로 14%에 불과하다. 한국 여성의 정치 참여는 2004년 4월 17대 국회가 시작되기 전까지는 6% 정도의 여성참여율을 보였으며, 2005년 현재 13%로 신장되기는 하였으나 여전히 세계 평균에 못 미치는 비율이다.

세계적으로 여성들의 정치 참여 현황은 유엔에서 매년 발표하는 국가별 여성권한 지수를 통하여 한눈에 볼 수 있다. 유엔은 의회에서의 비율, 행정관리직, 전문직 비율, 남녀 임금 비교 등을 통하여 여성의 권한을 평가하고 있다. 〈표 1-2〉에서 볼 수 있듯이 북유럽·서유럽 국가들의 참여율이 높게 나타나고 있으며, 미국과 영국이 비교적 낮은 비율을 보이고 있고, 한국은 16대 국회까지의 통계를 기준으로 볼 때 하위권을 차지하고 있다.

표 1-2_ 국가별 여성권한 지수

(단위: %, $)

	GEM 순위	GEM 값	여성국회 의원 비율	의회의원, 고위임직원 관리자	전문기술직	남성대비 여성임금
스웨덴	1	0.909	47.0	32.0	51.0	0.7
노르웨이	2	0.906	36.0	31.0	51.0	0.8
핀란드	3	0.902	42.0	29.0	55.0	0.7
덴마크	4	0.896	38.0	28.0	52.0	0.7
네덜란드	5	0.882	39.0	28.0	50.0	0.7
벨기에	6	0.874	36.0	32.0	49.0	0.6
한국	61	0.554	14.0	9.0	40.0	0.5

주: 70개국을 대상으로 함.
출처: UNDP, Human Development Report, 2009.

한국은 1948년 건국과 함께 제정된 제헌헌법에 따라 남성과 여성이 함께 참정권을 부여받았으며, 공무담임권·정당가입권 등 피선거권도 함께 부여받았다. 그러나 〈표 1-3〉에서도 알 수 있듯이 정치 분야에서의 한국 여성들의 대표성은 지극히 낮다. 한국 여성들의 정치적 의사결정 구조에서의 대표성 비율을 보면 15대까지 국회에서의 여성비율은 3%대에 머물러 있었다. 2000년에 실시된 16대 선거에서는 정당법에 새로이 규정된 비례대표직에 여성을 30% 할당하라는 할당제에 따라 5.9%로 증가하게 된다. 그리고 2004년에 실시된 17대 총선에서는 여성의원이 39명 선출되어 전체 의원 중 13%라는 대폭적인 증가를 보였다. 이는 지속적인 여성들의 정치권에 대한 압력과 후보지원 활동으로 선출직에서의 여성 입후보자가 증가하고 있으며, 제도적 보완으로 비례대표직에 여성을 50% 할당하는 할당제가 규정됨에 따른 결과이다.

표 1-3_ 국회 및 지방의회 여성의원 비율

(단위: 명, %)

연도	국회의원			광역의회			기초의회		
	전체	여성의원	비율(%)	전체	여성의원	비율(%)	전체	여성의원	비율(%)
1948	200	1	0.5						
1950	210	2	0.9						
1954	203	1	0.5						
1958	233	3	1.3						
1960	233	1	0.4						
1963	175	2	1.1						
1967	175	3	1.7						
1971	204	5	2.5						
1973(1기)	219	11	5.8						
1973(2기)	219	8	3.7						
1978	231	8	3.5						
1981	276	9	3.3						
1985	276	8	2.9						
1988	299	6	2.0						
1992	299	8	2.7						
1995	–	–	–	972	56	5.8	4,541	71	1.6
1998	299	11	3.6	690	41	5.9	3,490	56	1.6
2000	273	17	6.2	–	–	–	–	–	–
2001	273	15	5.5	–	–	–	–	–	–
2002	273	16	5.9	682	63	9.2	3,485	77	2.2
2004	299	39	13	–	–	–	–	–	–

자료: 김원홍, 김혜영, 김은경 2001, 48: 중앙선거관리위원회 선거통계 정리.

한편, 1990년부터 실시된 지방선거에 여성들의 참여가 활발할 것이라는 기대가 많았으나 결과적으로 볼 때 지방의회에서의 여성비율은 국회 참여율보다 낮다. 특히 기초의회에서의 여성비율은 2%대에 머물고 있어, 지역 활동의 주체인 여성들이 생활정치를 이룰 수 있으리라는 기초의회에 대한 초기 기대를 전혀 충족시키지 못하고 있다. 기초의회를 중심으로 하는 지방의회에, 지역 문제를 알고 대안을 창출해 낼 수 있는 여성이 얼마나 진출할 수 있는가는 여성참여의 측면뿐만 아니라 지방의회의 기본 이념을 살리고 생활정치를 활성화하는 데에 매우 중요한 과제라 할 수 있다.

3. 한국 정치에서 여성부재가 갖는 의미

한국 정치에 있어서 여성들은 유권자로서 해방 이후부터 정치에 참여하면서 형식적으로 중요한 행위자이었음에도 불구하고 정치권력에 있어서는 실질적으로 언제나 소수였다. 여성이 정치에서 소수인 것은 대부분의 근대국가에 나타나는 보편적인 현상 가운데 하나이다. 이것은 근대국가가 가지고 있는 근대성의 또 다른 모습이라고 할 수 있다. 근대성은 기본적으로 계몽주의적 사고의 결과이며 계몽주의는 진보에 대한 믿음과 사회질서 전반을 이성의 명령에 따라 개혁할 수 있다는 믿음에 따라 좌우된다. 근대성이 나은 정치제도는 민주주의 정치제도인데 이 제도는 보편적인 인간이 보편적인 인간을 지배하는 구조를 가지고 있다. 이 구조 안에서 모든 인간은 지배자이면서 동시에 복종자이다. 그러나 실제로는 전근대사회의 지배계급과는 또 다른 형태의 지배계급을 창출했다. 그래서 근대성 안에서의 정치는 지배와 복종의 관계로 나타난다(전경옥 1999, 51). 역사적으로 서구 근대국가 형성 과정에서 나타나는 보편적인 현상은 정치적 권위의 중앙집권화, 군사적 갈등과 그것의 일상화, 노동분업에 따른 개인적이며 또한 총체적인 정체성을 수용하며 이러한 변화를 이데올로기적으로 정당화시키는 과정이 나타난다는 것이다. 모든 국가는 내외적으로 국가행위를 지원하기 위한 충분한 자원을 확보할 수 있어야 했고 그들의 영토적 통합을 방위하면서 민족

내 혹은 민족 간의 도전에 대항하여 정당성을 확보하는 능력을 가져야만 했다(Tilly 1990). 이러한 상황 속에서 근대국가는 목적을 이루기 위해서 가장 합리적인 수단으로 지배·복종 관계를 구성한다. 바로 이렇게 구성된 지배·복종 관계가 젠더화된 정치구조이다(황영주 2001, 18).

이러한 구조는 중앙집권화된 성적 차별성을 가진 권력의 주요한 조직자로서 국가이며, 둘째로 성적 차별성을 지닌 합법화된 폭력을 행사하면서 무엇이 합법이고 무엇이 비합법인지를 결정하며, 셋째로 성적 차별성을 지닌 사회 질서의 정당성을 체제, 문화, 교육, 규범 및 법 등을 통해 제도화하거나 재창조해나간다(황영주 2001, 19). 따라서 남녀의 차별화된 성 역할을 상정하고 남성은 합법을 결정하며 이를 통해서 합법화된 권력을 행사하는 위치에, 여성은 남성이 만들어놓은 구조에 순응하는 문화와 교육 그리고 규범을 통해서 이에 길들여지고 복종해나가도록 근대국가는 젠더화된 구조를 재생산해왔다. 이러한 관점에서 해방 이후의 한국이 근대 민주주의 국가의 젠더화된 구조를 그대로 표출해왔던 것이다. 여성을 철저히 정치질서로부터 배제시켜왔고 여성의 정치 참여를 제한적인 범위 안에서만 허용해왔다.

이러한 남성 지배적인 정치질서는 여성을 배제한다는 점뿐만 아니라 많은 다른 문제점을 가지고 있다. 우선 정치권력의 개념에 있어서 상당히 배타적이며 갈등적이다. 근대의 전통 정치학에서 권력 개념은 상대방의 의사나 의지에 반해서 상대를 강제할 수 있거나 자신의 의사를 관철시킬 수 있는 직접적인 힘이나 능력을 의미한다. 근대정치에서 사용되는 권력은 바로 이러한 의미이다. 이 정의 속에서 권력은 개인이나 집단에 의해서 소유되는 것으로 그리고 이러한 소유를 둘러싸고 갈등을 내포하고 있는 것으로 이해된다. 이러한 권력 개념에는 강제력뿐만이 아니라 보다 넓은 의미의 권력 즉 상대의 생각과 사상을 형성하는 문화적 및 이데올로기적 요소들에 영향을 미쳐서 상대방의 '자발적인 동의에 의한 지배' 즉 헤게모니를 이끌어내는 능력까지도 포함한다. 루크스의 권력 개념에 비추어 설명한다면 3차원적인 권력까지도 포함하는 것이다(21세기정치연구회 2002, 95-101). 예를 들어 여성 스스로 열등하게 생각하고 자신이 억압받는다는 사실을 느끼지 못하면서 자발적으로 남성에게 복종하도록 하는 남성의 능력이 권력에 포함된다.

이러한 정치권력은 하드파워(hard power)이다. 나이(Nye)에 의하면 하드파워는 강제, 억지, 보호, 위협, 유인, 제재, 보상 등에 기초한 명령성 파워(command power)이다(나이 2004, 30-39). 정치권력이 영향력을 행사하는 방식이 강제와 억지를 사용하거나 아니면 위협, 유인, 보상을 사용한다. 자신과 다른 의견을 가진 집단에 강제력을 행사하거나 아니면 돈봉투와 같은 형태의 보상을 지불하고 때로는 위협을 통해서 다른 집단을 유인하는 방식이다. 한국 정치사에서 나타나는 무수한 강제, 억압, 폭력 그리고 유인은 사실상 한국 정치의 특수성이라기보다는 근대의 정치권력이 가지는 하드파워 성향에 기인한다고 해도 지나치지 않을 것이다. 지난 2004년 총선에 보여주었던 국회에서의 몸싸움과 거친 국회의원들의 언행은 한국 정치의 낙후성으로만 설명하기에는 부족하다. 또한 정치권력의 각종 부패 현상도 한국만의 것은 아니다. 종종 다른 국가들에서도 이러한 야만성이 나타난다. 신사의 나라 영국의 국회의사당인 웨스트민스터 사원을 방문해보면 여야의원이 앉는 벤치의 앞에 붉은 선이 그려져 있다. 이것은 국회의원들이 발언할 때 그 선을 넘을 수 없다는 약속인데 그 이유는 워낙 의원들이 의회 내에서 격렬하게 싸우다 보니 자칫 그 선을 넘게 되면 상대방을 해할 수도 있기 때문에 사전에 이를 방지하려는 의도이다. 이는 영국 의회도 역시 얼마든지 폭력적일 수 있음을 암시하는 예라고 할 수 있다. 프랑스와 독일의 정치인들도 뇌물과 관련되어 정계를 은퇴하기도 하고 심지어 자살도 한다. 다른 국가들에서 폭력이 덜 난무하는 것은 오랜 경험을 통해서 폭력을 자제하는 방식을 배웠고 그것이 내면화되었을 뿐이다. 왜냐하면 근대의 정치권력의 속성 자체가 하드파워적이기 때문에 강제, 억압, 위협을 속성으로 가지고 있기 때문이다. 결국 국가들의 차이는 그 정도의 차이일 뿐이다. 근대의 남성지배적인 국가의 피할 수 없는 속성이 하드파워적이라는 것이다.

두 번째, 이러한 권력은 제로섬(zero-sum)적일 수밖에 없다. 한 개인 혹은 한 집단이 권력을 소유하고 이를 행사하면 다른 개인들, 혹은 다른 집단은 그만큼 지배되어야 하는 속성을 가진다. 젠더화된 국가에 적용해서 설명하면 해방 이후 한국 사회에서 여성은 정치구조에의 참여가 5%에도 미치지 못했는데 남성지배적인 정치구조가 여성을 지배해왔다고 할 수 있다. 남성이 가진 지배 권력과 여성이 받은 복종 상황은 결국 제로섬적인 상황을 만들었다. 왜냐하면 근대의 국가는 소유되는 권력, 갈등적인 권력을 행사했기 때문이다. 따라서 정치권력은 부자(父子) 간에도 나눌 수 없다는 말은 정치권력이 가진 제로섬적인 성격 때문이다.

세 번째, 여성의 입장에서 합법을 규정하는 장(場)에 입장할 수 없는 데서 오는 불리함이다. 데이비드 이스턴은 정치를 "사회적 제가치의 권위적인 배분" 활동이라고 했다. 이스턴의 주장은 인간들이 원하는 가치는 제한되어 있고 이 사이에서 갈등이 생기기 때문에 정치에 의하면 권위적인 즉 누구나 따라야 하는 명령을 통해서 배분이 이루어진다는 것이다. 정치는 그 다양한 정의 및 접근방법에도 불구하고 하나의 합의가 있다면 그것은 정치가 홀로 존재하는 인간이 아닌 같이 더불어 살고 있는 인간 사이에 발생한다는 점이다. 로빈슨 크루소에게는 정치가 필요 없고 사회 속에서 자신이 얻고자 하는 것은 다른 사람도 얻고자 할 때 희소한 이 가치를 누가 가지느냐로 충돌이 발생하고 이를 해결하기 위한 방법이 정치인 것이다. 이렇게 볼 때 정치 참여는 도구적으로, 자신이 원하는 가치를 추구하는 방법이다. 인간은 그래서 정치권력을 만들고 정치권력의 명령에 복종하기로 약속하였기 때문에 그 명령은 권위적이고 사회구성원은 그 명령을 받아들여 갈등이 해소된다고 한다. 그렇기 때문에 사회 속에서 필요한 가치를 배분받기 위해서, 얻고자 하는 것을 얻기 위해서는 정치과정에 어떤 형태로든 참여하여 자신의 의견을 나타내야 한다. 정치과정에의 참여 없이는 원하는 가치를 얻을 수 없다. 해롤드 라스웰은 정치를 누가, 무엇을, 어디서, 어떻게 등의 시각으로 분석하여 '무엇을 어떻게 언제의' 문제보다 앞선 보다 중요한 것은 '누가' 정책결정과정에 참여하느냐가 정치 참여에 있어서 가장 기본적인 문제라고 지적했다. 라스웰은 정치연구가 '영향력과 영향력 행사자에 관한 연구'라고 하면서 엘리트의 특징은 가장 많은 것을 얻을 수 있고 가장 많은 영향력을 행사하는 자라고 규정했다. 정치에 있어서 가장 기본적인 문제가 참여자라면 여성은 자신들의 이익을 위해서 정치에 참여해야 하고 그 참여의 방법이 유권자 수준에서 뿐만이 아니라 엘리트 수준에서도 참여해야 한다. 만약 여성이 정치에 참여하지 않거나 하지 못하도록 하는 장애가 있다면 정치의 배분은 공정한 게임이라고 할 수 없다. 가치의 권위적인 배분을 위한 참여가 되기 위해서 여성은 정치 영역에 투표권을 통한 참여에 그치는 것이 아니라 여성의 이익이 전달될 수 있도록 정책결정과정에 영향력을 행사할 수 있는 참여가 이루어져야 한다.

여기에서 여성이라는 집단이 정치적으로 대표될 이익이 있느냐의 문제가 제기된다. 피트킨스는 과연 모든 사회계층이 정치적으로 유의미한가, 그리고 정치 지도자들이 반드시 자신에게 권력을 위임해준 집단과 생각을 공유해야 하느냐고 질문하면서 이 문제를 제기했다(Pitkin 1967, 86-91). 이에 관하여 샤피로는 현재의 시점에서 여성들은 남성과 다른 정치적 정향, 정치적 가치관, 사고방식들을 보이고 있기 때문에 여성은 정치적으로 대표될 남성과는 다른 이익을 가지고 있다고 주장했다(Sapiro 1981, 703). 한국의 경우 실증적인 연구들에서 보여주듯이 여성에 관련된 입법의 대부분을 여성의원들이 입안하고 있으며 그 입안의 내용도 여성의 권익향상에 도움이 되는 방향으로 진행되고 있다. 그러므로 여성대표가 없었다면 여성권익 향상에 관련된 여성의 이익은 정치적으로 대표되는데 어려움이 있을 것이라고 결론지을 수 있다. 이렇게 볼 때 이제까지의 정치에서는 여성이 여성의 이익을 전달하지 않은 상태에서 남성들의 호의에 기대거나 아니면 어떻게 되든지 거의 관심이 없는 상태로 일관해왔다.

Ⅲ. 정치 패러다임의 변화

젠더적 관점에서 보면 한국 정치의 중요한 변화가 2004년 17대 총선에서 나타났다. 2004년 4월 15일 치러진 17대 총선 결과 여성국회의원 비율은 두 자리 숫자인 13%를 기록하게 되면서 한국 여성정치의 새로운 장을 열었다고 평가되고 있다.

1. 2004년 총선에서의 여성의 정치 참여 확대

결과적으로 여성국회의원 수는 괄목할 정도로 증가했다. 16대 국회에서 비례대표 10명, 지역구 5명이어서 5.9%였는데 이번 총선을 통해서 전체 299석 가운데 여성의원이 39석을 차지함으로써 13%로서 아시아지역 여성의원 평균인 14.9%에 근접하게 되었으며 전 세계 평균인 15.3%에도 가까워졌다. 5.9%가 될 때까지 50년이 걸렸다면 그 2배가 되는 데 4년이 걸린 셈으로 수적인 증가라는 점에서 괄목한 발전이다. 여성의원수는 제헌국회 이후 9대 국회를 제외하고 줄곧 한 자리 숫자를 맴돌았고 우먼 파워가 돋보였다고 할 수 있는 1990년 15대 총선에서도 9명(3%)에 그쳤으며 16대에 와서야 16명(5.86%)으로 15대의 두 배 수준을 기록하면서 신장해오다가 이번에 13%라는 두 자리 숫자에 이른 것이다.

특히 2004년 선거는 한나라당 박근혜 대표, 민주당의 추미애 선대위원장이 양 정당의 선거전을 진두지휘했고 전여옥, 이승희, 박영선 씨가 3당 대변인으로 활약하면서 이전에 볼 수 없었던 여성정치 참여 영역의 확대라고 할 수 있다.

그림 3_ 여성국회의원수 및 비율의 증가(지역구, 전국구 포함)

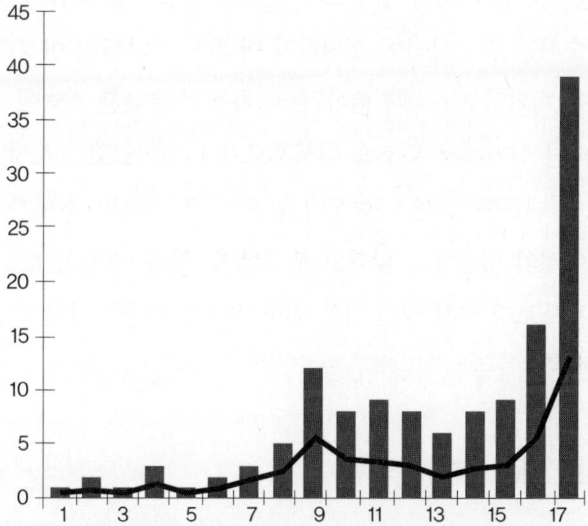

위의 그래프를 보면 당선자뿐만이 아니라 후보 면에서도 여성의 참여가 증가하였음을 알 수 있다. 16대에 33명의 여성후보가 지역구에 출마하였는데 이번 선거에서는 지역구 후보가 66명으로 이전 선거에 비해 2배 가까

이 증가한 것이 특기할 사실이다. 이것은 정치하려는 여성들이 일단 많아졌다는 것을 의미하면서 동시에 정치권에서도 여성이라는 성 변수가 지난 선거보다는 공천에 있어서 덜 꺼려졌다고도 볼 수 있다. 물론 이 66명은 정당별로 약간의 편차는 있지만 전반적으로 여성후보 공천이 지난 선거보다 늘었음을 알 수 있다.

당선율을 보면 16대 총선에서는 33명 가운데 5명이 당선하여 15.2%였는데 2004년 선거에서는 66명 가운데 10명이 당선하여 15.2%의 당선율로 이전과 별 차이가 없음을 알 수 있다. 이것은 남성의 경우 16대 총선에서는 22.1%(222/1005)였고 17대의 경우에는 21%(233/1109)로 여성의 당선율은 남성보다 약간 낮다. 여성이 남성보다 선거에서 떨어질 확률이 높다고 할 수 있다. 이 수치는 단순화하여 설명하기 어렵다. 왜냐하면 여성의 경우 몇몇 전략지역을 제외하고는 대부분이 승리 가능성이 낮은 지역에 공천을 받고 특히 2004년 선거에서 무소속 여성후보가 14명이었고 민노당 여성의원이 12명이었기 때문에 당선 가능성이 높은 주요 정당의 후보가 아니어서 전체적으로 여성의 당선율이 낮다고 해석할 수 있다. 전체적으로 여성이기 때문에 남성후보보다 약간 당선 가능성이 낮다는 점만을 말할 수 있다.

2. 변화의 의미

2004년 선거에서 후보 면이나 당선자 면에서 여성의 비율이 상당히 높아졌고 전체적으로 여성의 참여가 확대되었음을 알 수 있다. 이렇게 증가한 이유는 무엇일까?

우선 선거제도가 바뀌었다. 즉 비례대표 부분에서 여성을 50% 공천하도록 못 박았던 정당법이 의미가 있었다고 할 수 있다. 여성계에서 오랫동안 노력해왔고 지난 국회의 여성의원들도 노력하였으며 정치개혁의 주요 의제로 여성의 정치 참여 확대가 거론되면서 선거법 개정에 있어서 비례대표 여성후보 50%가 중요한 의제가 되어왔다. 지난 정당법 개정에서 개정안이 통과되어 여성후보는 비례대표에서 50%를 차지하게 되었다. 물론 교호순번제에 대한 언급은 법에 없었지만 각 정당들이 자발적으로 이를 지켰고(자민련은 예외), 비례대표 1순위를 여성에게 부여하여 여성국회의원 후보를 급격히 증가시키는데 기여했다.

두 번째, 지역구 후보가 증가한 이유는 무엇일까? 지역구 후보 역시 지난 선거에 비해 2배가 늘었다. 이것은 그동안 누적되어온 한국 정치에 대한 국민들의 혐오, 정치권의 부패 등이 기존 정치인에 대해서 부정적인 인상을 가지게 함으로써 새로운 정치신인을 요구하게 된 저간의 사정과 밀접한 관련이 있다. 국민들은 새로운 정치를 요구하게 되었고 정당들을 이를 깨닫고 새로운 정치인으로서 여성을 공천하게 되었다. 물론 새로운 정치인 중에는 남성도 많이 있지만 보다 새롭게 부패와 관련이 적을 것 같은 여성정치인들이 기존의 남성 정치인에 대한 대안으로 떠오른 것이다.

세 번째, 여성의 공천이 늘고 비례대표에서 여성후보 50% 할당제가 받아들여지게 된 배경에는 여성단체의 오랜 노력이 있었기 때문이다. 여성단체들은 1990년대에 들어오면서 여성의 정치 참여 확대를 주요 쟁점으로 내세우면서 여성의 참여를 확대하기 위해서 노력해왔다. 이미 유엔에서는 1970년대 여성차별 철폐 협약을 체결하여 여성에 대한 모든 종류의 차별을 철폐하라고 요구해왔고 이 중에 정치에서의 차별도 중요한 철폐 조항 중에 포함되어 있었다. 그 이후 UN 세계여성 10년을 지나고 1995년 북경 여성대회에서 여성의 정치 참여 확대가 중요한 의제로 포함되었으며 각국에서는 여성의 사회적 지위 향상에 여성의 정치 참여 확대가 중요한 영향을 미친다고 인식하고 이 분야에서의 개선을 위해서 노력해왔다. 이 연장에서 한국 여성단체들도 여성의 정치 참여 확대라고 하는 것을 중요한 의제로 인식하고 그 확대를 위해서 정치적 압력을 행사하기도 하였고 여성유권자들에게 이 문제의 중요성을 인식시키는 노력을 게을리 하지 않았다. 이 성과가 지난 정당법 개정에서 비례대표 부분의 50% 여성할당으로 나타났고 2004년 선거에서 여성국회의원 수 2배 증가에 영향을 미쳤다.

네 번째, 여성의 정치 참여가 확대된 한국 정치 상황이다. 여성의 정치 참여 문제는 2003년 정치관계법 개정에 있어서 여성의 정치 참여 확대 방안으로서 할당제가 활발히 논의되다가 가을에 이라크 파병 문제가 이슈로 떠오르면서 여성문제는 논외로 밀려났다. 올해 다시 정치관계법 개정이 논의되면서 여성문제가 떠올랐지만 탄핵 문제로 여성문제는 끼어들 틈이 없는 정세로 바뀌었다. 그러다가 정말 우연하게 여성이 당대표로, 또 선대위원장으로 그리고 각 당의 대변인으로 임명되면서 여성정치의 불씨가 다시 살아났다. 이런 과정에서 비판도 많이 있었지만 기존 정치인에 대한 부정이 여성정치인을 대타로 내세우게 했고 여성이 정치의 전면에 등장하게 된 배경이 되었다. 이 과정에서 여성은 남성들이 저질러놓은 뒤처리나 하는 존재라는 비판이 나타났고 여성정치인들의 정치적 행보가 지역감정에 호소하거나 기존 정치인들의 구태를 그대로 재현하는 방식으로 진행되어 비판이 많이 등장했다. 여성의 참여는 이제까지 늘 기성 정치인들의 필요를 위해서 동원되었고 그 틈새에서 확대되었다. 위의 그래프에서 여성의 정치 참여가 확대되기 시작하였던 9대는 유신정권으로서, 유신정권은 훼손된 정치적 정당성을 만회하기 위해서 여성교수 및 지식인들을 정치에 동원했다. 그 이후의 전국구에서의 여성당선자들도 대부분 정치권력 주변의 관변단체의 대표이거나 여성교수 등이었다. 이런 점에서 이제까지 여성들이 여성의 민주성이나 진보성을 인정받아서 정치에 등장한 적도 없었고 기성남성 정치인들이 여성들에게 그런 기회를 줄 리도 없다. 기성 남성 정치인들이 어려운 상황을 타개하기 위해서, 혹은 정당성의 만회를 위해서 여성들에게 기회가 올 뿐이다. 2004년의 여성정치 참여 확대는 폐쇄적인 남성 중심 정치에 대한 유권자들의 혐오로부터 출발하였고 정치는 새로운 대안을 모색하였으며 그 대안이 여성이었던 것이다. 지금까지의 폐쇄적이고 하드파워적인 남성 정치, 그리고 제로섬적인 남성 정치는 유권자들로부터 외면당하고 새로운 변화를 요구받게 되면서 여성이 대안으로 등장한 것이다.

이러한 변화가 우리가 의미하는 것은 무엇일까? 첫째로 할당제가 갖는 의미이다. 한국 선거법에서 할당제를 받아들인 것은 지난 2001년 총선을 앞둔 선거법 개정이 처음이었다. 비례대표에서 여성에게 50%를 할당해야 한다고 규정했지만 이행을 의무화하는 강제 규정을 동반하지 않으므로 권고에 지나지 않게 되었고 순번에 대해서 말하지 않음으로써 여성들을 하위 순번에 위치하게 하여 여성당선에는 별다른 효과를 주지 못했다. 이어서 17대 총선 이전에 이루어진 선거법 개정에서도 법 변화는 없었지만 정치 상황의 변화로 대부분의 정당들은 여성들을 비례대표 1번에 공천하였고 남녀교호순번제를 택해서 여성들의 당선에 큰 도움이 되었다. 할당에 대해서 많은 논란이 있지만 분명한 것은 단기적이고 직접적인 효과를 준다는 것이다. 여성의 정치 참여를 제약하는 많은 요인 가운데 가장 큰 요인은 여성들 스스로 정치를 하려고 하지 않는 것이다. 여성들은 자신들이 하기에는 정치가 너무 어려운 것이라는 것을 교육이나 문화를 통해서 체득해서 스스로 정치에 나서려고 하지 않는다. 그렇기 때문에 여성들이 보다 쉽게 정치에 접근할 수 있도록 적극적인 우대 조치를 하지 않고 의식의 변화만을 기다리려면 너무 오랜 시간을 기다려야 한다. 그렇기 때문에 적극적인 우대조치를 통해서 단기적으로 여성들의 참여를 높이고 이를 통해서 여성들을 활성화하고자 하는 것이 여성할당제이다. 지난 선거에서 한국 정치에 여성할당제의 직접적인 효과가 입증되었다.

그러나 할당제만으로 한국 정치의 변화를 설명하기는 어렵다. 지역구에서도 여성의원이 이전보다는 훨씬 많이 당선되었고 각 정당들은 법에서 규정하지 않은 남녀교호순번제를 택했고 비례대표 1번을 여성에게 공천했다. 그 이유는 한국의 정치 상황이 새로운 정치인을 요구하고 있었기 때문이다. 기존의 정치에 실망한 유권자들은 새로운 정치를 갈망하고 있었다. 여성의 등장은 이러한 요구에 대한 응답이다. 남성지배적인 정치구조에 대한 회의이며 제로섬적이고 경쟁적인 정치권력에 대한 변화의 요구이다.

Ⅳ. 정치의 새로운 패러다임: 부드러움의 정치를 위하여

1. 새로운 정치 패러다임

그러면 새로운 정치란 무엇인가? 우선 폐쇄된 정치구조의 개방이다. 새로운 정치인이 진입할 수 있는 인프라의 구축이다. 이러한 구축을 위해서 전제되어야 하는 것이다. 정치권력 개념의 전환이다. 이제까지 권력 개념이 하드파워였다면 소프트파워(Soft Power)로의 전환이 필요하다. 나이(Nye)는 소프트파워를 어젠다 설정과 매력, 가치, 문화, 제도 등에 기반을 두는 차용성 파워(cooptive power)로 정의했다(나이 2004, 30-39). 곧 부드러운 힘을 의미하는 소프트파워는 "사람의 마음을 끄는 힘으로 원하는 것을 얻는 능력"을 의미하는데(나이 2004, 30-39) 이것은 기본적으로 이제까지의 강성파워가 진정으로 사람의 마음을 얻을 수 없다는 전제로부터 출발한다. 이제까지의 강제력, 유인, 위협을 통한 권력은 사람의 마음을 진정으로 움직일 수 없다. 나이가 말하는 부드러운 힘은 교육, 문화, 예술, 미디어 그리고 지식의 영역에 속하는 것으로 지배담론의 변화를 말하는 것이다. 이것을 젠더 정치에 적용하면 이제까지 남성이 상징하고 있는 강함으로써의 권력, 군림으로써의 지배, 배타적 독점으로써의 권력이 아닌 공유되는 권력, 비위계적인 질서를 전제하는 권력으로 전환을 의미한다. 이렇게 될 때 진입의 높은 장벽은 사라지고 치자와 피치자 사이의 제로섬 게임이 아닌 포지티브섬(positive sum) 게임으로 전환된다.

그런데 정치권력에 대한 새로운 개념 정의는 페미니스트들의 정치권력 정의와 상당히 유사하다. 페미니스트들은 여성과 남성의 권력 행위가 상당히 다르다는 경험적 논증으로부터 출발하여 여성들은 남성과 다르게 권력에 대해 인식하고 있다고 주장한다. 플레맹은 "여성들은 지금과 같이 사용되는 권력을 거부하는데 그 이유는 자신이 권력을 얻기 위해서 다른 사람을 희생해야 하기 때문이라고" 주장했다(Flammang 1983, 71). 이와 같이 여성들은 한 쪽이 얻기 위해서 다른 쪽이 무엇인가를 희생해야 하는 제로섬적인 권력관을 거부한다. 대신에 여성들은 남성의 복종을 전제하지 않는 여성들의 권력가지기(Empowerment)를 강조한다. 이것은 이제까지의 권력이 지배하는 권력, 통제하는 권력(power over)이라면 여성들의 권력 개념은 능력으로서의 개념(power to) 즉 지배가 없는 행동으로 새로운 가능성을 창출하고 목적에 도달하기 위해서 갖추어야 하는 힘과 능력으로서의 권력이라고 할 수 있다. 이렇게 될 때 권력은 경쟁적이거나 배제적 혹은 갈등적인 단계로부터 공유되고 서로 고양시키는 단계로 전환된다.

이렇게 여성들이 정치권력에 다르게 접근하는 이유는 무엇일까? 정치, 경제, 사회적 이슈에 대한 여성의 시각과 정향은 남성과는 다르다[6]는 점에서 일단의 실마리를 찾아볼 수 있다. 여론 조사와 투표 성향을 분석한 연구들을 통해서 보면 여성의 정치정향은 남성과는 사뭇 다른 모습을 보이고 있다. 일반적으로 여성들은 도덕적이며 온정적이고 이상주의적인 경향을 가진 것으로 나타난다. 또 평화주의적이며 전쟁 반대 운동의 주요 동력도 여성들로부터 나온다. 미국 여성의 경우 금주법, 매춘에 대한 반대를 표명하며 평화정책을 옹호하는 후보자를 선호하는 뚜렷한 성차를 보이고 있다. 또 경제 관련, 사회 관련 이슈에서 여성들은 남성에 비해 진보적인 성향을 보인다. 여성들의 주요 관심분야가 환경보호, 사회복지, 빈곤, 인권, 양육, 군축, 기회균등, 물가, 주택 등에 집중됨으로써 남성보다 더 인도주의적이며 사회복지 지향적이고 이상주의적인 경향을 보인다. 이것은 남성과 여성이 근본적으로 본성에 있어서 다르다는 전제에서 출발하는 것이라기보다는 여성의 사회적 역할에 기인할 가능성이 높다. 여성과 남성이 아무런 선입견이나 사회적 통제 없이 교육받고 양육된 적이 없었기 때문에 본성이 어떠한지에 대한 논의는 일단 접자. 대신 현재까지 여성들이 주로 행해온 사회적 역할은 분명히 오늘날 여성들의 의식을 결정하는데 중요한 영향을 미쳤다고 할 수 있다. 여성이 남성과 다른 사회적 정향을 보이는 것은 전통사회에서 현재에 이르기까지 여성들이 가정에서의 역할을 주로 해왔기 때문일 것이다. 가정 관리자의 위치에서 정치를 바라보는 여성의 정치적 정향이나 가치관의 우선순위가 남성과 다르다는 점이 경험적으로 입증되었기 때문에 이런 여성의 정치 참여는 남성 위주의 정치에 새로운 시각을 보여줄 수 있을 것으로 기대한다. 보다 많은 여성들이 정책결정과정의 고위직에 참여한다면 사회복지의 규모가 더 확대될 수 있고 보다 공평하고 인간적인 정치가

6 이것은 본질적으로 여성과 남성이 같은가, 다른가의 문제가 아니라 현실적으로 그렇다는 의미이다. 본질적으로 같다고 하더라도 오랜 시간을 거치면서 사회화와 문화적인, 정치적인, 경제적인 배제를 통해서 여성들은 남성과 다른 경험, 다른 생각을 가지도록 교육되어왔다. 그 결과 오늘날 현재의 시점에서 여성과 남성은 정치적으로 다른 정향을 보이고, 사회경제적 경험에 있어서도 다르다는 것이다.

가능할 것으로 생각된다. 그래서 여성들의 경험과 시각이 남성들의 그것을 대체하는 것이 아니라 남성들의 그것에 보완적으로 작용하여 보다 완성된 정치 배분이 이루어지는 데에 기여할 수 있을 것이다.

이제까지 남성 중심적 정치학의 패러다임은 정치를 권력을 둘러싼 현상으로 정의했고 지배와 피지배, 갈등과 경쟁에 지나친 비중을 두어왔다. 이제 정치는 새로운 패러다임의 전환을 필요로 하며 그것은 정치가 공동체의 삶을 개선하고 생명을 얻되 풍성히 얻도록 하며 사회를 경쟁과 갈등이 아니라 사랑과 보살핌의 리더십으로 전화하기 위해서는 여성적 리더십이 꼭 필요하다.

과거의 발전모델에 있어서도 마찬가지이다. 과거의 남성 중심적 한국 사회의 발전은 극히 불균형적인 측면이 있다. 성수대교 붕괴, 삼풍백화점 사건, 각종 비자금 사건, 각종 게이트 등은 급속한 경제성장 속에서 외형적인 발전만을 추구한 결과이며 이 과정에서 정치와 경제가 결탁하여 부패한 정치 상황을 만들었기 때문이다. 이런 기존의 모델들에 대한 대안적 모색이 필요하다. 앞으로의 21세기는 더 이상 표면적인 GNP 증가나 물질적인 풍요를 추구한다고 보기 어렵다. 각 분야에서는 지속가능한 발전모델에 대한 관심이 높아지고 이제 정보화사회로 옮겨가고 있기 때문에 이제까지의 정치에서 보여주었던 해결방식 이외의 다른 방식이 필요하다. 새로운 대안으로서 여성적 리더십은 분명히 일고의 가치가 있다.

2. 여성리더십의 특징

그러면 여성리더십은 무엇인가? 전 세계적인 여성리더들을 보면 그들의 리더십을 크게 세 가지로 분류할 수 있다. 내부형 여성리더십, 대장부형 여성리더십, 그리고 전문가형 여성리더십이 그것이다(조기숙 1998, 320-35). 내부형의 경우에는 주로 서남아시아 등의 정치의 제도화가 뒤떨어진 국가들에서 많이 나타나는 것으로 여성리더들이 그 위치에까지 올라간 배경은 그들이 결국 정치 엘리트의 내부자였기 때문이다. 그래서 그들의 성향은 정치가 집안의 내부자로서 여성으로서 정치에 입문하여 리더가 되었다기보다는 정치가 집안의 일부로서 표현된다고 할 수 있다. 그러나 여성리더들은 내부자였더라도 남성과 다른 리더십을 보여준다. 두 번째는 대장부형 여성리더십이다. 얼마 전까지만 해도 대부분의 여성리더들은 남성과 별로 다르지 않았다. 남성적인 언어를 사용하고 남성적인 행위로 정치에서 리더십을 행사하는 대장부들이었다. 때에 따라서는 남성보다 더 남성적인 성향을 보이는 여성정치인들도 있었다. 이들이 정치에 입문할 때만 해도 여성정치인은 극히 드물었기 때문에 그렇게 하지 않으면 정치에서 살아남을 수가 없었던 시대적 산물이라고 할 수 있다. 리더로서의 그들의 정당화는 남성같은 행동에서 남성 같은 삶의 방식에서 찾아지기 때문에 남성의 리더십과 다르지 않다. 마지막은 전문가형 여성리더인데 최근에 들어 많은 전문가형 여성리더들이 등장하고 있다. 자신의 분야에서의 특성을 살려 그것을 통해서 정치리더십에 이른 경우이다. 대부분 이들은 보건이나 보육, 여성운동 등의 영역에서 자신의 리더십을 발휘하다가 정치에 입문한 경우이다. 그렇기 때문에 정치가보다는 관료에 가까우며 그들이 하는 영역은 전통적인 여성적 영역으로 간주되던 영역이다.

이렇게 볼 때 여성적 리더십의 중요 특성을 몇 가지로 볼 수 있다. 상호보완적인 측면에서 모성, 보살핌, 관계지향성, 도덕성, 참여적이며 민주적인 리더십으로 논의된다.

먼저 모성존중론이다. 여성은 생명을 잉태하고 출산하며 양육하는 모성이 있으며 이는 여성 고유의 것이다. 이것은 열등한 것도 아니며 극복되어야 할 것도 아니다. 이런 성향으로부터 여성은 생명을 파괴하기보다는 창조하고 보살피는 능력을 가진다. 여성리더는 '어머니 같은, 누이 같은' 리더십으로서 추종자들을 이끌 수 있다. 모든 인간 조직이 보다 발전하기 위해서는 모성적 사고가 절대적으로 필요하다. 환경 보전이나 교육 문제, 국제사회의 갈등 해결 및 공동체의 회복에 있어서 모성적 사고는 진정한 평화와 화해를 가져올 것이다.

두 번째는 보살핌이다. 남성들은 타인과의 관계를 경쟁관계로 인식하며 권력에 입각하여 지배-피지배의 관계를 형성하고 위계질서의 규칙을 제정하며 강자와 약자의 권리를 이야기한다. 그러나 여성은 타인과의 관계를 협력관계로 인식하고 구체적인 상황 속에서 타인에 관심을 가지고 책임을 지며 보살핀다.

남성들의 자기중심성에 비해 여성리더의 타자지향성이 강조되기도 한다. 친근함, 타인에 대한 관심, 표현성, 민감성 등의 사회적 재질이 남성보다는 여성에게서 높은 것으로 나타난다고 본다. 여성들은 관계 안에서 존재한다. 어떤 연구결과에 의하면 남성은 독단적 결정을 잘 내리는데 비해 여성들은 타인과 의논을 통해서 자기 의견에 확신을 얻으려는 경향이 강하다고 한다. 이런 점에서 확실히 여성은 관계적인 성격을 가진다.

또한 여성리더십은 보다 참여적이고 민주적이기 때문에 전통적이고 위계적이며 관료적인 남성 리더십에 대한 대안으로서 제기되고 있다(조경신, 이신자, 이호원 2003). 여성적 리더십은 분담된 리더십으로서 리더의 기능이 한 사람에 의해 모두 수행되는 것이 아니라 조직 구성원들이 모두 동등한 정치적 인격체로서 유기적인 관계를 통하여 조직의 목적을 달성해나가는 것이다. 또한 상호적 리더십의 특성을 가지기도 한다. 즉 성원들의 발전을 도모함으로써 자신의 가치를 높이고자 하며 조직의 과제 수행 못지않게 성원들의 복지와 안녕을 중시하는 리더이다.

남성들은 경쟁과 승부에 관심이 많고 모험적이며 독립적이고 주관이 뚜렷하며 인간관계에서는 여성보다 덜 친근한 편인데 비해 여성은 정보를 전달하고 대인관계를 원만하게 유지하며 새로운 아이디어를 수용하며 하급자의 노력과 발전을 격려하는 면에서 남성보다 낫다고 평가된다. 대부분의 현대 조직이 비인간적이며 위계질서에 따르며 관료적인 특성을 보이는데 이를 인간화하는데 필요한 것이 여성의 대안적 리더십이라는 주장이다.

또 다른 여성리더의 특화된 장점은 여성문제를 보다 잘 이해하고 여성의 이익을 보다 잘 대변할 수 있다는 점이다. 스웨덴을 비롯한 스칸디나비아 국가들에 있어서 모성보호, 임신중절 관련 입법, 남녀평등기회법 등에서 여성정치의 역할은 핵심적이다. 대외정책에서는 국방비 삭감, 원조, 국제평화 분야에 있어서 여성정치 리더십의 역할이 컸다.

3. 부드러운 정치를 위한 정책 제언

여성적 리더십을 통한 새로운 정치 만들기는 어떻게 가능한가? 첫째로 가장 중요한 것은 정치권력 개념의 전환이 필요하다. 이제까지 정치를 제로섬 게임으로 정의했다면 이제는 정치를 비제로섬적으로 재정의할 필요가 있다. 특히 젠더 관계에서 권력 사용을 이렇게 정의하지 않는다면 기존의 남성 정치인들은 여성들의 정치 진입을 자신들에 대한 공격으로 여길 수밖에 없고 결국 자신들의 기득권을 유지하기 위해서 여성들의 정치 진입을 막으려고 할 것이다. 그러나 정치를 비제로섬적으로 정의한다면 여성의 정치 진입은 남녀 모두에게 이득을 가져오는 결과가 될 것이다. 예를 들어 여성의 경제활동 참여를 제로섬적으로 해석하면 여성이 남성들의 일자리를 빼앗는 것으로, 즉 주어진 일자리를 놓고 남성과 여성이 경쟁하는 것으로 보게 된다. 그러나 이를 비제로섬적으로 접근하면 여성의 경제활동을 통해서 개별 가족 차원에서 남성 가장은 부담이 줄어들게 되고 동시에 가계소득은 늘어나며 국가차원에서는 풍족한 노동력의 적절한 활용으로 보다 높은 경제성장을 이룩하게 되며 이에 따라 새로운 일자리가 계속 창출되어 직장이 없는 남성들에게 취업에 기회를 제공하게 될 것이다. 즉 여성의 경제활동이 남녀 모두에게 유리한 상황을 제공한다. 여성의 정치 진입 역시 남성과 다른 여성들만의 경험과 정치에 대한 다른 접근이 정치적 배분의 질을 향상시키게 되며 정치에 대한 부정적인 인식이 사라지고 긍정적인 효과를 낳게 된다. 이로 인해 남성 정치인들에게도 유리한 상황을 제공하게 되는 비제로섬적인 결과를 가져온다고 할 수 있다. 이와 같이 이제까지 정치를 경쟁적, 갈등적으로 보던 시각을 협업적 권력공유로 전환하는 것이 우선적으로 필요하다.

두 번째 부드러움의 정치가 발현되기 위해서는 정치의 장에 여성의 비율이 30%를 넘어야한다. 30%를 임계 수치(critical mass)라고 하는데, 이것은 물질의 성질을 바꾸기 위해서 변화되어야 할 최소한의 비율이다. 즉 한국 정치의 성격이 바뀌기 위해서는 여성이 정치에 최소한 30%는 되어야 그 성격이 바뀐다는 것이다. 현재 국회의원 중 여성의 비율은 13%인데 이 비율은 과거에 비해서 급증한 비율이지만 이 정도를 가지고는 한국 정치의 성질은 바뀌지 않는다. 적어도 30%는 되어야 한국 정치의 여성적 리더십이 나타나고 한국 정치의 권력 개념도 전환될 것이라고 예측할 수 있다. 이제까지 정치권에서 때때로 기성 정치인들이 어려움에 봉착할 때 시민단체나 다른 사회 영역에서 새로운 인물을 정치에 진입시키는 경우가 종종 있어왔다. 이 새로운 인물들은 정치에 진입할 당시에는 상당한 각광과 매스컴의 관심을 받았지만 대부분은 나중에 기존 정치인화하면서 국민들에게 실망을 주었다. 그것은 이들이 새로운 인물이 아니라기보다는 몇몇 인물만으로는 기존의 정치 성향이 변하지 않기 때문이다. 혼탁한 물에 깨끗한 물 몇 방울을 집어넣는다고 그 물이 결코 깨끗한 물이 되지 않는 것과 같은 이치이다. 혼탁한 물 1/3을 쏟아버리고 깨끗한 물 1/3을 집어넣으면 혼탁도가 조금 낮아질 것이다. 기존의 정치를 변화시키려면 최소한 여성이 30%는 정치에 들어갈 때 정치의 변화를 기대할 수 있게 된다.

세 번째는 여성들의 의식변화를 위한 노력이다. 한국 정치에서 여성들의 정치 참여가 저조한 요인 가운데 하나는 정치권력의 속성이 있지만 그 결과로 여성들의 주변화 또한 중요하다. 성 역할 분리에 따라 여성들의 사회적 역할을 가사 영역으로 규정하고 강요하다보니 정치는 여성과 관련이 없는 먼 것으로 여기게 되었고 여기에 남성적인 정치는 여성들에게 거부감을 주어 더욱 정치를 멀리하게 되었다. 여성이 정치의 주체가 되고 정치권력을 재정의하기 위해서는 이러한 여성들의 의식을 전환시켜야 한다. 여성들이 정치에 대해서 적극적인 태도를 가지게 되고 이것이 압력이 되어 정치의 새로운 변화가 가능하다. 남성적 정치권력을 비판할 때 우리는 자주 지나치게 윤리적인 차원을 강조하는 경향이 있다. 즉 "억압은 도덕적으로 옳지 않다. 남성이 여성을 억압하는 것은 바람직하지 않다. 그러니까 여성들에게 권력을 나누어 주어야 한다."는 식으로 접근하곤 한다. 이러한 주장은 많은 허점을 가지고 있는데 우선 무엇이 억압인가에 대해서 동의를 얻어내기가 쉽지 않고 특정한 상황에 대해서 억압이라는 일치를 얻어내는 것은 더욱 어렵다(이상화 2005, 8). 또한 혹시 특정한 상황을 억압이라고 인지한 이후에 억압받는 상황과 이러한 상황과 조건으로부터 해방되려는 개인이나 집단이 도덕적인 호소를 한다고 해도 그것만으로 억압의 주체가 태도를 바꾼다거나 사회에 긍정적인 변화가 오는 것도 아니다. 억압으로부터의 해방은 윤리적인 차원으로부터 정치적 차원의 문제로 넘어가는 것이다. 그러면 이를 어떻게 해결할 수 있는가? 실질적인 사회 변화를 이끌어내려면 그것을 실현해 줄

권력을 획득, 동원, 결집해야 한다(이상화 2005, 9). 이것이 결국 여성유권자의 정치세력화이다. 프랑스의 경우 남녀후보 동수추천제라는 선거법이 받아들여지기까지 대다수 남성 정치인들은 상당히 저항했다. 그러나 결국 받아들일 수밖에 없었던 것은 유권자들이 그것을 강력히 원했기 때문이다(김민정 2004). 정치인들이 관심을 가지는 것은 극단적으로 표로 표현되는 유권자들의 의견이다. 여성유권자들이 자신들의 이익에 민감하여 정책지향적으로 투표하고 그것이 정치인들에게 압력이 될 때 정치인들은 여성들의 의견에 귀를 기울이게 된다(김민정 외 2003).

2장
18대 총선과 여성정치인의 세대 변화

Ⅰ. 서론

18대 총선은 우리에게 많은 것을 생각하게 했다. 대통령선거가 치러지고 얼마 되지 않아서 다가온 총선은 후보 공천에서부터 각 당의 고심이 묻어났고 또 뚜렷한 이슈가 없었기 때문에 선거전부터 저조한 투표율을 걱정하는 목소리도 높았다. 선관위에서는 투표를 독려하기 위해서 투표한 유권자에 대해서 여러 가지 혜택을 내놓았지만 이러한 노력에도 불구하고 46%의 저조한 투표율을 보였다. 세대 간의 심각한 투표 편차를 보여준 것도 심각한 문제로 지적되었다. 특정 연령대의 표심이 전체 선거 결과를 좌우할 수도 있는 상황으로까지 악화되었다는 점이다. 일반적으로 유권자의 연령대는 정치적 태도에 있어서 큰 차이를 보여주는데 특정 연령대의 투표율이 특별히 낮아지면서 특정 정치 세력에 대한 유·불리로 작용하게 되면서 대표성의 왜곡 논란이 일고 있다. 특히 투표 불참의 원인이 현실정치에 대한 불만으로 나타나면서 현실정치는 새로운 대안을 제시해야 할 숙제를 안게 되었다. 20대의 경우 자신을 대변해줄 정치세력을 찾지 못했기 때문에 투표에 참여하지 않았다는 분석은 앞으로 검증이 필요하지만 이러한 주장이 나왔다는 것만으로도 현 정치권은 대안을 제시해야 할 의무가 있는 것이다. 가장 큰 이슈 중 하나인 여전한 하향식 그리고 폐쇄적인 공천문화, 비례대표의 불공정한 선정 등은 2008년 선거가 남긴 가장 큰 숙제 중 하나이다. 17대 총선에서는 하향식 공천의 비민주성을 지적하면서 부분적으로 상향식 공천이 이루어졌으나 2008년 선거에서는 지역구 공천과 비례대표 공천이 모두 하향식으로 결정되면서 밀실 공천, 돈 공천, 대표성의 문제가 거론되면서 비례대표 무용론을 주장하는 목소리도 나오고 있다. 한편으로는 공천 시기가 지나치게 늦어짐으로써 공정한 경쟁이 이루어지지 못한 점은 반드시 지적되어야할 것이다. 16대(2000년)에는 투표일 약 60일 전에 지역구 후보가 결정되었고 17대 때에는 약 50일 전에 후보가 결정된 반면 2008년 선거에서는 투표일을 20일 남겨두고 후보가 결정되면서 많은 정치신인들을 자신을 알릴 공정한 기회를 박탈당하였고 아쉬움 속에 선거 결과를 받아들여야만 했다. 또한 선거가 시작되자마자 전근대적인 돈봉투가 거래되면서 후보 공천이 취소되는 사태가 발생하였고 선거가 끝난 후에는 비례대표 당선자들에 대한 대가성 특별당비 납부, 이력 논란, 그리고 대표성의 문제가 거론되면서 한국 민주주의 선거사에 오점을 남겼다.

여성의 입장에서 2008년 선거를 보면 우선 공천이 늦어져서 선거기간이 짧았다는 것은 여성후보들에게 매우 불리했다. 선거기간이 짧다는 것은 기존의 정치인 혹은 유명인사들에게 유리하고 정치신인들에게는 매우 불리한 상황이다. 하향식의 폐쇄적 공천 방식 역시 여성들에게는 불리한 공천 방식이다. 2008년 선거는 비례대표에서 여성을 50% 공천하기로 한 선거법이 적용된 두 번째 선거이다. 또한 17대 국회에서 여성의원들의 활동이 활발하였고 의원 평가에서도 좋은 성적을 얻었으며 그동안 축적된 여성정치인의 풀이 많이 넓어졌기 때문에 보다 많은 여성들이 국회에 진출하리라 기대하였던 희망과 달리 공천과 선거에 있어서 여성정치는 그다지 발전하지 못했다.

이를 전제로 하여 2008년 선거를 여성의 입장에서 좀 더 자세히 분석해보고자 한다. 우선 여성후보들의 개인적 특징, 사회경제적 배경에 대해서 살펴보면서 여성후보들의 성향에 변화가 있었는지 살펴볼 것이다. 여성후보들의 개인적 특징, 사회경제적 배경의 변화는 앞으로의 여성정치발전에 있어서 중요한 변수가 될 것이다. 여성정치발전을 어렵게 하는 요인 가운데 늘 지적되어 온 것이 여성정치인의 풀이 적다는 것이었고 여성정치발전을 위해서 여성정치인의 풀이 확대되어야 한다는 주장이 지속적으로 제시되었다는 점을 기억할 때 어떤 여성들이 출마하였는지를 살펴봄으로써 여성정치인의 풀의 변화를 추적해보고 싶었다. 두 번째는 해방 이후부터 오늘날에 이르기까지 여성정치인들을 비교하면서 그들의 변화를 여성정치인의 세대교체라는 관점에서 분석해보고자 한다.

Ⅱ. 18대 총선의 결과

2008년 총선에 출마한 여성후보는 모두 215명으로 전체 출마자의 16.5%를 차지하고 있다. 비례대표의 경우 선거법이 여성 50% 할당을 규정하고 있기 때문에 당연히 50%를 공천해야 하므로 여성이 얼마나 증가하였나를 보기 위해서는 일단 비례대표 부분을 빼고 살펴보기로 하자. 지역구 후보의 경우에는 전체 1,113명의 후보 가운데 여성은 132명으로 11.9%이다. 지난번 선거에서 5.6%였던 것을 생각하면 두 배 가까이 증가한 숫자라고 할 수 있다. 지역구 여성후보의 비율이 17대까지 10%에 훨씬 미치지 못하였던 것을 생각할 때 많은 증가를 가져왔다고 평가할 수 있다. 그러나 지난 선거보다 훨씬 많은 여성들이 공천되었던 것에 비해서 당선자는 많지 않아서 지역구에서 14명, 비례대표에서 27명 당선에 그쳤다. 특히 지역구의 당선율은 10.6%로서 지난 선거에 비해서 많이 떨어지는 비율이다.

표 2-1_ 16, 17, 18대 총선 결과 비교

	18대 국회	17대 국회	16대 국회
여성후보(전체수/비율)	215명(1,301명/16.5%)	156명(1,356명/11.5%)	69명(1,178명/5.9%)
지역구(전체수/비율)	132명(1,113명/11.9%)	65명(1,167명/5.6%)	33명(1,038명/3.2%)
비례(전체수/비율)	83명(188명/44.1%)	91명(189명/48.1%)	36명(140명/25.7%)
여성당선자(전체수/비율)	41명(299명/13.7%)	39명(299명/13.0%)	16명(273명/5.9%)
지역구(전체수/비율)	14명(245명/5.7%)	10명(243명/4.1%)	5명(227명/2.2%)
비례(전체수/비율)	27명(54명/50.0%)	29명(56명/51.8%)	11명(46명/23.9%)
당선비율(전체수/비율)	41명(215명/19.6%)	39명(156명/25%)	16명(69명/23.2%)
지역구(전체수/비율)	14명(132명/10.6%)	10명(65명/15.4%)	5명(33명/15.2%)
비례(전체수/비율)	27명(83명/32.5%)	29명(91명/31.9%)	11명(36명/30.6%)

구분	당선자수			
	총계	여성	남성	여성비율
지역구	245명	14명	231명	5.7%
비례대표	54명	27명	27명	50%
총계	299명	41명	258명	13.7%

표 2-2_ 지역구 여성후보 수의 변화

	여성후보/전체	여성후보 비율
1대(1948)	22명/951명	2.3%
2대(1950)	11명/2,209명	0.5%
3대(1954)	10명/1,207명	0.8%
4대(1958)	5명/841명	0.6%
5대(1960)	8/1,518명	0.5%
6대(1963)	4/847명	0.4%
7대(1967)	4/702명	0.6%
8대(1971)	2/577명	0.3%
9대(1973)	2/339명	0.6%
10대(1978)	5/473명	1.1%
11대(1981)	10/635명	1.6%
12대(1985)	7/440명	1.6%
13대(1988)	14/1,046명	1.3%
14대(1992)	21/1,052명	2.0%
15대(1996)	21/1,389명	1.5%
16대(2000)	33/1,038명	3.2%
17대(2004)	65/1,167명	5.6%
18대(2008)	132/1,113명	11.7%

출처: 김원홍 1996, 9; 16, 17, 18대는 info.nec.go.kr 참고 재구성.

Ⅲ. 정당의 여성국회의원 후보 공천에 대한 이론적 접근

1. 한국의 정치제도와 여성의 충원

한 나라의 법률제도·선거제도·정당제도는 일련의 정치제도를 포괄하는 것들로서, 정치라는 영역에서 정치 지망생들에게 기회의 장을 제공하는 구조를 마련한다. 정치 지망생들의 충원과정은 정당 조직과 후보자를 선택하는 규칙과 제도가 내부적으로 얼마나 민주적으로 확립되어 있는가에 따라 그 정도가 나라마다 다르게 나타난다. 선진 민주주의 국가의 일반적인 충원과정에서는 충원의 수요 측면과 공급 측면이 지속적으로 상호작용을 한다(Norris 1995, 4). 또한 충원의 결과는 정치 지망생들에게 성취동기를 불러일으키고 이미 충원된 국회의원들은 정치 지망생들이 정치에 입문할 수 있게 하는 자원(resource)이 된다. 그리고 보다 투명한 충원과정을 위해 유권자·정당·재정적 후원자 혹은 정치 지도자들이 감시자가 되어 정치 지망생 중 후보자를 선택하고 최종적으로 유권자들이 선거를 통해 후보자 중 당선자를 결정하는 충원 시스템을 가지고 있다.

그러나 한국의 여성정치 영역을 보면 아직 법률제도·선거제도·정당제도가 선진국에 비해 미비한 실정이므로 여성의 충원과정 역시 이와 다르게 나타난다. 한 나라의 정치제도가 여성의 충원을 결정하고 이것이 여성정치 리더십의 행사를 결정한다는 점에서 정치제도와 한국 여성의 참여유형과의 상관관계에 대한 연구는 여성이 정치적 영역에서 어떻게 충원되는가를 보여줄 수 있을 것이다.

충원과 관련된 한국의 정치제도는 크게 정당 측면과 선거제도 측면에서 생각해볼 수 있다. 그런데 한국 여성국회의원의 충원과정에서는 참여유형 관계를 정치제도 속에서 보여주기 위해 선거제도와 정당구조의 변수를 각각의 독립변수로 보기에 무리가 있음을 알 수 있다. 각 주요 정당은 여성을 국회의원으로 충원하는 데 있어 비례대표 의원과 지역구 의원에 맞는 선거전략을 고려하기 마련이다. 이는 여성후보자가 사실 당선되기 어려운 현행 소선거구 다수득표제와 그에 따른 정당의 낮은 여성공천율을 보여준다고 볼 수 있다. 각 정당이 공천 과정에서 여성할당제 등을 적용하여 여성후보자를 배출한다 하더라도 경력이나 조직, 인지도 등에서 남성후보자들에 비해 상대적으로 열세인 현실을 무시할 수 없으므로 당의 입장에서는 정치신인인 여성들에게 상대적으로 불리한 소선거구 다수득표제보다는 비례대표제에 여성들을 많이 공천할 수밖에 없는 것이 한국의 정치 현실인 것이다. 즉 일반적으로는 선거제도가 한 국가에서의 정치적 충원의 경쟁 방식과 양식을 결정하는데 중요한 역할을 하지만, 맥락에 따라 정당의 공천이 더 중요할 수도 있으며 한국의 경우가 이에 해당한다고 볼 수 있다(김민정 2002, 3-31).

소선거구 다수득표제(지역구)보다는 비례대표제를 통해 비교적 충원이 용이한 한국 여성의원의 경우, 정당의 공천을 통해 선택받은 후보자들만이 비례대표 의원으로 충원 가능하다. 소선거구 다수득표제의 경우라도 현실적으로 무소속으로 출마한 후보자가 당선되기 어려운 현실을 감안할 때, 유권자들은 주로 정당으로부터 공천 받은 후보자들을 대상으로 투표권을 행사할 수 있다. 즉 한국의 정당공천 과정은 여성의 정치 참여에 직접적으로 영향을 미친다. 따라서 이 책에서는 정치제도와 여성참여유형과의 상관관계를 분석하기 위해 정당구조와 선거제도의 측면을 독립된 변수로 보기보다는 선거제도의 측면을 보다 광범위한 개념으로 보고 정당이 여성의 충원에 미치는 영향을 보다 심도 있게 분석할 예정이다.

2. 정당의 이해관계와 여성국회의원 공천

정당이 여성국회의원을 공천하기 위한 주요 변수는 다음과 같다.

표 2-3

정당의 국회의원 후보 공천 주요 변수
지역적 안배
재정적 기여
정당의 당내 역학관계
여성후보가 갖는 상징성

(1) 지역적 안배

우선 남성 국회의원을 공천하는 과정에서 계보 및 계파의 지분이 상당히 큰 변수로 작용하는 한국 정치의 현실에 비해 여성국회의원의 공천 과정에는 이러한 지역적 안배가 그다지 중요한 변수로 작용하지 않음을 지적하고자 한다. 오히려 정당들은 여성의 경우 지역 간 안배를 고려하여 공천하기보다는 지역적 대립을 극복하기 위한 상징적 의미를 부여받는 경우가 더 많다는 것을 알 수 있었다.[7] 18대 국회의원 후보 공천 과정에서는 이러한 지

7 추미애 의원의 경우, 제15대 국회의원 총선거 직전에 새천년민주당에 입당하게 된 계기를 보면, 추 의원이 대구 출신이면서 동시에 변호사라는 전문 직종의 종사자인 여성이라는 점에서 상품성을 크게 지녔기 때문으로 이해될 수 있다. 김대중 당시 총재는 지역 간 대립이 정치적 주요 과제였음을 고려하여 영남지방의 표에 대한 잠재력을 가지고 있는 당시 추 후보를 호남지방에 공천하려 했다. 물론 결과적으로 당시 추 후보는 김대중 총재의 권유와는 달리 서울 지역을 택했고 당선되었지만, 이는 여성을 지역적 안배를 고려하여 공천하기보다는 오히려 이를 타파하려는 당의 선거전략과 관련이 있음을 알 수 있다(추미애 의원실의 유재섭 보좌관과의 인터뷰, 2003년 4월 22일).

역적 안배는 별로 작용하지 않았다.

(2) 재정적 기여

주요 정당은 당의 원활한 운영을 위해 재정을 조달해야 한다. 재정적 기여의 문제는 대체로 당원으로서 수행해야 할 의무 중 하나인 당비 납부방식으로 재정적 기여를 하는 것으로 설명할 수 있다. 정당원이면 누구나 당비를 내야 하는 당비의무가 있고, 당비는 일반당비(직책당비 포함), 특별당비로 나누어질 수 있다. 일반당비는 국회의원이면 누구나 납부하는 당비를 말하며, 특별당비는 일종의 기부금 형식으로 당에 납부하는 당비를 말하는데 후자의 경우 소위 금권정치와 같은 비판의 대상이 되기 쉽다. 일반적으로 주요 정당의 당규에 의하면 국회의원 선거에 즈음하여 특별당비[8]를 납부하는 것으로 되어 있다(신수경 1997, 20-22).

정당의 재정적 조직문제와 관련하여 비례대표 여성국회의원 충원과정에 있어 특별입당에 해당하는 경우가 존재하며, 이는 비례대표 국회의원 후보자로 거론된 이후에 정당에 입당하고 있는 현상에서 나타난다(신수경 1997). 그러나 실제로 특별입당에 대한 연구는 자세하게 이루어진 것이 없다. 중요한 것은 주요 정당이 재정적으로 필요한 자금을 조달하기 위해 실제로 여성을 후보자로 공천하느냐의 문제이다. 남성 중심의 정치 영역에서 주요 정당은 실제로 비례대표 후보자를 공천하는 과정에서 재력 있는 남성

---

8 〈표 2-2〉 특별당비와 관련된 한나라당 당규 제4조는 "당은 전당대회, 중앙위원회, 운영위원회 등 당내 행사 또는 공직선거 및 기타 필요한 경우 소정의 절차를 거쳐 선거후보자를 포함한 당원으로 하여금 특별당비를 납부케 할 수 있다."라고 규정하고 있다.

후보자로부터 특별당비를 받고 소위 "좋은" 순번을 부여한 것은 비일비재한 일이었다. 그러나 경험과 재정적 후원 면에서 상대적으로 부족한 여성에게 재정적 기여의 문제는 여성을 국회의원 후보자로 공천하는데 큰 변수로 작용하지 못했다. 그러나 2008년 18대 총선에서는 총선 이후에 나타난 사실로 미루어 보았을 때 각 정당이 비례대표 후보 명부를 만드는 과정에서 재력은 있으나 별다른 당에 대한 기여는 없는 여성후보를 명부의 높은 순번에 배치하는 대가성의 특별당비를 받지 않았나 의심이 되고 있다.[9] 여성후보의 공천의 경우에도 재정적인 기여는 중요한 변수가 된다고 할 수 있다.

(3) 정당의 당내 역학관계

정당의 당내 역학관계는 언제나 공천에 있어서 중요한 변수가 되어왔다. 당의 여러 계파 간의 힘의 분배에 따라서 공천이 이루어졌고 공천 이후에는 이러한 힘의 분배에 불만을 품은 당 계파들의 반발이 있어왔다. 때에 따라서 공천 전에 당 계파 간의 갈등이 분당 사태를 가져오기도 하며 공천 이후에 분당을 가져오기도 한다. 18대 총선은 정당의 당내 역학관계가 공천에서 얼마나 중요한가를 보여주는 좋은 사례가 된다. 한나라당 내의 계파 간 갈등은 공천 과정에서 많은 논란을 가져왔고 공천 이후에는 공천에서 탈락한 많은 친박계 인사들이 탈당하여 친박연대를 만들고 선거에 참여했다. 민주당에서도 공천 과정에서 탈락한 인사들이 탈당하여 무소속으로 선거에 참여하여 역대 유례없이 많은 무소속 당선자를 낳았다. 민노당의 경

9 친박연대 비례대표 명부 1번인 양정례 후보는 대가성의 특별당비를 납부하고 1번에 공천되었다는 의심을 사고 있어서 수사 중이다.

우에는 공천 이전에 계파 간의 갈등이 결국 분당을 가져와서 각자 선거에 참여하여 17대에 비해서 저조한 선거 결과를 낳았다.

이러한 당내 역학관계는 남녀후보를 막론하고 모든 후보들에게 적용되는 변수이며 여성후보라고 하더라도 당내 역학관계에 따라 공천이 된다.

(4) 선거전 승리를 위한 여성의 활용: 여성후보가 갖는 상징성

위에서 지역적 안배와 재정적 기여 문제가 남성후보의 공천과는 달리 여성의 공천에 있어 큰 변수로 작용하기 어려운 점에 대하여 설명했다. 실제로는 각 정당이 선거전에서 승리하기 위한 선거전략으로서 어떤 여성을 활용하는가가 가장 중요한 변수이다.

정당은 국회의원 총선거에 대한 정책을 세우고 그에 따른 선거전략에 따라 여성후보자를 공천한다. 정당은 여성국회의원 후보자를 충원하는 데 있어 당시의 총선거에 대한 당의 정책이나 전략이 상징성과 전문성에 얼마나 비중을 두느냐에 따라 여성인물을 조사하고 인물들과 접촉을 시도하여 최종적으로 심사를 통해 여성후보자를 공천한다. 특히 정당이 심각한 정치적 위기에 놓여있을 때, 혹은 기존의 정치인에 실망하여 새로운 정치인을 요구할 때 정당들은 주로 여성들을 공천하여왔다. 현재 세계에 여성 최고정치지도자(수상 혹은 대통령)는 모두 13명인데 이들의 등장 배경에는 많은 경우에 정당의 정치적 위기를 해결하기 위해서 혹은 정치적 불안정 및 정치적 난국을 타개하기 위해서 여성을 내세운 경우에 해당한다(Kim 2008). 이러한 정치적 고려가 여성들의 공천에 중요한 변수가 될 수 있다. 수상이나 대통령은 아니라고 하더라도 국회의원에 공천되는 여성 역시 남성후보와 다른 상징성이 그들을 공천하게 하는 주요한 변수가 된다. 상징성은 정당의 참신성, 변화, 혹은 정당의 이데올로기를 가시적으로 보여주는 표상이라고 할 수 있고 혹은 직업적 전문성을 가진 새로운 인물이라는 여성후보의 특징이 선거전에서 승리하게 할 수도 있다. 한국의 경우 여성정치인이 많이 등장하게 된 시기는 유정회 국회의원 시기였다. 당시 대부분의 국회의원 여성후보는 교수 출신이거나 사회단체장 혹은 사회단체 임직원이었다. 이 시기의 여성정치인들은 유신정권의 비민주성을 포장하는 도구로서 여성지식인들이 적극적으로 참여하는 '좋은 정권'이라는 인상을 주기 위한 도구로서 활용되었다. 민주화되면서 더 이상 정당이 민주성을 가장하기 위해서 여성을 활용하고 있지는 않지만 여전히 정치인으로서의 그들의 능력보다는 정당이 필요로 하는 여성들의 상징성 때문에 여성들을 후보로 공천하고 있는 것은 사실이다. 이러한 여성후보들의 상징성은 크게 4가지로 볼 수 있는데 하나는 그들의 직업적 전문성, 정치적 경험, 여성계 혹은 시민사회 대표성, 그리고 정치가 가문의 후광이다.

여성국회의원 후보자의 공천 과정을 유형화한 대표적인 기존 연구로 두 가지 선행 연구를 들 수 있다. 조기숙의 『세계를 움직인 열두 명의 여성』과 Irwin N. Gertzog의 *Congressional Women: Their Recruitment, Integration and Behavior*(London: Praeger.1995)가 그것이다. 전자의 연구는 세계 각국의 여성정치 지도자의 출신 배경에 대한 연구를 바탕으로 여성지도자의 충원과정을 분류했다. 조기숙 교수는 우선 여성지도자의 유형을 여성적인 지도자, 남성적인 지도자, 통합적인 지도자로 분류하고, 그들의 충원과정을 내부자(insider), 외부자(outsider), 대리인(surrogate)[10]으로 나누는 것이 유용하

---

10 여기서 내부자는 남성적 지도자에 가깝고, 외부자는 통합적 지도자로 분류되며, 대리인은 여성적 지도자와 남성적 지도자가 섞인 경우를 말한다. 이는 내부자들은 일찍부터 정치해 입문해 남성으로부터 정치학습을 받았으며, 외부자들은 자신의 전문영역에서의 경험을 바탕으로 뒤늦게 정치에 입문하여 기존 정치권에 대항하여 자신의 영역을 구축했으며, 대리인은 아버지나 남편으로부터 권력을 세

다고 말한다(조기숙 1998, 328-335). 이와는 달리 게르초그는 미국 의회의 여성의원의 충원과정을 4가지로 - (1) 결혼 관계에 기초한 과부의 죽은 (상원 혹은 하원이었던) 남편 승계(widow's succession), (2) 정치가의 가문이나 재력가의 가문의 후손(political and wealthy families), (3) 법조계 종사(lawyers), (4) 선거정치 경험(prior political experience) - 유형화하고 이 유형들의 변화를 미국의 의회 역사 속에서 설명하여 여성의 정치적 충원을 일반화한다(Gertzog 1995). 그러나 이 두 가지 기존 연구 모두 한국의 여성국회의원의 충원과정을 설명하는 데에는 적합하지 않다. 조기숙 교수의 연구는 주로 최고지도자 수준에서 있었던 여성들 즉 대통령, 수상을 중심으로 논의하고 있어서 국회의원과는 충원에 있어서 차이가 있다. 게르초그의 연구 대상인 미국 의회의 여성의원을 대상으로 하고 있다. 한국의 정치환경에서 대리인 모델은 거의 없고 14대의 현경자 의원이 그 예에 해당한다. 박근혜 의원의 경우에는 대리인보다는 내부자형에 가깝다고 할 수 있다. 한국의 정당에서 하향식 공천을 받아 국회의원으로 등용되는 전문직 여성의 경우 외부자 유형과 유사하지만 그들이 행사하는 리더십에 있어서 외부자와 차이를 보인다. 마찬가지로 한국 내 정당의 여성국회의원 공천 방식이 미국의 그것과는 다르므로 게르초그가 말하는 남편 승계의 경우는 찾아보기 힘들며 변호사가 충원된 배경과 정치적 구조 또한 다르게 나타난다. 즉 입법기관인 미국 의회에서 변호사라는 전문 직종이 가지는 유리함으로 변호사의 국회의원 충원이 차지하는 비중이 큰 것과는 달리, 한국의 정당은 지식인들의 지지를 가시적으로 그리고 상징적으로 보여주기 위해 주로 교수와 변호사 출신의

습 받았으므로 권력을 물려준 사람이 어떤 속성을 지니느냐에 따라 달라지기 때문인 것으로 이해된다.

여성을 국회의원 후보자로 공천해왔다(김운태 1999, 618-621).

이제까지 충원된 여성들에 대한 분석을 바탕으로 여성후보들은 4가지 통로를 통해서 정계에 입문한다. 즉 정당들은 여성들이 정치에 입문하는 4가지 통로가 갖는 장점을 바탕으로 그들을 활용한다. (1) 대학교수, 변호사, 의사, 약사, 공무원, 언론, 출판인, 기업인과 같은 전문 직종의 여성을 활용하는 경우, (2) 정계에 진출할 목적으로 일찍이 정당활동에 투신하거나, 선거를 통한 정치적 경험을 바탕으로 한 여성정치가를 정당이 필요로 하는 경우, (3) 여성계 또는 시민단체에서의 활동한 여성들의 대표성을 활용하는 경우, (4) 정치가 가문의 여성을 활용하는 경우로 나누어서 볼 수 있다.

일반적으로 볼 때 4가지의 유형 가운데 정치가 민주화되고 정당정치가 안정되면서 정치가 가문의 여성을 활용하는 경우가 줄어들고 있다. 가족 연계에 의해서 충원되는 여성이 가장 많은 지역은 서남아시아인데(김정숙 1997), 이들 국가는 정치가 아직 전근대적인 속성을 가지고 있어서 가문을 중시하기 때문에 여성이라는 변수보다는 가문이라는 변수로 정치 지도자에 충원되는 것이다. 그러나 프랑스나 미국과 같이 민주화된 국가에서도 여전히 남편이나 아버지의 지역구를 승계 받는 경우가 아주 드물지 않으며 처음 정계에 진출할 때 이러한 가족 연계로 공천 받는 경우를 간간이 볼 수 있다.

서구 민주주의 국가의 여성정치인에서 가장 많이 보이는 유형은 두 번째 정당인으로서 정치에 충원되는 경우이다. 한 연구에 의하면 서구 민주주의 국가 여성국회의원의 대부분은 일찍 정당에 가입하여 활동하다가 지방의회를 거쳐서 중앙의회로 진출하는 것이 여성국회의원의 하나의 경력 패턴으로 나타난다(김원홍 외 2003). 프랑스 여성국회의원 71명 가운데 59명이 지방의회의 경험을 가지고 있었고(2003년 기준), 스웨덴 여성국회의원의 경우에는 79%의 여성국회의원이 지방의회의 경험을 가지고 있다. 영국 여성하원의원 가운데 지방의원 경험을 가진 여성의원은 노동당의 경우 65%이며 보수당의 경우에는 50%이다(Norris, Lovenduski 1995, 160). 또한 현대의 정당정치를 생각할 때 여성들이 정치에 입문하기 위해서는 정당의 공천을 받아야 한다. 따라서 여성이 여성으로서 정치에 참여하려고 해도 정당이라는 이름을 가져야 한다. 그렇기 때문에 정치에 있어서 여성은 단지 정당과 동떨어진 여성으로서 존재하는 것이 아니라 정당과 연결된 여성으로 존재한다. 따라서 좋은 여성정치인이 존재하기 위해서는 정당이 자신의 이데올로기와 정책적 입장과 일치하는 여성을 길러내야 하는 것이다. 이러한 점에서 여성정치의 발달, 민주주의의 안정적 발전을 위해서는 정당인으로서의 여성의 충원이 바람직하다고 보인다. 17대까지 여성단체들이 정치적 성향을 떠나서 함께 연합하여 다양한 여성정치발전을 위한 활동을 펼쳤지만 18대에 와서는 아무런 연대 활동이 나타나지 않았다. 여러 가지로 그 이유를 살펴볼 수 있겠지만 가장 중요한 이유는 여성이라는 이유만으로는 연대하기에는 어려울 만큼 정당들의 분리가 여성들에게도 나타나고 있기 때문이다. 이런 점을 생각해볼 때 민주주의가 발전할수록 여성정치인의 충원 유형은 정당인이 되어야 할 것이다.

3. 정당의 공천 과정과 여성정치인의 공천

공천 과정에서 정당의 이해관계가 중요한 변수이지만 보다 분명하게는 공천에서 중요한 것은 누가 공천을 하느냐이다. 공천 방식을 크게 둘로 나누어서 보면 상향식 공천 방식과 하향식 공천 방식으로 나눌 수 있다. 일반적으로 정당의 구조는 피라미드형으로 되어 있는데 아래의 일반당원이 있고 후보 예정자들이 있는 중간층이 있고 최상위에는 정당의 리더들로 구성되어 있다. 상향식 공천의 경우에는 일반당원 혹은 지구당의 대의원들에 의해서 공천이 결정되는 것이며 하향식 결정 방식은 당의 지도부에서 결정하는 방식인데 후원식 결정 방식과 관료적 공천 방식이 있다(Norris 1996, 203-208). 관료적 공천 방식은 제도화의 수준이 상당히 높은 정당에서 정당의 내규 및 당헌을 통해서 명시적으로 공천 과정이 정해져있고 이에 따라서 표준화, 제도화되어 있는 공천이 이루어지는 방식을 의미한다. 그래서 외부의 관찰자들에게도 당내의 공천 방식은 투명하게 공개된다. 반면에 후원에 의한 상향식 공천 방식은 공천 과정이 폐쇄적이며 결정권자들은 상당히 은밀하고 비공개적으로 공천한다.

여성의 정치 참여라는 관점에서 정당의 공천 방식을 살펴보면 결과적으로 여성을 가장 많이 공천하는 방식이 상향식의 관료제적 방식이다. 당원 및 지구당의 대의원들의 입장이 많이 반영되면서 정확하고 명확한 규칙에 따라서 공천이 이루어지는 방식이다. 이러한 방식의 경우에는 정당에서 지속적으로 활동한 여성들에게 보다 많은 기회가 돌아간다. 그러나 다른 한편으로 아직 정당의 민주화가 확립되어있지 않고 정당 내에 남성 중심적 문화가 지배적인 정당에서는 하향식의 후원제적 방식이 또한 여성들의 공천에 유리할 수 있다. 일반적으로 할당제를 실시하고 있는 국가 중에 정당의 민주화가 덜 이루어진 국가에서는 정당 지도부에서 명부를 만들거나 혹은 지역구에 공천을 할 때 여성들을 배려하는 경우를 볼 수 있다. 그러나 하향식의 후원제적 공천의 경우에는 다른 연구에서 보면 할당으로 정계에 입문한 여성들이 '명목상의 여성(Token Women)'으로 그칠 가능성이 높다(Zetterberg 2008). 제터베르그는 할당제로 정계에 입문한 여성들이 입법활동 및 정치활동에서 자율성이 높고 자신의 의견대로 활동할 수 있는 보다 많은 여지를 가지기 위해서는 두 가지 조건을 만족해야 한다고 주장했다. 첫째는 공천기구에 참여하는 인원이 많은 경우와 둘째는 공천 과정에 제도화되어 있는 경우이다. 공천기구에 참여하는 인원이 적을수록 공천을 하는 정당 지도부에 공천을 받은 여성이 의존하게 되며 공천 과정이 뚜렷한 규칙과 명시화된 기준이 없을 경우 또한 정당 지도부에 의존하게 되는 경향이 뚜렷하다는 것이다. 이렇게 볼 때 하향식의 후원 공천 방식은 공천 받은 여성들을 정당 지도부에 예속시키는 장치로 될 가능성이 높아 당선이 된다고 하더라도 여성으로서의 입법활동 혹은 독자적인 자율적인 정치활동보다는 정당 지도부에 예속될 가능성이 높다. 또한 이 경우 보통 정당 지도부는 자기들이 활용하기 좋은 상징성을 가진 여성으로서 당내나 혹은 당 외부에 지지기반을 가지고 있지 않은 '다루기 쉬운' 여성을 공천할 가능성이 높아 더욱 자율성이 떨어지는 입법활동을 할 가능성이 높다.

Ⅳ. 18대 총선과 여성후보 공천

위에 밝힌 대로 2008년 총선에서는 다른 어느 때보다도 많은 여성들이 공천을 받았다. 17대에 11.5%에 그쳤던 여성후보 비율은 2008년에 16.5%에 달하였고 지역구 여성후보 공천에 있어서는 처음으로 10%를 넘어 11.9%에 이르렀다. 비례대표 부분은 여성 50% 할당을 법이 규정하고 있기 때문에 물론 50%를 공천하지 않고(창조한국당) 순번교호제를 지키지 않은 정당(친박연대)도 있지만 50%를 공천하는 것이 당연하다고 간주할 때 지역구에서의 공천이 무엇보다도 여성후보의 공천에 중요하다고 할 수 있다. 이를 정당별로 살펴보면 비례대표 의석을 낸 정당 가운데에는 민노당이 가장 많은 여성후보를 공천했다. 통합민주당은 15명을 공천하여 7.6%를 공천했다. 여성후보자 15명 가운데 17대 의원 10명이 공천을 받았고 추미애 전 의원, 17대 총선에서 아깝게 패배한 송미화, 당 여성국장 송옥주, 그리고 국군간호사관학교장 출신의 양승숙과 조선대 외래교수 출신의 이현주가 공천되었다. 따라서 전 국회의원이 10명, 정당인 3명(추미애 포함), 직업적 전문성을 가진 2명이 공천된 것이다. 한나라당은 총 245명의 후보 가운데 18명을 공천하여 여성공천 비율은 7.3%에 그쳤다. 17대 지역구 의원 5명 모두와 비례대표 의원 중 불출마한 의원 2명(김애실, 안명옥)과 탈락한 3명(문희, 김영숙, 송영선)을 제외하고 7명이 공천을 받았다. 여성후보 18명 가운데 17대 국회의원은 모두 12명, 학계 출신 3명, 법조인 출신 2명, 기업인 1명이 공천을 받았다. 민노당은 지역구 전체 후보자 103명 중 여성후보자를 46명(44.6%) 공천함으로써 한국 정당 역사상 최고의 여성공천율을 기록하였고 여성정치세력화의 모범이 되고 있다.

표 2-4_ 국회의원 지역구 후보자수(정당별)

	남	여	여성후보 비율
통합민주당	182	15	7.6%
한나라당	227	18	7.3%
자유선진당	92	2	2.1%
민주노동당	57	46	44.7%
창조한국당	12	0	0%
친박연대	48	2	4%
구국참사랑연합	1	0	0%
국민실향안보당	2	0	0%
기독당	3	0	0%
직능연합당	1	1	100%
진보신당	25	9	26.5%
통일당	1	0	0%

평화통일가정당	208	37	15.1%
무소속	122	2	6.9%
계	981	132	11.9%

1. 정당과 여성공천

각 정당별로 공천된 여성들을 보면 전직 국회의원 및 정치인이 많이 공천되었음을 알수 있다.

통합민주당의 경우에는 17대 국회의원 10명과 2명의 정치인(추미애 전의원 포함), 그리고 2명의 전문직 종사자를 포함하고 있다. 한나라 등은 모두 18명의 후보를 지역구에 공천하였는데 전직 국회의원 12명을 공천하였고 새로 공천된 여성들은 모두 직업적 전문성을 가진 여성들이었다. 자유선진당은 2명을 공천하였는데 신은경 후보는 전직 국회의원이었던 남편 박성범의 지역구에 공천되었고 다른 한명은 주부로 기록되어있다. 민주노동당의 경우에는 모두 46명을 공천하였는데 그중 노조관계자와 대학생 1명을 포함하여 모두 8명의 직업적 전문성을 가지고 공천된 여성들이 있고 정당인이 23명 그리고 여러 유관 시민단체에서 활동하고 있는 시민단체 관계자가 15명 공천을 받았다. 친박연대의 경우에는 시민단체 대표 1인과 기업인 1인이 공천되었다. 2008년에 8개의 정당에서 여성을 공천하였는데 비례대표 의석을 가진 정당만을 대상으로 분석해볼 때 유의미한 지지를 받는 정당의 경우에는 정치적 경험을 가진 여성들을 가장 많이 공천하였고 다음으로 직업적 전문성을 가진 여성들을 영입한 것으로 드러났다. 민노당은 특히 시민단체에서 활동하던 활동가들을 많이 공천한 것으로 드러났다.

표 2-5_ 국회의원 후보 공천 지역구(정당별, 비례대표 의석을 가진 정당만)

	직업적 전문성	정치적 경험	여성계/ 시민사회 대표성	정치가 가문	기타	합
통합민주당	2	13				15
한나라당	6(변호사2, 대학교수3, 기업인1)	12				18
자유선진당				1	1	2
민주노동당	8(노조관계자, 대학생 1명 포함)	23	15			46
친박연대	1(기업인)		1			
계	18	48	16	1		

이를 15, 16, 17대 여성 지역구 후보들의 경력과 비교해보면 달라진 것이 드러난다.

표 2-6_ 15, 16, 17대 여성 지역구 후보들의 유형

총선(대)	주요 정당	직업적 전문성	정치적 경험성	여성계/시민 단체 대표성	정치가 가문성	합
15	자민련	2명				2명
	대한민주당		1명	1명		2명
	새정치국민회의	4명	2명			6명
	신한국당		1명		1명	2명
	21세기 한독당	1명		1명		2명
	통합민주당			1명		1명
	합	7명	4명	3명	1명	15명
16	민주당	2명	3명	1명		6명
	한나라당	2명	2명		1명	5명
	자민련	1명	1명	1명		3명

	민국당	1명	1명	1명		3명
	청년진보당		12명			12명
	합	6명	19명	3명	1명	29명
17	열린우리당	4명	4명	3명		11명
	한나라당	5명	1명	1명	1명	8명
	새천년민주당	2명	3명	3명		8명
	민주노동당		6명	6명		12명
	자민련	4명	3명			7명
	사회당		2명	2명		4명
	녹색사민당		1명	1명		2명
	합	15명	20명	16명	1명	52명

출처: 오미연·김기정·김민정 2005, 377.

15, 16, 17대의 경우 18대와 비교하여 가장 두드러지는 것은 여성계/시민단체 대표로서 정계에 입문한 여성들이 많다는 것이다. 특히 여성계가 지속적으로 새로운 여성정치인을 공급하는 풀이었다고 할 수 있다. 그러나 18대에 오면서 민노당을 제외하고 다른 정당들에서는 여성계 혹은 시민단체 출신의 여성은 한 명도 공천되지 않았고 대부분 정치인이거나 직업적 전문성을 가지고 공천된 여성들이다. 이렇게 볼 때 주로 진보적인 성향의 정당들에서는 시민사회로부터 여성들을 많이 공천하여 왔고 보수적인 정당들에서는 전문직 여성을 많이 공천하여왔다고 할 수 있다. 18대 역시 진보적인 민노당에서만 시민단체로부터 여성들을 충원하였고 다른 정당들은 시민사회로부터 여성을 공천하지 않았다.

여성 지역구 후보들의 유형 변화를 살펴보기 위해서 이를 이전 국회와 비교해볼 필요가 있다.

표 2-7_ 역대 국회의원 지역구 여성후보들의 유형

	직업적 전문성	정치적 경험	여성계/시민사회 대표성	정치가 가문	기타	합
1대	8	5	5		4	22
2대	6	3	1		1	11
3대	3	4	3			10
4대	1	3	1			5
5대	3	4			1	8
6대	1	2	1			4
7대	1		1		1	3
8대	1				1	2
9대		2				2
10대	3	2				5
11대	6	1	2			9
12대	3	3	1			7
13대	4	7	3			14
14대	5	6	9			20
계	45	42	27		8	122

출처: 김원홍 1996, 17.

이제까지 역대 국회에서의 여성공천은 주로 정치적 경험과 직업적 전문성에 많은 비중을 두고 여성을 공천하여왔고 여성계 및 시민사회로부터의 공천도 상당히 있어왔다. 다른 아시아 국가들과는 달리 정치가 가문에서 충원된 경우는 별로 없다. 표에는 나타나지 않았지만 14대 국회 보궐선거에서 현경자가 자유민주연합 후보로 공천되어 당선되었는데 그는 남편 박철언 후보가 슬롯머신 사건으로 구속되고 실시되는 보궐선거에서 남편에 대한 명예 회복 차원에서 출마했다. 2008년 총선에서는 남편 대신 남편의 선거구에 출마하여 자유선진당의 신은경 후보가 정치가 가문에 해당한다. 서

남아시아 및 서구에서도 종종 보이는 가족연대가 한국에서는 보이지 않는 유형이다.

여성의원들의 국회 진출을 크게 3세대로 나누어서 본다면 1세대에 해당하는 여성국회의원들로서 1960년대 이전 즉 1대부터 5대까지의 국회의원이다.[11] 이들은 임영신, 박순천, 박현숙, 김철안 의원인데 일제하 독립운동을 했던 선구자적 세대로서 초대 상공장관, 민주당 당수, 무임소장관 등 화려한 정치적 경력을 가지고 있었고 여성단체들과도 밀접한 유대관계를 가지고 있었다. 이 시기의 여성정치인들은 정치적 경험에 바탕을 둔 정당인들이 많이 있었고 또한 일찍 남성 중심 사회 속에서 활동한 여성들로서 여성단체들과도 밀접한 관련을 보이고 있었던 여성들이다. 이들은 정당에서 여성들에 대한 특별한 활용이나 혹은 전략공천 등을 통해서 공천된 여성들이 아니라 그들 스스로 힘으로 공천된 전형적인 자수성가형 여성들이라고 할 수 있다.

2세대 여성의원으로는 김옥선, 김윤덕, 김정례 등인데 이들은 한국전쟁과 5·16 군사 쿠데타를 경험하고 권위주의 정권하에서 정당에 공천되고 활동한 여성정치인들이다. 6대(1963년)로부터 12대(1985년)에 이르는 시기에 활동한 이들로서 가장 두드러진 특징은 김정례 의원을 제외하고는 여성단체와의 관계가 소원했다. 여성단체와의 관계가 소원했던 것은 군사쿠데타 이후 선거법상 단체 금지조항도 있지만 군사쿠데타 이후 사회단체가 해체되었다가 다시 조직되었을 때 여성단체들은 비정치성을 내세우고 여성들의 취미활동 및 교양교육, 소비자사업 등에만 관여하였기 때문이며 비교적 규모가 큰 여성단체들은 전국구의원으로 충원되었기 때문에 이해관계가 없는

11 여성국회의원 국회진출과정의 시대적 구분은 김원홍, 「여성국회의원후보에 관한 연구」와 소정희, 「여성국회의원충원과정에 관한 연구」를 참조하시오

여성후보를 도와야할 명분이 적어졌기 때문이다. 또한 정치적 경험보다는 직업적 전문성을 바탕으로 공천된 여성들이 많았다. 전국구와 더불어 이들 여성들은 주로 정치권력의 정당성을 위한 도구로 주로 사용되었다고 할 수 있다. 언론출판계 및 교사 및 교육자 그리고 교수 등이 이에 속하는데 이들은 정당이 자신들의 이미지를 위해서 여성들이 가지고 있는 상징성을 활용한 경우라고 할 수 있다. 이들 대부분은 당내 지지기반이나 혹은 정치적 세력이 있기보다는 명목상의 여성으로서 정당의 이미지 쇄신을 위해서 활용된 경우이다.

3세대 여성정치인들은 1987년 민주화 이후에 정계에 진출한 여성들이다. 13대 이후 정치에 진출한 이들의 가장 두드러진 특징은 시민사회, 여성계의 대표가 많다는 점이다. 1987년 민주화가 권위주의 정권을 몰아낸 시민사회의 승리라는 것을 생각할 때 여성후보에 있어서도 이러한 분위기가 반영된 공천이었다고 할 수 있다. 진보적인 정당들은 민주화 과정에서 연대했던 여성계 혹은 시민단체의 대표들을 정계에 입문시켰고 보수적인 정당들은 이러한 분위기를 반영하여 시민사회로부터 인재들을 등용해 사용했다. 한편으로 민주화 이후 새로운 정치와 더불어 정당들은 새로운 정치인으로서 전문직 여성들을 대거 영입하여 공천했다. 그러나 이러한 여성들은 당내에 지지기반이 있는 것도 아니며 지역에서 확고한 지지기반을 다진 것도 아니고 정치적 경험을 가진 것도 아니고 그들이 가진 상징성으로 정계에 입문하였기 때문에 정치적으로 별다른 목소리를 내지 못하고 명목상의 여성으로 그치는 경우가 많이 있었다. 다시 공천을 받지도 못하고 혹시 공천을 받았다고 하더라도 다선이 되는 경우가 거의 없이 일회성 공천으로 그치고 말았다. 4선 의원이 3명(김영선, 박근혜, 이미경), 재선이 22명이고 나머지는 모두 초선이었다.

17대 총선에 오면 여성들의 공천이 이전에 비해서 급격히 증가했다. 16

대에 69명의 여성이 공천되었는데 17대에는 2배 이상이나 되는 156명이 공천되었다. 이렇게 많은 여성이 공천될 수 있었던 것은 탄핵정국으로 인해서 기존 정치인이 아닌 새로운 정치인에 대한 국민들의 욕구가 강해졌고 이를 반영하여 정치권은 기존 정치인에 대한 대안으로서 여성정치인들을 공천하였던 것이다. 또한 비례대표 50% 할당이 17대부터 의무화되면서 여성공천이 늘어났다고 할 수 있다. 이런 배경 속에서 새로운 여성들은 정치적 경험보다는 전문성에 바탕을 둔 발탁형 공천이 이루어졌다고 할 수 있다. 그러나 과거 권위주의 정권에서 발탁형 여성들이 명목상의 여성에 그쳤다면 17대에 발탁된 여성들은 자신들의 전문성과 성실성으로 의정활동에 임해서 일회성의 의정활동에 그치지 않고 18대에 공천을 얻어냈다.

18대 총선에서는 이러한 새로운 유형의 여성들이 나타나기 시작했다. 이들은 17대에서 비례대표로 정계에 입문하여 정치활동을 한 이후 18대에 지역구 공천을 받아서 선거에 도전한 여성들이다. 여성후보 가운데 25명이 전직 국회의원인데 이 중에는 지역구출신 국회의원도 있지만 대다수가 비례대표 출신 국회의원이다. 이들 비례대표 출신 여성의원들이 지역구 공천을 받을 수 있었던 것은 의정활동 기간 동안 그들의 전문성과 성실성 등을 인정받아 지역구에서도 승리할 수 있는 가능성이 있다고 정당에서 판단하였기 때문이다.

표 2-8_ 18대 국회의원 지역구 여성후보들의 직업

	국회의원	정치인	농·축산업	상업	금융업	변호사	회사원	교육자	기타
남자	171	397	7	10	1	66	26	42	261
여자	25	50	2	1	1	3	1	5	44

한국의 여성정치는 서구식의 여성정치와는 차이가 있다. 정치적 상황

이 다르고 정당의 제도화 및 민주화 상황도 다르기 때문에 서구처럼 정치적 경험에 바탕을 둔 여성공천이 보다 발전적인 형태이고 직업적 전문성에 바탕을 둔 여성정치인들의 정치적 역량이 떨어진다고 하기는 어렵다. 분명히 2세대 여성정치인의 경우에는 발탁된 전문직 여성들이 일회적인 공천에 그치고 그들의 정치적 역량을 발휘할 기회가 없이 남성 정치인들에게 활용되었다. 그러나 3세대 여성정치인들에 있어서는 전문직을 가진 여성들이 정치에 입문한 계기가 되는 것은 남성 정치인들에 의한 발탁이었다고 하더라도 이들은 일단 얻은 그들의 기회를 일회성으로 날려버리지 않고 의정활동에서 그들의 정치적 역량을 드러냈고 이러한 과정에서 또 다른 유형의 여성정치인을 탄생시키고 있는 것이다. 물론 2세대 직업적 전문성을 배경으로 한 여성정치인들이 3세대 직업적 전문성을 배경으로 한 여성정치인보다 정치적 역량이 떨어졌다고 말하기는 어렵다. 그들은 권위주의 정권이라고 하는 특별히 강압적인 정치적 상황의 배경하에서 활동해야 했기 때문에 여성정치인의 정치적 역량의 문제가 아니라 상황적 억압이 더욱 큰 문제였다고 할 수 있다. 하여간 3세대 여성정치인의 유형이 시민사회 혹은 여성계로부터 충원된 여성들 위주의 여성정치인이었다면 4세대 즉 17대, 18대 여성정치인들은 직업적 전문성을 바탕으로 하지만 2세대 여성정치인처럼 일회성 공천에 그치지 않고 지속적인 정치인으로서 자신의 영역을 구축해나가는 여성정치인이라고 할 수 있다. 따라서 여성정치인의 유형이 진화하면서 한국 여성정치인의 유형을 만들어내고 있는 것이다.

2. 공천 과정과 여성

18대 총선은 17대 총선과는 달리 공천심사위원회를 중심으로 공천이 결정되었다. 17대에는 지역구 후보 선출 방식은 일부 상향식 방식으로 공천하여 한나라당은 후보를 낸 선거구 228개 가운데 15개(6.6%)에서 경선을 실시했다. 이 경선에서는 당원 10%, 일반 유권자 905명이 참여하는 2,000명 정도의 선거인단을 구성하고 단순다수대표제로 결정했다. 열린우리당은 전체 지역구 가운데 1/3을 일반 유권자가 참여하는 개방식 경선제도를 채택하였고 나머지 지역구에서는 전략지역으로 선정하여 중앙당에서 영입 인사를 공천하는 경우가 많았다(한국정당학회편 2004, 385-387). 2008년 18대 총선에서는 대선 후 시일이 촉박해서 경선보다는 공천심사위를 통한 하향식 공천 방식을 택했다. 통합민주당과 한나라당은 공천심사위원회를 만들고 공천심사위원회에 공천을 일임했다.

통합민주당은 선거일이 채 두 달도 남지 않은 2월 19일 공천심사위를 발족했다. 외부인사인 박재승 위원장을 필두로 한국방송공사 전 사장인 김근, 의사 박경철, 전 역사문제연구소장 이이화, 시인 인병선, 가락전자 대표 장병화, 성공회대 교수 정해구 7명의 외부인사와 당내인사로서는 최인기, 김부겸, 이인영, 김충조, 황태연이 참석했다. 즉 7인의 외부인사와 5인의 내부인사로 구성된 것이다. 한나라당은 총 11인으로 공심위를 구성하였는데 당내에서는 강창희, 이방호, 이종구, 임해규 그리고 김애실 의원 등 5명이 임명되었고 외부에서는 김영래, 이은재, 강혜련, 양병민 강정혜가 임명되었다.

양 공심위 모두 계파별 안배를 무시하겠다는 원칙을 세웠지만 실제 공천에 있어서는 공천에 있어서 계파 간 갈등이 격심했다. 한나라당에서는 전 대표인 박근혜계 인사가 공천에서 대거 탈락하였고 이들은 탈당하여 친박연대를 만들어 선거에 참여했다. 통합민주당에서 많은 구 주류인사들이 공천에서 탈락하여 탈당하였고 이들은 무소속으로 선거에 참여했다. 이러한 과정에서 많은 관찰자들은 개인적인 네트워크를 이용해 논공행상식 공천을 하였고 '자기 사람 심기' 위주로 공천이 이루어지면서 여성들이 탈락했다.

17대의 상향식 공천 방식은 많은 잠재적 여성후보들에게 불리했다. 지역적 기반도 전혀 없고 일반 유권자들에게도 잘 알려져 있지 않은 여성정치인들이 경선을 통과하는 것은 거의 불가능했다. 각 정당들은 여성후보들에게 약간의 가산점을 부여했지만 이러한 가산점이 그들의 취약한 지역기반 및 인지도를 극복하게 해주지는 못했다. 그나마 지역구에서 공천된 여성들은 당의 전략적 공천 지역으로 선정되어 당에 유리한 지역 공천된 여성들이었다. 이런 이유로 17대 공천이 끝나고 나서 경선제도가 여성들에게 불리하다는 주장이 곳곳에서 나왔다.

2008년 18대 공천에서는 표면적으로 공심위에서 공천이 이루어지는 것 같았지만 실제로는 정당 내 역학관계에 의해서 공천이 이루어졌다고 해도 과언이 아니다. 따라서 당내에 충분한 지지기반이 없는 여성후보의 경우에는 공천을 받지 못했다. 여성이 보다 많이 공천 받고 특히 당선 가능성이 높은 지역에 공천받기 위해서는 외부에서 발탁된 여성보다는 당내에서 지지기반을 쌓고 정치적 역량을 확대하여야 한다. 여성정치가 발전된 서구의 경우에는 지방의회로부터 경험을 쌓아 정치적 역량을 확대하고 중앙정치에 도전하고 있다. 당 내부나 지역구에서 지지기반을 가지지 못한 여성은 설령 남성 정치인에 의해서 발탁되었다고 하더라도 선거에서 실패하는 경우가 있다.[12] 이렇게 정당 내에서의 지지기반과 지역구에서의 확고한 지지기반이 없는 여성들은 공천을 받았다고 하더라도 일회성 공천에 그칠 가능성이 높고 당내의 역학관계에 의해서 공천이 이루어지는 상황 속에서 여성들의 공천

12 프랑스 노동부 장관이었던 마르틴 오브리는 35시간 노동제를 이끌어낸 전국적으로 유명한 여성정치인이었지만 지역적 경험이 전무했다. 1997년 총선에 출마하였으나 결국 패배하였고 이어서 지방선거에 출마하여 시장이 되어 다시금 중앙정치에 도전할 기회를 노렸다.

은 더욱 어려워지게 된다.

여성들에게 상향식 공천이 유리한지 하향식 공천이 유리한지에 대해서는 명확하지 않다. 북유럽 국가들은 대부분 정당 명부 작성에 있어서 상향식의 공천 방식을 택하고 있고 여성들은 이미 일찍부터 정당에서 활동하여 정당 내에서 충분한 지지기반을 갖고 있기 때문에 많은 여성들이 공천되고 있다. 그러나 한국과 같이 정당 민주화가 아직 진척되지 않고 여전히 중앙집권적인 성향이 강하고 남성 중심적인 정당문화가 아직 남아있는 국가에서는 상향식 공천으로 여성을 공천하는데 17대 총선에서 보이듯이 여성에게 불리하다. 한편 하향식 공천의 경우에는 당내 역학관계가 공천의 가장 큰 변수가 되고 있기 때문에 당내 입지가 약한 여성들에게 역시 불리하다. 후원 방식으로 남성 정치인에 의해서 발탁되어 혹시 공천이 된다고 하더라도 일회성 공천에 그치고 그렇게 공천된 여성들이 독자적이고 자율적으로 정치활동을 할 공간은 무척 적기 때문에 여성정치세력화에는 도움이 되지 않는다. 따라서 상향식 공천이든 하향식 공천이든 한국과 같은 상황에서는 무엇이 더 유리한지 판단하기 어렵다. 그것보다는 정당에서는 외부로부터 일회용으로 여성을 충원하여 활용하려 하지 말고 자신의 정당과 뜻을 같이 하는 여성정치인을 육성하여 길러내고 이들을 공천하여 일회적 공천 혹은 그들의 상징성을 활용하려는 공천은 지향해야 할 것이다.

V. 결론

18대 총선은 여성정치발전에 있어서 중요한 전환점이라고 할 수 있는 선거였다. 이제까지 주로 남성 정치인들의 발탁에 의해서 공천을 받고 일회적인 의정활동으로 마감하였던 많은 여성정치인들과 비교할 수 있는 새로운 유형의 여성정치인들을 탄생시켰다. 4선 의원 3명을 탄생시켰고 많은 여성 재선의원들을 탄생시켰다. 이들은 대부분 비례대표 혹은 전국구 의원으로 의정활동을 시작했지만 지역구에 도전하여 그들의 전문성과 성실성 혹은 정치인으로서의 역량을 인정받아 지역구에 공천되어 승리했다.

17대 총선을 통해서 단지 여성이라는 이유로 유권자들의 외면을 받게 하지는 않는다는 것이 증명되었다. 정당들은 자신들의 승리를 위해서도 유자격자인 여성들을 공천하지 않을 이유는 없다. 특히 소선거구 다수대표제 하에서는 정당들은 유자격자인 여성들을 공천하는 것이 그들에게도 유리하다는 것을 알아야 할 것이다.

한편으로 정당들은 외부에서 전문직 여성들 중심으로 일회적인 공천을 위한 발탁 중심의 공천보다는 지속적으로 당과 운명을 함께 할 수 있는 여성정치인을 양성하고 그들의 정치적 역량을 키워서 유자격자인 여성정치인들로 키워낼 필요가 있다. 시간이 걸리더라도 그렇게 하지 않으면 결국 선거에 임박하여 당 외부의 전문직 여성을 영입하여 그들의 상징성만으로 투표에 임하고 일회적으로 활용하는데 그치게 된다. 또한 정당들은 보다 규칙과 규정 중심의 제도화된 공천 과정의 틀을 구축해야 할 것이다. 2008년 선거에서 선거 후 폭풍으로 많은 공천비리들이 드러나고 있는 것을 볼 때 상향식 공천의 문제점에 대해서 정당들은 인식해야 할 것이다. 이러한 공천을 지양하고 보다 제도화된 공천이 정당의 살길이며 여성정치도 발전할 수 있는 길이다.

3장

18대 총선, 여성후보들의 선거

Ⅰ. 서론

선거에서 여성후보들의 당선이 높아지기 위해서는 선거 과정에 대한 분석이 필요하다. 여성들은 16대 총선을 지나면서 보다 적극적으로 지역구 후보로 참여하기 시작하였고 17대 총선에서는 다선의 남성후보와의 힘겨운 선거전에서 승리하는 곳도 있었고 18대 총선에서도 많은 여성정치인들이 지역구에서 승리하면서 여성들이 선거전에서 기본적으로 불리하다는 지금까지의 주장이 편견이었음을 보여주었다.

그러나 지속적으로 논의된 것은 한국의 정당들이 여성정치인들을 스스로 키우지 아니하고 사회의 다른 분야의 여성들을 영입해서 일회용으로 활용한다는 뼈아픈 지적들이 있어왔다. 한국의 여성정치가 발전과 더불어 한국 여성정치발전이 정상적인 정당정치의 틀 안에서 이루어지기 위해서는 정당들이 자신의 정당과 뜻과 비전을 같이하는 여성정치인들을 키워야 하며 그들이 선거에서 당선하도록 도와야 한다는 주장이 계속되면서 여성정치발전에 있어서 정당들의 역할에 많은 관심과 비판이 있어왔다. 이러한 상황에서 민노당은 차세대 여성정치인들을 양육하기 위해서 지속적인 여성정치교육을 시행해 오면서 여성정치인의 풀을 넓히는데 관심을 가져왔다. 또한 각 선거에서 여성후보 공천 할당제를 두고 여성정치인을 각급 선거에 공천해왔으며 당내에서도 모든 선거직 임원에 여성할당을 시행하여 양성평등적인 당을 만드는데 노력을 경주해왔다.

이러한 상황에서 민노당에서는 어떻게 하면 보다 발전된 여성정치를 이룰 수 있을지를 고민하면서 여성후보들에 대한 설문을 실시했다. 2008년 설문을 통해서 그해 출마한 여성들은 어떠한 여성들이며 그들은 어떠한 과정을 거쳐서 선거에 임했고 또한 이러한 과정에서 정당은 어떠한 지원을 하였는지 살펴보고자 했다. 이것은 다음의 지방선거와 또한 차기 국회의원 선거에 임하기 위해서 정당이 여성을 위해 무엇을 할 수 있는지 고민하는 연장선상에 놓여있는 것이고 다른 한편으로 어떠한 여성이 경쟁력 있게 선거에 임하여 당선될 수 있을 지의 고민과 궤적을 같이 하는 것이다.

이러한 전제에서 이번 장에서는 2008년 18대 총선에 출마한 30명 여성후보들의 설문조사를 통해서 선거 과정과 관련된 어려움 및 정당에서 어떤 부분의 지원이 필요한지 알아보았다.

Ⅱ. 여성후보의 나이와 소속단체

2008년에 출마한 여성들은 모두 46명인데, 2008년 설문조사에서 모두

30명이 응답했다. 이들을 연령대로 보면 30대가 13명 40대가 12명으로 가장 많았다. 이제까지 역대 국회의원 여성후보의 평균연령은 48.3세(김원홍, 1996, 11쪽)인데 비해서 2008년 민노당 국회의원 여성후보의 연령은 20대, 30대, 40대 중심으로 되어있어서 비교적 젊은 편이라고 할 수 있다.

표3-1_ 응답자의 연령대 분포

20대	30대	40대	50대	60대	무응답	합계
3	13	12	0	0	2	30

출마한 여성 가운데 기혼 여성은 17명으로 57%였고 미혼 여성은 12명이었다. 이들의 가족 사항을 보면 자녀를 가진 여성은 19명으로 과반수의 여성후보가 자녀를 가지고 있는 것으로 나타났다. 이것은 곧 선거운동에 있어서 자녀 돌봄의 문제를 야기하고 이로 인한 선거운동의 어려움을 상정할 수 있다. 주로 이들 자녀를 둔 여성후보들은 선거운동 기간 동안 친정가족의 도움을 통해서 자녀를 돌보았고 자녀 양육 문제가 선거운동에 어려움이 되었다는 지적은 없었다. 이들 중 13명은 선거에 한번 이상의 경험을 가지고 있었고 그 경험은 주로 지난 지방선거였음을 알 수 있었다. 즉 지방선거에 출마했던 경험을 가진 여성 11명이 공천을 받았고 과반수의 여성은 선거에 처음 출마한 정치신인이었다. 또한 이들은 다양한 단체에 소속되어 있었는데 민주노총에 소속된 여성후보가 전체 중 6명으로 20%에 해당했고 여성회 소속 여성후보도 6명으로 20%이며 나머지가 각각 전농, 전여농, 학상위, 청년회 소속으로 표기되어 있었고 소속 단체가 없는 여성후보도 4명이었다. 이로써 2008년에 출마한 민노당 여성후보들은 대체로 민주노총과 여성회에 소속되어 있었고 다양한 단체에서 활동하고 있었다고 할 수 있다. 이러한 소속 단체는 결국 이들이 출마를 결심하는데 중요한 영향을 주었고

선거운동 과정에서도 많은 재정적, 정신적, 조직적 지원을 하였음을 알 수 있다. 즉 소속단체의 권유로 출마를 결심한 여성후보는 모두 4명이었는데 이들은 민주노총 소속 2명과 전여농 소속, 여성회 소속 각각 1명이었다.

표3-2_ 소속단체와 출마 배경

		소속 단체							전체
		민주노총	전농	전여농	학생위	여성회	기타	없다	
출마 배경	당 지도부의 권유	0	0	0	0	1	0	1	2
	소속단체의 권유	2	0	1	0	1	0	0	4
	당 지도부, 소속단체 이외의 주변의 권유	0	1	0	1	0	0	0	2
	탈당, 분당 사태에서 당을 살리고자 하는 마음으로	2	0	0	1	2	2	1	8
	기타	1	0	0	1	1	0	2	5
전체		5	1	1	3	5	2	4	21

또한 소속단체는 선거운동 기간 중 많은 도움이 되었는데 선거운동에서 가장 도움이 되었던 점을 묻는 질문에 대해서 11명의 후보는 소속단체가 가장 도움이 되었다고 대답했다. 이들은 민노총 소속이 가장 많이 전여농과 학생위, 여성회 등의 소속단체가 도움이 되었다고 응답했다.

이를 통해서 단체에 소속된 여성후보는 소속단체를 통해서 선거에 출마한 동기를 가지기도 하고 또한 선거운동 기간 중에도 많은 도움을 받았음을 알 수 있다.

표3-3_ 소속단체와 선거운동 과정에서 가장 도움이 되었던 것

		소속 단체							전체
		민주노총	전농	전여농	학생위	여성회	기타	없다	
선거운동 과정에서 가장 도움이 되었던 것	당의 지원	1	1	0	0	3	2	2	9
	본인의 소속단체	3	0	1	2	2	0	1	9
	가족	0	0	0	0	0	0	1	1
	기타	1	0	0	0	0	0	0	1
전체		5	1	1	2	5	2	4	20

Ⅲ. 출마

두 번째는 그들의 출마 동기이다. 민노당 여성후보의 경우 가장 많은 여성들은 출마를 결심하게 된 것이 선거전 1개월 미만이라고 말하고 있다. 이들은 대부분 탈당, 분당 사태에서 당을 살리고자 하는 마음으로 출마를 결심하게 된 것으로 알려졌다(37%).

표 3-4_ 출마결심 시기(공직후보 당원선출선거 후보 등록일 기준)

1개월 미만	1-3개월 미만	3-6개월 미만	6-12개월 미만	12개월 이상	무응답	합계
14	7	5	1	2	1	30

표 3-5_ 출마 배경

출마 배경	명	%
오래 전부터 출마하려고 생각하고 있었다	0	
당 지도부의 권유	2	6%
소속 단체의 권유	4	12%
당 지도부, 소속단체 이외의 주변의 권유	3	10%
탈당, 분당 사태에서 당을 살리고자 하는 마음으로	11	37%
기타	6	20%
무응답	2	6%
복수응답	2	6%
합계	30	100%

이는 선거운동 과정에서 가장 큰 어려움으로 지적하고 있는 선거운동 기간의 부족, 선거에 임하는 마음의 준비 부족 등과 연결된다. 급하게 선거에 출마하기로 결심하였기 때문에 당연히 선거운동 기간이 부족했고 또한 그 과정에 선거에 대한 충분한 준비를 할 수가 없었던 것이다.

표 3-6_ 선거운동 기간 중 가장 어려웠던 점(복수응답 가능)

(단위: 명)

	1순위	2순위
남편 혹은 집안 식구들의 반대 때문에	0	0
선거비용을 마련해야 하는 부담 때문에	4	2
선거까지 시간이 너무 촉박했기 때문에	9	4
지역위원회 타 후보(출마 예정자)들의 견제 때문에	0	0
마음의 준비가 부족해서	2	2
평소 당 활동이 미흡하여 주변의 인정을 받기 어려울 것 같아서	1	1
스스로 후보로서의 자질이 부족한 것 같아서	1	3
여성에 대한 사회적인 편견이 두려워서(연령, 외모, 혼인 여부, 자녀 여부 등)	1	0

당선 가능성이 낮아서	1	2
출마를 한 번도 생각해 본 적이 없어서	3	0
선거본부를 꾸릴 역량 미흡에 대한 걱정 때문에	2	7
기타	1	2
무응답	5	0
합계	30	30

표 3-7_ 선거운동 과정에서 가장 미흡했던 것

(단위: 명)

사전에 충분한 준비 부족	14
공약 개발 부족	0
지지기반 확보의 어려움	10
선거운동 자금의 부족	0
당의 지원 부족	1
기타	0
무응답	2
복수응답	3
합계	30

표 3-8_ 출마 결심 시기와 출마 배경

		출마 배경					전체
		당 지도부의 권유	소속단체의 권유	당 지도부, 소속단체 이외의 주변의 권유	탈당, 분당 사태에서 당을 살리고자 하는 마음으로	기타	
선거 출마 결심 시기	1개월 미만	1	2	1	8	2	14
	1-3개월 미만	1	0	2	2	1	6
	3-6개월 미만	0	2	0	1	1	4
	12개월 이상	0	0	0	0	2	2
전체		2	4	3	11	6	26

위의 표를 보면 출마를 결심하게 된 시기가 1개월 미만일수록 주변의 권유나 당 지도부의 권유보다는 탈당, 분당 사태에서 당을 살리고자 하는 마음 때문에 출마했다고 답하고 있다. 당의 어려운 상황을 보면서 출마하겠다는 마음에 준비도 없이 출마하게 되어 선거 과정 중에 준비 미흡으로 많은 어려움을 겪었고 또한 그것은 선거에서 가장 큰 문제점으로 지적되었다. 이러한 점에서 보다 출마에 대해서 오래도록 고민하고 일찍 출마 결심을 한 여성후보일수록 선거운동 과정에서 더 어려움이 적을 수 있다고 할 수 있다. 2008년에 출마한 여성 가운데 오래도록 출마를 고려한 여성은 한 명도 없었는데 이것은 그만큼 한국 여성정치의 역사가 길지 않기 때문이며 다른 한편으로는 민노당의 역사가 길지 않기 때문에 오래된 당 생활을 바탕으로 정치를 하려는 여성이 적었다고 해석된다.

다음으로 출마를 결심하는데 장애가 되었던 요인을 살펴보았다. 이를 통해서 어떠한 요인들이 출마를 하는데 장애가 되는지 알아보고 장애가 되는 요인을 줄여 보다 많은 여성들이 출마하도록 도와주기 위해서 이와 같은 질문을 했다. 이에 따르면 대부분의 여성들에게 주변의 반대와 당선 가능성이 낮다는 사실이 출마를 머뭇거리게 하는 요인이었다. 그러나 예상과는 달리 여성이 정치하는 것이 적합하지 않아서라는 대답에는 한 명도 동의하지 않은 것을 보아 한국 사회에서도 이전의 편견 즉 정치는 여성의 일이 아니라는 문화적 억압이 정치하는 것을 꺼린다고 생각했으나 이제는 더 이상 이와 같은 편견이 존재하지 않는다고 할 수 있다. 그러나 여전히 주변의 반대가 많은 응답이 나왔는데 이것은 여성 자신은 정치가 여성에게 적합하지 않다고 생각하지는 않지만 주변에서는 여전히 여성이 정치하는 것에 대해서 부정적으로 생각하는 견해가 남아 있고 혹은 부적합하다고는 생각하지 않더라도 적어도 여성이 정치하는 것은 힘들다는 생각이 남아있기 때문에 가족들은 여성의 정치활동을 반대하고 있다고 할 수 있다. 그러나 흥미로운 것은 일단 출마한 여성들은 가족이나 주변의 반대는 없었던 것으로 나타난다. 선거운동 기간 중 어려운 점을 거론할 때 가족의 반대는 한 명도 없었으며 심지어 당내 경선에서 어려움이 없었다고 응답한 후보 가운데 남편 혹은 집안 식구들의 적극적인 지지 덕분에 당내 경선에서 어려움이 없었다고 답한 후보도 있어서 집안의 반대로 출마를 꺼리기는 했지만 일단 출마한 여성들에게 더 이상 가족들은 반대하거나 혹은 불편하게 하여 선거운동에 지장을 주는 일은 없었다고 보인다.

표 3-9_ 출마 결심 장애 요인

주변의 반대	5
당선 가능성이 낮다는 생각	5
여성이 정치하는 것이 적합하지 않다는 생각	0
기타	14
무응답	6
합계	30

Ⅳ. 공천 과정

한국 여성정치에서 문제점으로 자주 거론되는 것은 당의 공천 방식이다. 후보의 공천 과정은 정당 내부의 권력투쟁의 과정이자 결과이기 때문에 후보 공천 과정의 특성은 정당 권력관계의 특성을 반영하고 있다(전용주 2005, 218). 그래서 정당마다 고유한 방식을 가지고 있는 것이다. 또한 정당의 후보 공천 방식은 역으로 다시 정당의 권력관계를 변화시킨다. 즉 민주화된 정당조직은 민주화된 후보 공천을 낳고 민주화된 후보 공천은 다시 정당조직의 민주화를 가속화시킨다. 그렇기 때문에 비민주적인 정당공천 방식은 비민주적인 정당의 권력관계의 산물이며 이러한 방식은 다시 비민주적인 정당의 권력관계를 강화한다고 말할 수 있다. 여성정치의 관점에서 이를 보면 여성을 배제시키는 공천 방식은 여성이 배제된 정당의 권력관계의 산물이며 이를 통해서 여성을 다시금 정당의 권력관계를 배제시키는 방향으로 정당 문화를 강화하게 된다. 이러한 점에서 어떠한 공천 방식으로 여성을 공천하고 있는가 하는 문제는 현시점에서의 정당 내 여성의 지위를 반영하면서 동시에 미래의 정당 내 여성지위에 영향을 준다.

공천 방식을 크게 둘로 나누어서 보면 상향식 공천 방식과 하향식 공천 방식으로 나눌 수 있다. 이를 노리스는 관료화 정도와 중앙집권화 정도로 세분화하여 설명하고 있다(Norris 1996, 203-208). 일반적으로 정당의 구조는 피라미드형으로 되어 있으며 가장 기층에는 일반당원이 있고 그 위에는 후보 예정자들이 있는 중간층이 있고 최상위에는 정당의 지도자들로 구성되어 있다. 상향식 공천의 경우에는 일반당원 혹은 지구당 대의원들에 의해서 공천이 결정되는 것이며, 하향식 결정 방식은 당의 지도부에서 결정하는 방식인데 후원식 결정 방식과 관료적 공천 방식이 있다. 즉 상향식 공천 방식은 중앙집권화되지 않은 방식으로 분권적인 방식이라고 할 수 있으며 하향식 공천 방식은 중앙집권적 공천 방식이다. 두 번째 기준은 관료화이다. 관료적 공천 방식은 제도화의 수준이 상당히 높은 정당에서 정당의 내규 및 당헌을 통해서 명시적으로 공천 과정이 정해져 있고 이에 따라서 표준화, 제도화되어 있는 공천이 이루어지는 방식을 의미한다. 그래서 외부의 관찰자들에게도 당내의 공천 방식은 투명하게 공개된다. 반면에 후원에 의한 상향식 공천 방식은 공천 과정이 폐쇄적이며 비민주적인 방식이라고 알려져 왔다.

지난 17대 국회의원 선거에서는 대부분의 정당들이 상향식 공천을 받아들여 경선을 했지만 여성들은 당내 기반이 약하여 당에서 특별한 지원이 없는 한 경선을 통과하기가 어려웠다. 2008년 18대 총선에서는 정당들이 총선에 임박하여 공천을 하게 되어 공천심사위원회를 통해서 하향식 공천을 했다. 일반적으로 여성정치의 발전을 위해서는 상향식 공천이 유리하다고 알려져 왔으나 한국 상황에서는 상향식 공천은 당내의 지지기반이 없는 한국 여성들에게는 더욱 불리하다고 판명되었고 하향식 공천 역시 여성들에게 유리하지 않았다.

민노당의 경우에는 2008년 18대 총선에서 지역구 당원 직선을 통하여 공천하였고 여성할당이 지켜졌기 때문에 100명의 지역구 후보 가운데 50명의 여성이 후보로 공천을 받을 수 있었다. 이런 점에서 다른 정당들에 비해서 민노당은 남녀평등적인 공천 구조를 가지고 있다고 할 수 있다.

후보들은 대부분 원하는 지역에 공천을 받았지만 그렇지 못한 경우도 있었다. 응답자 30명 가운데 4명이 원하는 지역에 공천을 받지 못하고 원하지 않는 지역에 공천을 받게 되었다고 응답했다. 다른 지역에 출마하게 된 이유를 물었더니 4명 중 2명은 타당 후보와의 출마 지역선거 구도를 고려해서 조정이 이루어졌다고 할 수 있다. 이러한 문제를 제외하고 민노당의 경우 공천은 한국의 어느 다른 정당보다도 민주적이며 또한 친여성적이었다고 할 수 있다.

그러나 대다수 여성후보들은 당내 경선에서 별 어려움이 없었다고 응답했지만 응답자 가운데 9명은 어려움이 있었다고 응답했다. 이들의 가장 큰 어려움은 경선 비용이었다. 민노당의 공천이 다른 정당들에 비해서 민주적이고 친여성적이지만 그것도 선거이기 때문에 여성들은 선거 비용의 문제가 어려움이 되었다고 할 수 있다. 두 번째 어려움은 준비 소홀이었는데 이는 역시 출마 결심을 선거가 임박해서 하다 보니 자연히 준비하는 기간이 짧을 수밖에 없었고 이것은 여성후보들의 선거에서 겪는 어려움으로 나타날 수밖에 없었다. 또한 후보로서의 자질 부족을 어려움으로 둔 후보도 있었는데 이 역시도 준비 기간의 짧음으로 인한 준비소홀이 그 원인이라고 할 수 있다. 대체로 어려움이 없었다고 응답한 후보의 경우에는 주변 당 간부 및 당원들의 적극적인 권유 때문에 그리고 지역 활동의 경험 속에서 자연스럽게 출마가 이루어졌기 때문이라고 응답했다.

표 3-10_ 출마 배경과 경선 과정 중의 어려움

		어려운 점이 없었다면 그 이유는				전체
		주변 당 간부, 당원들이 적극적으로 권유했기 때문에	남편 혹은 집안 식구들이 적극적으로 지지해 주었기 때문에	지역 활동의 경험 속에서 자연스럽게 출마를 결심했기 때문에	기타	
출마 배경	소속단체의 권유	0	0	1	0	1
	당 지도부, 소속단체 이외의 주변의 권유	0	1	0	1	2
	탈당, 분당 사태에서 당을 살리고자 하는 마음으로	5	0	1	1	7
	기타	3	0	2	0	5
전체		8	1	4	2	15

출마 배경이 경선 과정 중의 어려움과 어떤 관련이 있는지 알아본 것이 〈표 3-10〉의 교차분석이다. 이 표에 의하면 소속단체의 권유로 출마를 결심한 후보의 경우는 지역 활동을 하면서 자연스럽게 출마하게 되었다고 응답했고 탈당 사태로 인한 어려운 당을 살리기 위해서 출마를 결심한 후보는 주변 당 간부들이 적극 권유했다고 했다. 이렇게 볼 때 주로 당 간부의 지원이나 혹은 지역 활동을 통해서 자연스럽게 출마하게 된 경우에는 당이

지원하거나 혹은 지역 활동을 통해서 출마를 결심해왔기 때문에 어려움이 적었다고 할 수 있다.

다음은 특별히 여성후보로서 당내 선거 준비 및 선거운동 기간에 어려움이 있었는지 물었는데 그중 대부분의 응답은 선거를 도와줄 연고자나 인맥을 동원하기 어려웠다고 응답했다. 무응답을 제외하면 응답자의 거의 50%는 인맥 동원이 어려워서 여성이 정치하는데 기존의 평가대로 주변에 도와주는 사람이 적다는 것이 큰 문제로 지적되었다고 할 수 있다. 이는 비단 선거운동뿐만 아니라 선거운동 자금의 모집, 그리고 정신적인 지지까지도 포함하는 광범위한 지지가 적어 여성후보들이 선거에서 크게 자신감을 상실하고 힘들게 하는 요인이 된다고 할 수 있다. 그 이외에도 선거비용을 마련하기 어려웠다는 응답도 있어서 경선을 비롯한 선거에서 가장 큰 어려움 중의 하나는 역시 선거운동 비용의 마련이라고 할 수 있다. 이 이외에도 2순위 응답 가운데 많았던 응답은 선거운동 시 안전과 위험이었다. 밤길, 술자리 혹은 성희롱 등의 여성의 안전을 위협하는 다양한 위험에 도출되면서 여성후보들은 이러한 신체적인 위험 혹은 불안 같은 것으로 인하여 선거운동 시 위축되고 또한 위험한 선거운동을 했다. 한국의 정치문화가 여전히 여성후보들에게는 신체적인 위험을 느끼게 하는 측면이 남아있음을 알 수 있다.

표 3-11_ 여성후보로서 당내 선거 준비 및 선거운동 기간에 어려웠던 점 (1, 2순위 복수응답)

	1순위	2순위
선거비용을 마련하기 어려웠다.	4	6
선거를 도와줄 연고자나 인맥을 동원하기 힘들었다.	10	2
주민과의 대면 접촉이 쉽지 않았다.	1	1
여성후보에 대한 주민들의 편견이 컸다.	2	2

여성으로 선거운동 시 안전의 위협이 있었다(밤길, 술자리, 성희롱).	2	5
남성후보에 비해 당의 지원이 적었다.	0	0
가족들의 지원을 받기가 어려웠다.	1	2
지역위원회의 남성 중심 문화에 적응하기가 어려웠다.	1	0
기타	0	2
무응답	9	10
합계	30	30

V. 선거운동 과정

다음의 관심은 선거운동 과정이다. 여성후보들은 선거운동 과정에서 어떠한 어려움을 겪었고 정당은 어떻게 여성후보들을 도와줄 수 있을 지 알아보고 싶었다. 또한 2008년 선거에서 전체적으로 지역구 여성후보는 모두 132명으로 전체 1,113명 가운데 11.9%를 차지했다. 민노당 여성후보가 출마한 선거구에 다른 정당의 여성후보도 있었고 이러한 과정에서 선거에 여성후보가 다수 나타나는 것은 선거운동 과정에 어떠한 변화를 주었는지 보고 싶었고 또한 다른 여성후보의 유무가 여성후보들에게 유리한지 불리한지 파악하고 싶었다.

1. 선거운동 기간 중의 어려움

우선 선거운동 기간 중 여성후보들을 가장 어렵게 한 요인들은 역시 선거기간이 너무 촉박하여 선거운동을 충분히 할 수 없다는 점이었다. 선거비용의 마련이 어려웠다는 응답도 있었지만 만약 선거운동을 할 수 있는 충분한 기간이 주어졌더라면 선거비용에 대한 부담은 더욱 큰 어려움으로 나타났을 것이다. 또한 마음의 준비 부족, 출마를 생각해 본 적도 없어서 등의 응답은 모두 시간의 부족과 연결되는 응답이다. 따라서 가장 큰 문제는 선거운동 시작까지 1개월도 남지 않은 기간에 출마를 결심하면서 오는 어려움이 가장 큰 어려움이었다고 할 수 있다. 이외에도 예상하였던 여성에 대한 사회적 편견은 응답이 거의 없었는데 이는 한국 유권자의 정치문화에서 이미 여성정치인에 대한 편견은 많이 사라졌다는 것을 알려주는 것이었고 이전에 많이 나왔던 가족의 반대도 어려움의 요인으로 나오지 않았음을 볼 때 한국의 정치문화가 여성정치인들에 대한 편견을 많이 걷어가고 있다고 할 수 있다. 16-17대 국회를 거치면서 여성국회의원들이 남성 국회의원들에 비해서 의정활동을 훌륭하게 수행해왔고 또한 부패하고 낡은 기성 정치인인 남성 정치인에 비해서 한국 사회의 대안으로서의 역할을 잘 수행해왔기 때문에 여성정치인들에 대한 편견은 많이 사라지고 있다고 해석된다.

표 3-12_ 선거운동 기간 중의 어려움(복수응답)

	1순위	2순위
남편 혹은 집안 식구들의 반대 때문에	0	0
선거비용을 마련해야 하는 부담 때문에	4	2
선거까지 시간이 너무 촉박했기 때문에	9	4
지역위원회 타 후보(출마 예정자)들의 견제 때문에	0	0
마음의 준비가 부족해서	2	2
평소 당 활동이 미흡하여 주변의 인정을 받기 어려울 것 같아서	1	1
스스로 후보로서의 자질이 부족한 것 같아서	1	3
여성에 대한 사회적인 편견이 두려워서(연령, 외모, 혼인여부, 자녀여부 등)	1	0

당선 가능성이 낮아서	1	2
출마를 한 번도 생각해 본적이 없어서	3	0
선거본부를 꾸릴 역량 미흡에 대한 걱정 때문에	2	7
기타	1	2
무응답	5	0
합계	30	30

2. 선거운동에서 도움이 되었던 것

응답자의 대부분은 선거운동 과정에서 본인의 소속단체가 정당의 지원보다 도움이 되었다고 응답했다. 소속단체의 지원은 정신적인 지원과 더불어 실질적으로 선거운동을 지원하였으며 여성후보들에게 부족한 인맥과 연고자가 됨으로써 여성후보들에게 큰 힘이 되었음을 알 수 있다. 또한 그들의 득표에 있어서 가장 큰 도움은 역시 소속 정당 요인이다. 소속 정당은 그들의 낙선에도 중요한 원인이 되었지만 득표에도 여전히 중요한 요인이었다고 후보들은 평가함으로써 정당의 중요성에 대해서 강조하고 있다. 전근대적이며 부정적인 한국 정치의 단면인 고비용 저효율의 구조는 가장 크게 인물 중심의 선거 과정인데 민노당 후보들의 선거는 정당 중심으로 그리고 공약이 득표에 중요한 요인이었다고 들고 있는 것을 볼 때 한국 정치의 인물 중심 선거의 폐해를 많이 비켜가고 있다고 할 수 있다.

표 3-13_ 득표 분석 시 가장 도움이 되었던 부분

소속 정당	8
여성이라는 요인	2
공약	5
지역기반	4

자신의 이미지	4
기타	2
무응답	3
복수응답	2
합계	30

3. 타당의 여성후보와의 대결

여성후보들은 자신이 여성후보라는 것이 사회의 호의적인 분위기에 힘입어 탈권위주의적이며 청렴한 이미지를 표방하는데 크게 도움이 되었다고 응답했다. 한국 사회에서 여성은 이제 과거와는 달리 부정적이기보다는 긍정적인 이미지를 가질 수 있게 되었다는 것은 그동안 한국 여성정치가 그만큼 성장하였고 한국 사회의 대 여성관이 많이 바뀌었음을 알 수 있는 좋은 기회였다고 할 수 있다. 응답자의 50% 가까운 14명의 후보자가 여성후보에 대한 호의적인 사회 분위기가 여성후보의 장점이었다고 응답함으로써 우리는 변화된 한국의 현실을 느낄 수 있었다. 그러나 여전히 여성후보들은 다른 여성들을 남성과 동등한 경쟁 후보로 보기 보다는 경쟁 여성으로 보고 있다는 것이 2008년 설문에서 나타났다. 여성후보들은 상대당 후보가 여성인 경우가 오히려 안 좋았다고 응답하고 있다. 이것은 여성후보가 자신이 여성으로서 긍정적인 이미지를 가지는 것은 최대한 활용하고 싶었기 때문에 다른 여성이 있을 경우 이러한 효과를 극대화하기 어렵다는 판단이었다고 해석된다. 상대 후보가 남성인 경우에도 오히려 남성인 것이 더 좋았다고 응답함으로서 여성후보들은 자신의 여성이라는 성을 긍정적으로 활용하고 싶은 의도를 읽을 수 있었다.

표 3-14_ 같은 지역구에 출마한 타 여성후보 유무

있었다	없었다	비례대표였다	무응답	합계
10	16	0	4	30

(있었다의 경우) 여성후보가 둘 이상이어서 좋았거나 안 좋았던 점은?

여성의제를 이슈화하기 쉬웠다	0
남성적 선거운동 문화가 많이 약화되었다	1
기타	3
좋았던 점은 없고 오히려 안 좋았다	2
안 좋았던 점	4
무응답	0
합계	10

(없었다의 경우) 모든 다른 후보가 남성이어서 좋았거나 혹은 안 좋았던 점은?

여성의제를 이슈화하기 어려웠다	1
남성적 선거문화가 지배적이었다	5
기타	1
오히려 좋았다	8
좋았던 점	1
무응답	0
합계	16

4. 선거운동에서 부각시킨 점

흔히 여성후보의 경우 여성 이슈를 부각시키면 많은 남성들의 반대표를 양산하게 되어 선거에 불리하다는 것이 여성후보들의 기본적인 선거 전략이라고 할 수 있다. 2008년에 민노당 여성후보들은 선거운동에서 어떤 점을 부각시켰는지 살펴보았는데 대체로 지역 문제가 가장 많았고 진보 정치가 다음으로 많은 응답이었다. 사실 지나친 여성문제의 의제화는 남성들의 반대를 가져올 수 있지만 자신을 타 후보와 차별화시킬 수 있는 가장 좋은 선거운동 전략은 여성적인 관심을 표명하는 것이라고 할 수 있다. 타 후보와 차별화하여 여성적인 이슈를 드러내되 여성적인 이슈가 여성만을 위한 공약이 아니라 사회 전체를 위해서 바람직하다는 주장으로 연결된다면 선거운동에서 큰 도움이 될 수 있다. 그러나 2008년에 출마한 여성후보들의 경우 여성문제를 부각했다는 응답은 1명밖에 없어서 대부분의 후보들이 여성 이슈를 내세우지 않은 것으로 나타났다.

표 3-15_ 본인이 선거운동에서 가장 부각시킨 점

여성문제	1
육아문제	0
노동문제	1
지역 문제	6
진보 정치	5
정부에 대한 심판	4
기타	7
무응답	2
복수응답	4
합계	30

Ⅵ. 당의 지원에 대한 평가

1. 선거운동비용 지원

2008년 총선에서 민노당은 출마한 여성들에게 3,000만 원의 선거운동

비용을 지원했다. 대다수의 여성들이 선거에서 느끼는 가장 큰 어려움이 선거비용이라는 점을 감안할 때 이러한 정당의 지원은 여성후보들에게 큰 도움이 되었다고 할 수 있다. 무응답자 3명을 제외하고 응답자 모두는 아주 도움이 혹은 도움이 되었다고 응답함으로써 당의 재정 지원은 큰 도움이 되었다고 할 수 있다. 또한 당의 지원 가운데 가장 도움이 되었던 부분에 대한 응답 역시 재정적 지원이 22명으로 73.3%의 응답자가 재정적 지원이 가장 큰 도움이 되었다고 응답했다. 이 이외에 선거운동원에 대한 지원을 꼽은 응답자가 5명 있었다. 이와 더불어 당이 앞으로 지원해 주었으면 하는 분야에 대한 응답을 같이 살펴보면 선거공약의 개발 및 선거전의 후보자 교육을 꼽고 있어서 정당의 지원이 재정적 지원, 운동원에 대한 지원과 더불어 후보 사전 교육 및 공약 개발에 있어서도 관심을 가져야 할 필요를 알 수 있었다.

2. 여성교육사업

실제로 후보들은 중앙당에서 실시하는 여성교육 사업에 많이 참석했고 (30명 중 12명이 유경험자), 대부분의 교육 내용은 출마 결심 및 후보로서의 자세에는 도움이 되었지만 선거에서 실제로 필요로 하는 공약 개발, 선거전략 수립, 이미지메이킹에는 크게 도움이 되지 않았다고 할 수 있다. 따라서 앞으로 정당에서 실시하는 교육에는 일반적인 교육과 더불어 좀 더 구체적으로 선거에 도움을 줄 수 있는 공약 개발 및 선거전략 수립 그리고 이미지메이킹 등의 교육에도 관심을 가지는 것이 필요하다.

표 3-16_ 여성교육사업의 교육 내용이 실제 선거에 도움이 되었습니까?

	매우도움	도움	보통	도움안됨	전혀도움안됨	무응답	합계
출마 결심, 여성후보로서의 자세 및 자신감	7	4	0	0	0	1	12
공약 개발	1	3	2	4	0	2	12
과학적 조직 선거전략과 전술 수립	0	0	4	6	0	2	12
선거 홍보 및 이미지메이킹	0	2	5	3	0	2	12
유권자와의 만남 및 스피치	0	5	2	2	0	3	12
여성교육 내용에서 더 필요하다고 생각하는 점은?							
공약 개발에 도움이 되는 내용					2		
이미지 전략 및 구체적인 선거운동에 도움이 될 만한 내용					3		
조직사업에 도움이 될 만한 내용					6		
유권자와의 만남 및 스피치에 도움이 될 만한 내용					1		
기타					0		
무응답					0		
합계					12		

3. 지역구 여성후보할당제

당의 지원 가운데 중요한 지원 중 하나는 '지역구 여성후보할당제'라고 할 수 있다. 대부분의 스칸디나비아 국가들의 경우 국회의원의 여성비율은 40%를 넘는데 그 대부분의 국가들은 법에서 할당을 규정하기보다는 정당들이 자체적으로 할당을 규정하고 있다. 정당들은 여성의 정치 참여 확대에 대한 중요성을 인식하고 정당 스스로 보다 많은 여성들을 공천하기 위해서 당내 자체 할당을 두고 있다. 민노당의 경우에도 지역구 여성후보 50% 할당제를 가지고 공천을 했다. 2008년에는 이러한 지역구 여성후보할당제에 대해서 여성후보들은 어떻게 생각하는지 알아보았다.

여성후보들은 지역구 여성후보할당제에 대해서 긍정적인 영향을 인정했다. 여성들이 주로 보조적인 지원 위주의 당 활동에서 주체로서 참여하는 경험을 가지게 되어서 긍정적이라는 대답과 당에 대한 고민과 사고가 구체화되고 깊어지는 계기가 되었다는 것이 많았다. 지역구 여성후보할당제는 여성들에게 당내에서 주체적으로 활동할 수 있는 기회를 제공해 주었으며 이러한 기회들을 통해서 당에 대해서 더 알게 되고 관심을 가지게 되면서 주도적으로 당 활동에 참여한 계기가 된 것이다. 사실 지역구 여성후보할당제는 지역구 후보에 여성을 보다 많이 공천하기 위한 제도이지만 여성의 공천이라는 성과와 더불어 여성들이 당 활동에서 수동적인 위치로부터 적극적인 위치로 전환된 것은 여성들에게 큰 성과라고 할 수 있다.

표 3-17_ 지역구 여성후보할당제가 여성후보에게 준 영향

주로 보조적인 지원 위주의 당 활동에서 주체로서 참여하는 경험	6
당에 대한 고민과 사고가 구체화되고 깊어지는 계기	7
지역 정치의 실태를 알게 되고 지역 정치활동의 방향을 정립	3
이전보다 정치활동에 대한 적극성과 자신감을 갖게 됨	3
긍정적인 영향이 없었음	2
기타	3
무응답	4
복수	2
합계	30

그러면 이러한 여성후보할당제는 정당에 어떠한 영향을 주었을까? 많은 여성후보들이 여성후보할당제를 통해서 민노당의 진보적 이미지가 부각되었다고 생각했고 여성간부의 숫자가 늘어났으며 여성당원들의 당 활동이

적극적으로 변화되었다고 생각했다. 여성후보할당제는 원래의 목적인 여성후보 수의 증가뿐만이 아니라 부수적인 효과들을 통해서 장기적으로 여성정치의 활성화를 진작시키는 효과가 있는 것으로 알려졌다(김민정 2001). 민노당의 경우에도 여성후보 숫자의 증가와 더불어 당의 진보적 이미지 부각, 여성간부 수의 증대, 당내 여성당원들의 활동의 변화 등이 나타나서 상당히 긍정적인 변화가 있었음을 알 수 있다.

표 3-18_ 여성후보할당제가 당에 준 영향

타 당에 비해 많은 여성후보가 출마하여 당의 진보적 이미지 부각	6
당의 여성정치인, 간부들의 수가 획기적으로 늘어나는 계기	7
여성후보 발굴을 당의 자연스럽고 일상적인 과제로 삼는 계기	3
여성당원들이 당 활동에 적극적으로 참여하는 계기	3
긍정적인 영향이 없었음	2
기타	3
무응답	4
복수	2
합계	30

4. 여성후보자 육성을 위한 사업

다음으로 당이 여성후보자를 육성하기 위해서 어떠한 사업을 했으면 좋겠는지 여성후보들의 의견을 물어보았다. 이를 통해서 중앙당에서 여성후보자 육성을 위한 사업을 계획하기 위한 것이다. 여성후보들이 가장 많이 요구한 사업은 여성당원 교육 훈련 사업의 확대이다. 이미 여성당원을 교육하기 위한 각종 사업을 중앙당에서 실시하고 있다. 일반 프로그램으로는 진보여성아카데미와 독일 연수가 있고 여대생을 위한 여대생아카데미가 있고 농민을 위한 여성농민당원학교, 그리고 노동자를 위한 여성노동자 간부학교, 그리고 장애여성캠프가 있다. 그러나 이러한 것들은 대부분 기본적인 교육이고 정치 후보생으로서 정치에 필요한 실질적인 기술을 익힐 수 있는 보다 발전된 교육이 필요하다. 2008년 설문에서 여성후보들은 여성당원 교육 훈련 사업의 확대를 가장 많이 원하고 있으며 지역 여성정치활동 프로그램 제안도 요구했다. 지역위원회의 경우에도 여성당원 교육 훈련 사업의 확대를 요구하였고 지역 여성정치활동 프로그램의 제안도 요구했다. 이를 볼 때 정당과 지역위원회에서는 여성후보의 육성을 위한 다양한 교육 사업 및 지역 여성정치활동을 지원할 수 있는 프로그램을 만들어야 할 것이다.

표 3-19_ 여성후보자 육성을 위해 필요한 중앙당 지원(1, 2, 3위 복수 응답)

	1위	2위	3위
여성당원 교육 훈련 사업 확대	10	4	6
지역 여성정치활동 프로그램 제안	8	8	5
여성정책 연구 개발 확대	6	2	5
여성할당제 확대와 안착화	0	4	3
당내 성 평등 의식 확산	0	2	0
공약 지원	1	0	1
선거 재정 지원	2	6	3
당의 남성적 이미지 쇄신	0	2	0
여성당원 수의 확대 노력	0	0	2
여성(여성위원회 등) 건설과 지원 확대	0	0	0
여성 관련 의제(보육, 교육 등) 지역 사업 확대	0	1	5
무응답	3	1	1
복수	0	0	1
합계	30	30	30

표 3-20_ 여성후보자 육성을 위해 필요한 지역위원회 지원

	1위	2위	3위
여성당원 교육 훈련 사업 확대	9	3	6
지역 여성정치활동 프로그램 제안	8	10	1
여성정책 연구 개발 확대	0	2	0
여성할당제 확대와 안착화	1	0	4
당내 성 평등 의식 확산	0	1	0
공약 지원	0	0	0
선거 재정 지원	2	1	3
당의 남성적 이미지 쇄신	0	2	2
여성당원 수의 확대 노력	1	2	1
여성(여성위원회 등) 건설과 지원 확대	8	2	6

Ⅶ. 선거 결과에 대한 평가

마지막 부분은 선거 결과에 대한 평가이다. 여성후보들에게 선거에서 낙선한 이유가 무엇인지 지역구에서 승리하기 위해서 가장 필요한 것은 무엇인지 알아보았다. 민노당 여성후보들은 낙선의 가장 중요한 이유를 민노당의 지지율 약화로 들고 있다. 여성후보의 개인적인 요인 즉 본인의 능력 부족이나 조직기반의 열세보다는 민노당의 지지율 약화가 낙선의 가장 큰 원인으로 들었다. 사실 지난 18대 선거는 특히 정당 간의 대결 구도로 가면서 유권자들에게는 후보를 선택하기보다는 정당을 선택하는 방향으로 투표가 이루어졌다. 이전 정권에 대한 심판과 더불어 새로 들어선 정부를 지지하기 위한 것이 18대 총선의 가장 중요한 선택이었기 때문에 사실상 군소

정당의 경우에는 이러한 선거구도 속에서 득표를 할 수 있는 요인이 매우 적었다. 또한 총선 직전 민노당의 분당 현상은 진보 정치를 희망하는 많은 유권자들을 실망시켰고 이러한 사태는 결국 민노당의 지극히 저조한 득표로 나타났다. 이러한 상황을 정확하게 인식하고 있는 민노당의 여성후보는 그들의 낙선을 개인적인 이유보다는 민노당의 지지율 약화에서 찾고 있었다. 두 번째로 지적한 낙선의 이유는 지지기반의 미약이다. 이것은 두 가지 측면으로 해석될 수 있는데, 민노당 지지 기반의 미약과 개인적 지지 기반의 미약으로 해석될 수 있다. 2008년 선거에 출마한 여성후보들의 경우 선거에 출마한 경험이 있는 여성후보는 응답자 30명 중 13명으로 43%이다. 이들 중 대다수는 지난 지방선거에 입후보했었고 1명만이 지난 총선에 입후보했었다. 이만큼 이들은 선거 경험이 많지 않았고 그만큼 개인적 지지기반도 열세라고 볼 수 있다. 다른 선거에 경험이 없는 여성후보일수록 지지기반의 미약을 이유로 많이 들었고 선거 경험이 있는 후보일수록 민노당 지지율의 약화가 더욱 큰 이유로 들고 있는 것을 볼 때 여성후보들이 선거 경험이 많아질수록 어느 정도 지지기반의 미약은 사라질 수 있는 약점이라고 할 수 있다. 게다가 2008년 선거는 앞에서도 보았듯이 대다수 여성후보들이 선거를 1개월도 채 남겨두지 못한 시점에서 출마를 결심하다 보니 그만큼 선거운동 기간이 짧았고 그것은 곧 지지기반의 미약으로 연결되었다고 해석된다.

표 3-21_ 낙선 이유

민노당의 지지율 약화	12
지지기반의 미약	9
본인의 능력 부족	0
당의 지원 부족	0
자금 및 조직기반의 열세	4

공약 개발의 취약	0
기타	0
무응답	2
복수	3
합계	30

표 3-22_ 출마 경험과 낙선 이유의 교차분석

		2008년 선거의 낙선 이유 중 가장 중요한 것			전체
		민노당의 지지율 약화	지지기반의 미약	자금 및 조직기반의 열세	
다른 선거에 출마한 경험	있다	6	3	2	11
	없다	6	6	2	14
전체		12	9	4	25

이러한 후보들의 분석은 곧 총선 지역구에서 승리하기 위해서 가장 필요한 것은 무엇인가에 대한 질문으로 연결된다. 당연히 민노당의 지지율 회복이 가장 필요한 것으로 나타났다. 사실 지난 17대에 정당 명부 비례대표 투표에서 11%를 얻었던 민노당은 2008년에는 5.68%에 그쳐 그만큼 지지율이 하락하였음을 보여주었다. 여성후보들은 이러한 상황을 인식하고 민노당의 지지율 회복이 가장 필요한 것으로 지적했다. 이와 더불어 지지기반의 확대가 중요한 요인으로 지적했다. 결국 민노당의 지지 확대와 후보 개인 및 정당의 지지 기반 확대가 당선의 결정적인 요인이라고 할 수 있다.

표 3-23_ 총선 지역구에서 승리하기 위해서 가장 필요한 것

민노당의 지지율 회복	10
지지기반의 확대	10
본인의 능력 배양	0

당의 지원 확대	0
자금 및 조직기반의 확대	4
공약 개발	0
기타	0
무응답	2
복수	4
합계	30

Ⅷ. 총선 이후의 계획

다음으로 여성후보들의 총선 이후의 계획에 관하여 물어보았다. 한국 여성정치발전의 가장 큰 걸림돌 가운데 하나는 지속적으로 여성이 정치를 하기 어려운 상황 속에서 여성정치인의 경력 단절, 그리고 이러한 경력 단절이 정치에 있어서 영향력 있는 여성정치인을 길러내지 못하는 상황이다. 이에 2008년에 출마한 여성들은 앞으로 정치를 계속할 생각인지, 아니면 그만둘 것인지, 그만둔다면 가장 큰 이유는 무엇인지에 대해서 알아보고 이를 바탕으로 여성들이 지속적으로 정치를 할 수 있는 방안을 마련하기 위해서 이 부분을 알아보았다.

우선 응답한 30명의 여성 가운데 다음 선거에 출마할 뜻을 보인 여성은 16명으로 과반수를 넘었다. 이들은 자신의 소신인 지역의 진보 정치발전을 위해서 계속 출마를 계획하였고 일부는 여성정치세력화를 위해서 정치를 계속하겠다고 대답했다. 반면 출마하지 않겠다고 응답한 여성후보들의 경우에는 다른 개인적인 계획 때문에 혹은 정치가 맞지 않기 때문이라고 응답하고 있어서 아무래도 정치 경력의 단절이 나타날 것으로 보인다. 그러나 예상하였던 선거 준비가 너무 힘들었다든지, 선거 준비에 드는 시간이 너무 많았다는 응답보다는 다른 계획이 있어서라는 답변이 가장 많았다는 사실은 여성들이 선거를 그다지 힘들어하거나 혹은 힘들어서 못할 만한 일로 생각하지 않는다는 것을 보여주고 있다. 그러나 11명의 후보는 지역 당 간부로 남아서 계속 활동할 것을 계획하였고 지역 정치를 계속하겠다는 응답도 있어서 과반수를 넘는 여성들은 여전히 정치 영역에 있을 것임을 알 수 있다. 대다수 여성들이 한 번의 선거에서의 실패 이후 선거에서 후퇴하며 정치 경력을 단절하는 것과는 달리 민노당의 여성후보들은 과반수를 넘는 여성들이 지속적으로 정치 영역에 남아서 활동하고 과반수를 넘는 여성후보들은 다음 선거에 출마할 뜻을 보임으로써 이들의 2008년 선거에서의 경험은 다음 선거에서 큰 도움이 될 것이고 또한 이 가운데에서 지역구에서 당선되는 여성후보가 나올 수 있을 것이다.

표 3-24_ 지방선거 이후의 활동 계획

지역 당 간부로 계속 활동할 것이다	11
당 활동보다는 다른 활동(본업, 다른 단체 활동)을 주로 할 것이다	5
출마 지역에서 지역 정치 활동을 계속할 것이다	8
기타	2
무응답	3
복수	1
합계	30

표 3-25_ 다음 선거 출마 의사

출마하겠다	출마하지 않겠다	무응답	합계
16	7	7	30
(출마하는 경우) 가장 큰 이유는?			
여성들의 정치 세력화가 필요해서			2

지역의 진보 정치발전을 위해 노력하고 싶어서	10
지역의 부정부패 척결을 위해서	1
지역 내 당의 세력화를 위해 일하고 싶어서	0
기타	0
무응답	2
복수	1
합계	16
(출마하지 않는 경우) 가장 큰 이유는?	
정치는 나와 맞지 않다	2
지방의원으로 당선될 확률이 적다	0
다른 개인적인 계획이 있다	3
선거 준비에 드는 시간이 너무 많다	0
선거운동이 너무 힘들었다	0
기타	2
무응답	0
합계	7

Ⅸ. 결론

2008년 민노당은 모두 46명을 공천하였는데 그중 노조관계자와 대학생 1명을 포함하여 모두 8명이 직업적 전문성을 가지고 공천된 여성들이 있고 정당인이 23명 그리고 여러 연관된 시민단체에서 활동하고 있는 시민단체 관계자가 15명 공천을 받았다. 이들은 주로 30대, 40대 여성들이었고 기혼 여성이 과반수를 차지하고 있었다. 이들의 공천과 관련하여 가장 큰 문제는 이들이 출마를 결심한 것이 총선에 아주 임박해서 이루어졌다는 것이다. 물론 18대 총선에서 다른 모든 정당들의 경우에도 공천이 늦게 이루어졌고 그러다보니 선거전이 이슈가 없이 진행되었다는 비판도 있었지만 민노당의 경우에는 선거를 1개월도 채 남겨놓지 않은 시점에서 출마를 결심한 50% 가까운 여성후보들이 있었고 결국 이들은 충분한 준비가 되지 않은 상태에서 선거전에 임하게 되었고 그러다보니 득표에 어려움을 겪게 되었다.

두 번째로 다른 정당의 여성들이 2008년 총선에서 가지는 가장 큰 불만 가운데 하나는 공천이었다. 공천이 공심위에 의해서 하향식으로 이루어지다 보니 여성들은 공천을 받지 못했고 이것은 큰 불만이 되었다. 그러나 민노당의 경우에는 지역구 여성후보할당제를 통하여 여성후보들을 50% 할당하였기 때문에 이에 대한 불만은 거의 없었고 공천 과정에서의 불만이 있었다면 선거비용 마련의 어려움 정도였다고 할 수 있다. 이런 점에서 보면 민노당의 공천 과정은 상당히 친여성적이라고 평가할 수 있다.

세 번째로 선거운동 과정에서 가장 두드러진 문제점은 선거운동 기간이 짧았다는 것이다. 많은 여성후보들이 선거비용 마련의 어려움보다는 선거운동 기간이 짧은 것에 큰 아쉬움을 나타냈다. 앞으로 다음 선거에서는 좀 더 시간을 두고 후보를 선정하고 그들이 선거에 임할 수 있도록 일정을 조정할 필요가 있을 것이다. 선거운동 과정에서 이들은 여성문제를 크게 부각시키지 않은 것으로 나타났다. 주로 지역 문제와 진보 정치에 관심을 두었는데 유권자들의 표를 끌기 위해서는 진보 정치나 지역 문제에 대한 관심도 중요하지만 여성의 신선한 이미지, 새로운 인물이라는 긍정적인 이미지를 이용하는 것이 필요하고 또한 여성의 시각으로 문제를 새롭게 해석하는 선거운동이 이루어질 때 보다 표와 연결될 수 있을 것으로 보인다. 왜냐하면 지역 문제나 진보 정치 중심으로 선거운동을 이끌어갈 경우 민노당의 지지율이 낮게 되면 여성후보도 지지율을 얻지 못한다. 따라서 민노당적인 공약과 더불어 여성적인 시각을 부각하면 보다 많은 표를 얻을 수 있는데 도움이 될 것이다.

네 번째, 전체적으로 당의 지원은 여성후보들에게 큰 도움이 되었다. 재정적인 지원뿐만 아니라 운동원의 지원을 통한 도움은 인맥과 운동원이 필요한 여성후보들에게 큰 도움이 되었다고 할 수 있다. 그러나 재정적 지원의 확대와 선거공약 개발에 대한 지원, 선거전 후보자들에 대한 실질적인 교육도 여성후보들이 필요로 하는 분야이다. 당에서는 앞으로 재정적인 지원을 확대시키는 것과 더불어 선거공약을 개발하는 것과 선거 전에 후보자들에 대해서 이미지메이킹, 스피치 기법, 선거운동원에 대한 교육 등 선거에 필요한 실질적인 교육 프로그램을 확충하는 것이 필요하다.

마지막으로 2008년 선거의 패인에 대한 분석인데 여성후보들은 자신들의 패배의 가장 큰 부분이 당의 지지율 약화라고 지적했다. 선거 전의 분당 사태와 총선이 이슈 없이 쉬운 정당 투표로 진행되면서 민노당의 지지율이 급강하했기 때문이다. 따라서 장기적으로 보다 많은 여성후보가 당선하기 위해서 민노당은 지지율을 상승시키기 위한 전략이 필요하며 이와 더불어 지역에서 지지기반을 확충하기 위한 다양한 시도들을 발전시켜야 할 것이다.

2008년 18대 총선은 한국 여성정치에서 많은 교훈을 준 선거였다. 우선 새로운 여성정치인의 유형이 등장함으로써 한국 정치의 또 다른 가능성을 보여주었지만 다른 한편으로 이들 여성정치인들이 얼마나 여성의 권익을 대변할 수 있을지 한국 정치에 질문을 던져주었다. 민노당의 경우 지역구 여성후보 50%를 할당하고 여성후보들에게 재정적인 지원을 함으로써 친여성적인 성향을 보여주었지만 여성적인 공약 개발에는 별다른 노력을 보이지 않았고 이것은 여성후보들이 여성문제를 이슈화하지 못하였고 결국 득표의 실패로 나타났다. 한국 여성정치가 보다 발전하고 민노당에서 보다 많은 여성들이 당선하기 위해서는 선거에 미리 준비하여 여성후보를 기르고 이들이 선거전에 임할 수 있도록 재정적, 물질적 지원을 통해서 이들을 준비시키며 또한 공약의 개발을 통해서 이들이 선거전에서 승리할 수 있는 여건을 마련해주는 것이 필요할 것이다.

부록 설문지

2008년 민주노동당 18대 총선 여성후보자 설문조사

1. 기본사항

1. 귀하께서는 언제 당원에 가입하셨습니까? ______ 년 ______ 월

2. 연령

3. 가족사항 ① 미혼 ② 기혼

4. 귀하께서 자녀는 있습니까?

   ① 있다(4-1번으로 가주십시오)

   ② 없다(5번으로 가주십시오)

4-1. 귀하의 자녀 수는 몇 명입니까? ______ 명

4-2. 귀하는 선거운동 기간에 자녀들의 보육을 주로 어떻게 해결하셨습니까?

   ① 남편이 도와주었다

   ② 친정가족들이 도와주었다

   ③ 시댁가족들이 도와주었다

   ④ 보육시설에 맡겼다

   ⑤ 지역의 선거운동원들이 돌봐주었다

   ⑥ 아이들이 자라서 돌봐줄 필요가 없다

   ⑦ 기타(   )

5. 귀하는 ① 지역구 ② 비례대표

6. 다른 선거에 출마하신 적이 있습니까?

   ①있다 ②없다

6-1 있다면 언제

① 지난 총선

② 지난 지방선거

7. 본인이 소속되어 있는 단체가 있습니까?

① 민주노총

② 전농

③ 전여농

④ 학생위

⑤ 청년회

⑥ 여성회

⑦ 기타

⑧ 없다

2. 출마 결심

1. 귀하께서는 선거 출마 결심을 언제하게 되었습니까?

공직후보 당원선출선거 후보 등록일(지역위원회 공직후보 선출 선거) 기준

① 1개월 미만

② 1-3개월 미만

③ 3-6개월 미만

④ 6-12개월 미만

⑤ 12개월 이상

2. 출마를 하게 된 배경은 무엇입니까?

① 오래전부터 출마하려고 생각하고 있었다

② 당 지도부의 권유

③ 소속단체의 권유

④ 당 지도부, 소속단체 이외의 주변의 권유

⑤ 탈당, 분당 사태에서 당을 살리고자 하는 마음으로

⑥ 기타

3. 출마를 결심하는데 장애가 된 요인은?

① 주변의 반대

② 당선 가능성이 낮다는 생각

③ 여성이 정치하는 것이 적합하지 않다는 생각

④ 기타

⑤

3. 공천 과정

1. 귀하의 공천은 다음 중 어느 방식으로 되었습니까?

① 지역구 당원 직선

② 중앙당의 결정을 통해서

③ 기타

④

⑤

2. 귀하께서는 원하는 지역구로 출마하셨습니까?

① 그렇다(2-1번으로 가주십시오)

② 아니다(2-2번으로 가주십시오)

2-1. 귀하께서 그 지역구로 출마를 원한 이유는 무엇입니까?

① 사는 곳이며 그곳에서 분회활동을 해서

② 3~4인 선거구 지역이라 당선 가능성이 높아서

③ 당 지지율이 높은 지역이라 당선 가능성이 높아서

④ 지역 시민단체들의 활동이 활발하여 선거운동하기가 편해서

⑤ 기타 (   )

2-2. 귀하께서 원하는 지역구가 아닌 다른 지역구에서 출마하게 된 이유는 무엇입니까?

① 지역위의 타 후보와 경쟁에서 밀려서

② 타당 후보와의 출마 지역선거 구도를 고려해서

③ 당선 가능성이 높은 지역으로 전략적으로 변경

④ 기타 (   )

3. 귀하께서 당내 경선에서 어려운 점이 있었습니까?

① 있었다(3-1번으로 가주십시오)

② 없었다(3-2번으로 가주십시오)

3-1. 어려운 점이 있었다면 그 이유는 무엇입니까? 순서대로 적어주십시오.

(1순위   2순위   )

① 남편 혹은 집안 식구들의 반대 때문에

② 선거비용을 마련해야 하는 부담 때문에

③ 선거까지 시간이 너무 촉박했기 때문에

④ 지역위원회 타 후보(출마예정자)들의 견제 때문에

⑤ 마음의 준비가 부족해서

⑥ 평소 당 활동이 미흡하여 주변의 인정을 받기 어려울 것 같아서

⑦ 스스로 후보로서의 자질이 부족한 것 같아서

⑧ 여성에 대한 사회적인 편견이 두려워서(연령, 외모, 혼인 여부, 자녀 여부 등)

⑨ 당선 가능성이 낮아서

⑩ 출마를 한 번도 생각해 본 적이 없어서

⑪ 선거본부를 꾸릴 역량 미흡에 대한 걱정 때문에

⑫ 기타(   )

3-2. 어려운 점이 없었다면 그 이유는 무엇입니까?

① 이미 오래전부터 출마를 준비하고 있었기 때문에

② 주변 당 간부, 당원들이 적극적으로 권유했기 때문에

③ 남편 혹은 집안 식구들이 적극적으로 지지해 주었기 때문에

④ 지역 활동의 경험 속에서 자연스럽게 출마를 결심했기 때문에

⑤ 본인이 지역 당 후보로 가장 적임자라고 생각했기 때문에

⑥ 기타(   )

4. 귀하께서는 남성후보에 비해 상대적으로 여성후보로서 당내 선거 준비 및 선거 운동 기간에 어려웠던 점은 무엇이었습니까?

(1순위   2순위   )

① 선거비용을 마련하기 어려웠다

② 선거를 도와줄 연고자나 인맥을 동원하기 힘들었다

③ 주민과의 대면 접촉이 쉽지 않았다

④ 여성후보에 대한 주민들의 편견이 컸다

⑤ 여성으로 선거운동 시 안전의 위협이 있었다(밤길, 술자리 선거운동 시, 성희롱 등)

⑥ 남성후보에 비해 당의 지원이 적었다

⑦ 가족들의 지원을 받기가 어려웠다

⑧ 지역위원회의 남성 중심 문화에 적응하기가 어려웠다

⑨ 기타(   )

4. 선거운동 과정

1. 귀하께서는 여성후보의 장점은 무엇이라고 생각하십니까?

① 주민들이 남성후보에 비해 더 친숙하게 느낀다

② 생활의제를 공약으로 제시하기 쉽다

③ 남성들에 비해 수가 적어 인지도를 높이기가 쉽다

④ 여성후보에 대한 사회의 호의적인 분위기(청렴, 탈권위적 이미지 등)

⑤ 당의 여성후보에 대한 적극적인 지원

⑥ 기타(   )

2. 귀하가 출마한 지역구에 다른 여성후보가 있었습니까?

① 있었다(2-1로 가시오)

② 없었다(2-2로 가시오)

③ 비례대표였다

2-1. 여성후보가 둘 이상이어서 좋았거나 혹은 안 좋았던 점은 무엇이었습니까?

① 여성의제를 이슈화하기 쉬웠다

② 남성적 선거운동 문화가 많이 약화되었다

③ 기타

④ 좋았던 점은 없고 오히려 안 좋았다

⑤ 안 좋았던 점

2-2. 다른 모든 후보가 남성이어서 좋았거나 혹은 안 좋았던 점은?

① 여성의제를 이슈화하기 어려웠다

② 남성적 선거문화가 지배적이었다

③ 기타

④ 오히려 좋았다

⑤ 좋았던 점

3. 선거운동 기간 중 어려운 점이 있었다면 그 이유는 무엇입니까?

순서대로 적어주십시오.

(1순위 2순위)

① 남편 혹은 집안 식구들의 반대 때문에

② 선거비용을 마련해야 하는 부담 때문에

③ 선거까지 시간이 너무 촉박했기 때문에

④ 지역위원회 타 후보(출마 예정자)들의 견제 때문에

⑤ 마음의 준비가 부족해서

⑥ 평소 당 활동이 미흡하여 주변의 인정을 받기 어려울 것 같아서

⑦ 스스로 후보로서의 자질이 부족한 것 같아서

⑧ 여성에 대한 사회적인 편견이 두려워서(연령, 외모, 혼인 여부, 자녀 여부 등)

⑨ 당선 가능성이 낮아서

⑩ 출마를 한 번도 생각해 본 적이 없어서

⑪ 선거본부를 꾸릴 역량 미흡에 대한 걱정 때문에

⑫ 기타( )

4. 2008년 선거운동 기간 동안 야간 선거운동을 하셨습니까?

① 했다

② 안했다

4-1. 야간 선거운동을 한 경우 어떤 어려움이 있었습니까?

① 안전에 위협을 느꼈다

② 여성으로서 불편함을 느꼈다

③

④

⑤

5. 선거운동 과정을 돌아보아 미흡했던 점이 무엇이라고 생각하십니까?

① 사전에 충분한 준비 부족

② 공약 개발 부족

③ 지지기반 확보의 어려움

④ 선거운동 자금의 부족

⑤ 당의 지원 부족

⑥ 기타

6. 선거운동 과정에서 가장 도움이 되었던 것은 무엇입니까?

① 당의 지원

② 본인의 소속단체

③ 가족

④

⑤

7. 본인이 선거운동에서 가장 부각시킨 점은?

① 여성문제

② 육아문제

③ 노동문제

④ 지역 문제

⑤ 진보 정치

⑥ 정부에 대한 심판

⑦ 기타

8. 자신의 득표율을 분석할 때 득표에 있어서 가장 도움이 되었던 것은 무엇이라고 생각하십니까?

① 소속 정당

② 여성이라는 요인

③ 공약

④ 지역기반

⑤ 자신의 이미지

⑥ 기타

9. 귀하께서 사용했던 구호는 무엇이었습니까?(예: 서민행복특별시장 김종철)

5. 당의 지원에 대한 평가

1. 2008년 총선에서 당에서는 3,000만 원의 재정 지원을 하였습니다. 이러한 지원에 대해서 어떻게 생각하십니까?

① 아주 도움이 되었다

② 도움이 되었다

③ 보통이다

④ 도움이 되지 않았다

⑤ 전혀 도움이 되지 않았다

2. 다음 중 선거기간 동안의 당의 도움 가운데 가장 도움이 되었던 부분은 무엇입니까?

① 재정 지원

② 선거운동원에 대한 지원

③ 선거공약 개발에 대한 지원

④ 육아에 대한 지원

⑤ 기타

3. 앞으로 당에서 지원해주었으면 하는 분야는 무엇입니까?

① 재정적 지원

② 선거운동원에 대한 지원

③ 선거공약 개발에 대한 지원

④ 육아에 대한 지원

⑤ 선거전의 후보자 교육

⑥ 기타

4. 귀하께서는 중앙당에서 실시하는 여성교육 사업에 참석하신 적이 있습니까?

① 참석한 적이 있다(4-1번으로 가시오)

② 참석한 적이 없다(5번으로 가시오)

4-1. 참석한 교육은 무엇입니까?

① 진보여성아카데미

② 독일 연수

③ 여대생아카데미

④ 여성농민당원학교

⑤ 여성노동자 간부학교

⑥ 장애여성캠프

⑦ 기타

4-2. 여성교육 사업의 교육 내용이 실제 선거 활동에 도움이 되었습니까?

	많은 도움	도움	보통	도움 안 됨	전혀 도움 안 됨
4-1-1. 출마 결심, 여성후보로서의 자세 및 자신감	①	②	③	④	⑤
4-1-2. 공약 개발	①	②	③	④	⑤
4-1-3. 과학적 조직 선거 전략과 전술 수립	①	②	③	④	⑤
4-1-4. 선거 홍보 및 이미지메이킹	①	②	③	④	⑤
4-1-5. 유권자 만나기 및 스피치	①	②	③	④	⑤

4-3. 여성교육 내용에서 더 필요하다고 생각하는 점은?

① 공약 개발에 도움이 되는 내용

② 이미지 전략 및 구체적인 선거운동에 도움이 될 만한 내용

③ 조직사업에 도움이 될 만한 내용

④ 유권자 만나기 및 스피치에 도움이 될 만한 내용

⑤ 기타

5. 2008년 총선에서 당의 '지역구 여성후보할당제'가 귀하께 준 긍정적인 영향은 무엇입니까?

① 주로 보조 지원 위주의 당 활동에서 2008년 선거를 통해 주체로서 참여하는 경험을 갖게 된 점

② 당에 대한 고민과 사고가 구체화되고 깊어지는 계기가 되었다는 점

③ 지역 정치의 실태를 알게 되고 지역 정치활동의 방향을 정립하게 된 점

④ 이전 보다 정치활동에 대한 적극성과 자신감을 갖게 된 점

⑤ 긍정적인 영향이 없었음

⑥ 기타 (   )

6. 2008년 총선에서 '지역구 여성후보할당제'가 당에 준 긍정적인 영향은 무엇이라고 생각하십니까?

① 타 당에 비해 많은 여성후보가 출마하여 당의 진보적 이미지를 부각시킨 점

② 당의 여성정치인, 간부들의 수가 획기적으로 늘어나는 계기를 만든 점

③ 여성후보 발굴을 당 조직의 자연스럽고 일상적인 과제로 삼는 계기가 된 점

④ 여성당원들이 당 활동에 적극적으로 참여하는 계기가 된 점

⑤ 긍정적인 영향이 없었음

⑥ 기타 (   )

7. 귀하께서는 여성후보자 육성을 위해 중앙당의 어떤 지원이 필요하다고 생각하십니까?

순서대로 적어주십시오. (1순위   2순위   3순위   )

① 여성당원 교육 훈련 사업 확대

② 지역 여성정치활동 프로그램 제안

③ 여성정책 연구 개발 확대

④ 여성할당제 확대와 안착화

⑤ 당내 성 평등 의식 확산

⑥ 공약 지원

⑦ 선거 재정 지원

⑧ 당의 남성적 이미지 쇄신

⑨ 여성당원 수의 확대 노력

⑩ 여성모임(여성위원회 등) 건설과 지원 확대

⑪ 여성 관련 의제(보육, 교육 등) 지역 사업 확대

8. 귀하께서는 여성후보자 육성을 위해 지역위원회의 어떤 지원이 필요하다고 생각하십니까? 순서대로 적어주십시오. (1순위 2순위 3순위)

① 여성당원 교육 훈련 사업 확대

② 지역 여성정치활동 프로그램 제안

③ 여성정책 연구 개발 확대

④ 여성할당제 확대와 안착화

⑤ 당내 성 평등 의식 확산

⑥ 공약 지원

⑦ 선거 재정 지원

⑧ 당의 남성적 이미지 쇄신

⑨ 여성당원 수의 확대 노력

⑩ 여성모임(여성위원회 등) 건설과 지원 확대

⑪ 여성 관련 의제(보육, 교육 등) 지역 사업 확대

6. 선거 결과에 대한 평가

1. 2008년 선거의 낙선 이유 중 가장 중요한 것은 무엇이라고 생각하십니까?

① 민노당의 지지율 약화

② 지지기반의 미약

③ 본인의 능력부족

④ 당의 지원 부족

⑤ 자금 및 조직기반의 열세

⑥ 공약 개발의 취약

⑦ 기타

2. 총선 지역구에서 승리하기 위해서 가장 필요한 것은 무엇이라고 생각하십니까?

① 민노당의 지지율 회복

② 지지기반의 확대

③ 본인의 능력 배양

④ 당의 지원 확대

⑤ 자금 및 조직기반의 확대

⑥ 공약 개발

⑦ 기타

7. 총선 이후의 계획

1. 귀하께서는 지방선거 이후에 어떤 활동 계획을 가지고 있습니까?

① 지역 당 간부로 계속 활동할 것이다

② 당 활동보다는 다른 활동(본업, 다른 단체 활동 등)을 주로 할 것이다.

③ 출마 지역에서 지역 정치 활동을 계속할 것이다

④ 기타 (   )

2. 귀하께서는 다음 선거에 다시 출마할 의사가 있습니까?

① 출마하겠다(14-1번으로 가주십시오)

②출마하지 않겠다(14-2번으로 가주십시오)

2-1. 출마할 의사가 있다면 가장 큰 이유는 무엇입니까?

① 여성들의 정치세력화가 필요해서

② 지역의 진보 정치발전을 위해 노력하고 싶어서

③ 지역의 부정부패 척결을 위해서

④ 지역 내 당의 세력화를 위해 일하고 싶어서

⑤ 기타(   )

2-2. 출마할 의사가 없다면 가장 큰 이유는 무엇입니까?

① 정치는 나와 맞지 않다

② 지방의원으로 당선될 확률이 적다

③ 다른 개인적인 계획이 있다

④ 선거 준비에 드는 시간이 너무 많다

⑤ 선거운동이 너무 힘들었다

⑥ 기타(   )

4장

19대 총선과 여성정치의 발전

Ⅰ. 서론

2012년 4월 11일에 치러진 19대 국회의원 선거의 두드러진 특징 중 하나는 정당개혁이었다. 기존 정당들에 실망한 국민들은 지난 서울시장 보궐선거에서 무소속의 박원순을 선택하면서 기존 정당들은 정당개혁의 필요성을 절감했다. 민주당은 범국민연대와 야권연합을 결정하고 민주통합당을 결성하였고 민노당 역시 진보계열의 정치세력과 연합하여 통합진보당을 형성했다. 다시 이 두 당은 통합진보당 후보 단일화 전략지역 16곳, 지역별 후보단일화와 민주당 공천 신청자가 없는 지역을 제외하고 9개 지역에서 민주당 후보가 용퇴하기로 합의하는 등 야권을 단일화했다. 한나라당은 지지도의 하락 및 내부적 위기의식이 팽배해지면서 비상대책위원회를 출범하였고 이어서 새누리당으로 개편했다. 이렇게 시작된 새판짜기의 19대 총선은 곧

이어 공천에서 정당개혁을 보여주기 위해서 노력했다. 19대 총선은 많은 이슈가 있었지만 공정한 공천을 위한 노력이 가장 중요한 이슈였다. 누구를 공천하느냐 하는 것은 각 정당의 정체성을 드러내는 중요한 일이며 유권자들에게는 자신들이 투표할 대상을 정하는 일이기 때문에 상당히 중요하다. 여성의 대표성이라는 관점에서 보면 정당의 공천은 여성의 대표성을 높이는 데 있어서 첫 번째 관문이다. 물론 무소속 후보도 가능하지만 정당정치의 발전과 더불어 정당 후보가 아니고서는 선거에서 승리하기 어렵다는 점을 생각할 때 여성의 대표성 확대의 첫 번째 관문은 정당공천이다. 정당공천이 가지는 중요성에 대해서 인식하기 시작하면서 정당공천과 여성의 대표성 문제가 2000년대에 오면서 연구 대상으로 떠오르고 있다(오미연, 김기정, 김민정, 2005; 김민정, 2002; 김민정, 2009). 새누리당과 민주통합당은 모두 현역의원 교체를 내세우면서 인적 쇄신을 통한 공천 시스템의 공정성을 확보하는 데 큰 관심을 두었다. 그러나 이러한 현역의원 교체를 통한 인적 쇄신 방식의 공천은 많은 문제를 가져왔다. 특히 민주통합당의 공천 과정에서는 모바일 투표를 통한 경선이 큰 부작용을 낳았고 통합진보당에서는 당원 투표를 통한 공천 방식이라는 하는 상향식 공천 방식이 부정투표 논란에 휘말리는 일이 발생하면서 공정한 공천 시스템 마련이라는 큰 화두를 던졌다. 같은 맥락에서 여성공천의 확대를 각 정당은 내걸었지만 실제로는 공직선거법에 명시된 권고만큼 이루지 못하였고 정당에서 공천 초기에 표방했던 비율조차 맞추지 못하면서 큰 비판을 받았다.

선거운동 과정에서는 여러 가지 사건과 논란들이 발생하여 선거 쟁점화되었다(김욱 2012). 후보들의 각종 의혹 논란, 막말 파문, 민간인 사찰 논란 등이 그것이다. 여성과 관련하여 여성공천 확대를 둘러싼 남성 정치인들의 거센 반발은 공천에서 여성이라는 변수를 다시 생각하게 만드는 계기가 되었다.

선거 결과에서는 예상과는 달리 투표율이 상당히 높아서 정치 참여에 대한 새로운 가능성을 보여주었다. 18대 총선에서 46%에 그쳤던 투표율은 19대 총선에서 54.3%에 도달함으로써 반등했다. 또한 SNS 등 새로운 소통 수단이 정치에서 중요해졌다는 것이 선거 결과 분석에서 많이 나왔다.

이러한 다양한 측면에서의 총선 결과 분석을 여성정치 확대라는 관점에서 새롭게 살펴보고자 하는 것이 이번 장의 목적이다. 이와 더불어 여성정치발전의 관점에서 앞으로의 과제를 점검해보고자 한다.

Ⅱ. 19대 국회의원 선거의 결과

표 4-1_ 18, 19대 총선 결과 비교

구분		18대 국회	19대 국회
여성 후보자	전체	215명(1,301명/16.5%)	142명(1,090명/13.03%)
	지역구	132명(1,113명/11.9%)	63명(902명/7.0%)
	비례	83명(188명/44.1%)	79명(188명/42.02%)
여성 당선자	전체	41명(299명/13.7%)	47명(300명/15.6%)
	지역구	14명(245명/5.7%)	19명(246명/7.72%)
	비례	27명(54명/50.0%)	28명(54명/51.85%)
여성 당선비율	전체	41명(215명/19.6%)	47명(142명/33.1%)
	지역구	14명(132명/10.6%)	19명(63명/30.16%)
	비례	27명(83명/32.5%)	28명(79명/35.44%)

출처: 김민정 2009; info.nec.go.kr(검색일: 2012년 4월 23일).

19대 총선에서는 전체 후보자 1,090명 가운데 142명이 여성후보로서

18대에 비해서 여성후보가 많이 감소했다. 이것은 18대 총선에서는 민노당의 여성후보가 44.7%를 차지했지만 19대 총선에서는 통합진보당에서 13.7%밖에 공천하지 않은 것은 큰 이유이다. 또한 당선자를 내지는 못했지만 평화통일가정당 37명을 공천해서 여성공천자가 많았지만 19대에는 통합진보당에서 적게 공천하였고 평화통일가정당과 같은 정당이 없었기 때문이다. 공직선거법에서는 지역구 여성후보의 비율이 30%가 되도록 권고하고 있지만 그 권고와는 상당히 거리가 있는 공천이었다.

표 4-2_ 비례대표 후보자 현황

(인원: 명)

정당	전체	남	여성후보(비율)	여성당선(비율)[13]
새누리당	44	23	21(47.7%)	13(29.5%)
민주통합당	38	20	18(47.4%)	11(28.8%)
자유선진당	16	10	6(37.5%)	1(6.3%)
통합진보당	20	10	10(50.0%)	3(15.0%)
창조한국당	4	2	2(50.0%)	-
국민생각	7	4	3(42.9%)	-
대국민중심당	7	7	-	-
친박연합	4	2	2(50.0%)	-
국민행복당	6	3	3(50.0%)	-
기독당	8	6	2(25.0%)	-
녹색당	3	1	2(66.7%)	-
대한국당	3	3	-	-

13 여성후보 비율과 여성당선 비율을 전체에서의 비율입니다(여성후보/전체, 여성당선/전체).

미래연합	2	2	-	-
불교연합당	4	4	-	-
정통민주당	7	3	4(57.1%)	-
진보신당	7	3	4(57.1%)	-
청년당	4	2	2(50.0%)	-
한국기독당	2	2	-	-
한국문화예술당	1	1	-	-
한나라당	1	1	-	-
계	188	109	79(42.0%)	28(14.89%)

출처: info.nec.go.kr(검색일: 2012년 4월 23일).

비례대표후보의 경우에는 공직선거법(47조 3항)에서 여성이 50%가 되게 명부를 만들도록 의무화하고 있어서 특히 당선권 내에서는 여성을 홀수에 남성을 짝수에 배치시키도록 법에 부합하여 공천이 이루어졌다. 그러나 지방의회선거의 경우에는 선거관리위원회에서 여성 50% 할당을 지키지 않은 정당 명부는 무효 처리되지만(52조 2항) 국회의원 선거의 경우에는 이러한 조항이 없기 때문에 여성 50% 할당을 지키지 않은 정당의 명부도 선거에 참여할 수 있었다. 그래서 사실상 정당에서 이를 지키지 않더라도 강제하는 법이 없기 때문에 법을 지키지 않은 명부의 경우에도 선거에 참여할 수 있어서 앞으로 보완이 필요하다.

표 4-3_ 지역구 후보자 현황(정당별)

정당	전체	남	여성후보 (비율)	18대 여성후보	여성당선(비율)
새누리당	230	214	16(7.0%)	18(7.3%)*	4(1.7%)
민주통합당	209	188	21(10.0%)	15(7.6%)**	13(6.2%)

자유선진당	50	48	2(4.0%)	2(2.1%)	0
통합진보당	51	44	7(13.7%)	46(44.7%)***	2(3.9%)
창조한국당	3	3	0		0
국민생각	20	19	1(5.0%)		0
친박연합	4	4	0		0
국민의힘	1	1	0		0
국민행복당	22	21	1(4.5%)		0
기독당	4	3	1(25.0%)		0
녹색당	2	1	1(50.0%)		0
대한국당	1	1	0		0
미래연합	5	5	0		0
민주통일당	1	1	0		0
불교연합당	1	1	0		0
정통민주당	30	27	3(10.0%)		0
진보신당	23	19	4(17.4%)		0
청년당	3	3	0		0
한나라당	1	1	0		0
무소속	241	235	6(2.55%)		0
계	902	839	63(7.0%)		19(2.1%)

출처: info.nec.go.kr(검색일: 2012년 4월 23일).

* 한나라당

** 통합민주당

*** 민주노동당

19대 총선의 큰 이슈 가운데 하나는 지역구 여성의 공천 확대였다. 민주통합당은 지역구 여성공천에서 15% 공천을 약속하고 당헌당규에 이를 삽입했지만 결과적으로 이를 지키지는 못했다. 새누리당에서도 공천 혁신의 일환으로 여성공천 30%를 약속했지만 결과적으로 7%밖에 공천하지 못했다.

공천의 구체적인 내용을 좀 더 살펴보면 각 정당의 공천은 크게 두 부분으로 나뉘어 단수공천(전략공천 포함)과 경선으로 나뉠 수 있다.

표 4-4_ 민주통합당의 여성공천

			공천율		비고
여성공천 신청자 수		48			
여성공천자 수	단수공천	19(18)	85.7%	전체 공천 중 단수공천의 비율	경남 진주시을의 서소연 후보는 공천을 받았지만 야권단일화로 사퇴함
	경선	3	33%	경선 참가 중 경선 승리 비율	10지역의 경선에 여성후보가 참여했지만 3곳에서 승리함(10곳 가운데 한 곳인 광주 서구갑은 장하진 후보의 사퇴로 사실상 경선은 치러지지 않았다) 두 지역이 여성후보 간 경선을 치름
	전체 공천	21	43.7%	전체 여성예비후보 중 공천 비율	

표 4-5_ 새누리당의 여성공천

			공천율		비고
여성공천 신청자 수		65			
여성공천자 수	단수공천	16	100%	전체 공천 중 단수공천의 비율	경남 진주시을의 서소연 후보는 공천을 받았지만 야권단일화로 사퇴함
	경선	0	0%	경선 참가 중 경선 승리 비율	네 지역의 경선에서 여성후보가 참여했지만 한 곳에서도 승리하지 못함

	전체 공천	16	24.6%	전체 여성예비 후보 중 공천 비율	

민주통합당과 새누리당에서는 각각 여성공천을 단수공천과 경선으로 나누어서 공천이 진행되었다. 단수공천은 단독으로 공천 신청한 지역에서 이루어진 단독공천과 당에서 전략지역으로 선택하여 전략공천한 전략공천으로 나뉠 수 있다. 민주통합당은 총 48명의 여성예비후보가 공천을 신청하여 이 가운데 21명이 공천을 받아서 43.7%의 비교적 높은 공천율을 보였다. 반면 새누리당의 경우에는 총 65명이 공천을 신청하여 16명이 공천을 받아서 24.6%의 민주통합당보다는 낮은 공천율을 보였다. 민주통합당의 공천은 단수공천이 전체 여성공천의 85.7%이고 경선에 의한 공천이 나머지 14.3%를 기록한 반면 새누리당의 경우에는 경선을 통한 공천은 한명도 없고 모두 단수공천에 의해서 공천이 이루어졌다.

17대에 부분적으로 경선이 치러진 경험과 비교해보면 17대 열린우리당의 경우 여성이 참여한 경선지역은 모두 8곳이었는데 2곳에서 경선을 통과하여 25%의 경선 성공률을 보인데 비해 2012년 민주통합당 여성이 참여한 경선에서 모두 9곳에서 참여하여 3곳에서 승리하여 약간 높아진 경선 성공률을 보여주고 있다. 여성후보들의 경선 경쟁력이 점차 높아지고 있음을 알 수 있다. 이들 여성후보들은 당의 당규에 따라서 여성 가산 20%를 받았고 2지역의 여성후보는 20% 덕분에 경선에서 승리할 수 있었다. 이런 점에서 여성 20% 가산점은 여성후보의 경선 승리에 중요한 영향이 있었음을 알 수 있다. 새누리당의 경우 17대에는 2곳의 경선에서 여성후보가 참가했지만 한 곳에서도 통과하지 못했다(당시에는 한나라당). 19대 총선에서는 모두 네 지역의 경선에서 여성후보가 참가했지만 한 곳에서도 통과하지 못했다.

경선 도입으로 부분적으로 경선이 시행되면서 여성예비후보들도 경선에 참여하고 있지만 아직까지는 경선통과율이 그렇게 높은 것은 아니다. 또한 경선이라는 장벽 때문에 미리 공천신청을 하지 않는 여성후보도 있을 수 있다는 점을 감안한다면 경선은 여성들의 공천에 큰 장애가 되고 있다. 특히 2012년처럼 모바일 투표를 통한 국민경선 제도는 지역적 기반이 약하고 투표에 참여할 수 있는 유권자를 동원하는 것이 쉽지 않은 여성예비후보들에게는 지극히 부정적인 투표 방식이라는 것이 2012년 선거를 통해서 알려졌다. 이에 대한 철저한 대비가 필요하다. 새누리당의 경우에는 17대 총선에 이어 2012년 총선에서도 단 한 곳에서도 여성예비후보가 경선을 통과한 지역이 없다는 것이 새누리당 여성예비후보들에게 경선은 쉽지 않은 제도임을 쉽게 알 수 있다.

표 4-6_ 19대 총선 여성당선자

구분		18대 국회	19대 국회
여성 당선자	전체	41명(299명/13.7%)	47명(300명/15.6%)
	지역구	14명(245명/5.7%)	19명(246명/7.72%)
	비례	27명(54명/50.0%)	28명(54명/51.85%)
여성 당선비율	전체	41명(215명/19.6%)	47명(142명/33.1%)
	지역구	14명(132명/10.6%)	19명(63명/30.16%)
	비례	27명(83명/32.5%)	28명(79명/35.44%)

표 4-7_ 여성 지역구 당선자의 변화

16대	17대	18대	19대
5명	10명	14명	19명

19대 총선 여성당선자는 모두 47명으로 지역구 당선자가 19명, 비례대표 당선자가 28명이다. 18대 지역구 당선자가 14명에서 19대에 19명으로 늘었다는 것은 큰 의미가 있다. 아래 표에서 보면 16대에 5명이었던 여성 지역구 당선자는 17대에 10명, 18대에 14명에 이어서 19대에 19명으로 늘고 있다. 사실상 비례대표 여성의원의 비율은 증가는 어렵다. 명부의 어디까지 당선되느냐에 따라서 한두 명 정도의 차이는 있겠지만 어차피 명부에서 50%를 할당하기 때문에 크게 변화하기는 어렵다. 결국 여성의원의 증가는 지역구에서의 증가밖에 없기 때문에 이러한 증가 곡선의 여성의원 증가는 청신호로 크게 반가운 일이다. 이와 더불어 2012년 선거를 통해서 알 수 있는 것은 여성후보들의 지역구 경쟁력이 남성에 비해서 결코 떨어지지 않는다는 것이다. 지역구 남성후보의 당선율은 18대 23.5%에서 19대 28.2%로 증가했지만 여성의원의 경우에는 18대 10.6%에서 19대 30.16%로 크게 늘었다. 19대에서는 남성과 비교해도 높은 당선율을 보이고 있다. 여성후보들이 큰 정당에서 안전한 지역에 공천을 받는다면 남성에 비해서 결코 당선경쟁력이 떨어지지 않음을 보여준다.

다음으로 여성당선자의 직업을 살펴보면 다음과 같다. 12명이 정당인 혹은 국회의원이고 6명이 전문직, 1명이 인권운동가이다.

표 4-8_ 19대 총선 지역구 여성당선자

no.	소속 정당	지역	성명	직업
1	새누리당	서울 송파병	김을동	국회의원
2		서울 송파갑	박인숙	서울아산병원 선천성 심장병 센터장
3		부산 연제	김희정	정당인
4		대구 북유럽갑	권은희	㈜헤리트 대표이사
5	민주통합당	서울 은평갑	이미경	국회의원
6		서울 광진을	추미애	국회의원

7	민주통합당	서울 도봉갑	인재근	인권운동가
8		서울 성북갑	유승희	정당인
9		서울 구로을	박영선	국회의원
10		서울 영등포구갑	김영주	정당인
11		서울 중랑갑	서영교	동국대학교 겸임교수
12		광주 서구갑	박혜자	호남대학교 교수
13		경기 광명을	이언주	변호사
14		경기 고양 일산동구	유은혜	정당인
15		경기 고양 일산서구	김현미	정당인
16		경기 부천 소사구	김상희	국회의원
17		전북 익산을	전정희	전북대학교 겸임교수
18	통합진보당	경기 고양 덕양갑	심상정	정당인
19		경기 성남 주원구	김미희	정당인

출처: 대한민국 국회(검색일: 2012년 4월 23일).

표 4-9_ 19대 총선 비례대표 여성당선자

no.	소속 정당	성명	직업
1	새누리당	강은희	㈜위니텍 대표이사
2		김현숙	숭실대 경제학과 부교수
3		류지영	㈜유아림 대표이사
4		민병주	한국원자력연구원 연구위원
5		민현주	경기대학교 일반대학원 직업학과 조교수
6		박근혜	국회의원
7		손인춘	㈜인성내츄럴 사장
8		신경림	이화여자대학교 건강과학대학학장
9		신의진	연세의대 세브란스 병원 의사
10		윤명희	㈜농업회사법인 한국라이스텍 대표이사
11		이에리사	용인대학교 교수
12		이자스민	정당인
13		현영희	정당인

14	민주통합당	김현	정당인
15		남인순	민주통합당 최고위원
16		배재정	부산문화재단 기획 홍보팀장
17		은수미	노동정책연구자
18		임수경	사회운동가
19		장하나	정당인
20		전순옥	㈜참신나는옷 대표이사
21		진선미	변호사
22		최민희	혁신과 통합 사무총장
23		한명숙	정당인
24		한정애	안전보건공단 연구위원
25	통합진보당	김재연	정당인
26		김제남	녹색연합녹색에너지 디자인 운영위원장
27		윤금순	통합진보당 농민위원장
28	자유선진당	문정림	당 대변인

출처: 대한민국 국회(검색일: 2012년 4월 23일).

비례대표 당선자의 경우 정당인 혹은 국회의원 10명, 전문직 15명, 시민단체 3명으로 나타났다. 이전의 선거와 비교해 보면 점차 여성정치인이 정치인으로서 전문화되고 있음을 알 수 있다. 15대 총선의 경우 여성의원의 상당 부분은 직업적 전문성과 여성계/시민사회 대표가 다수였다. 그러나 17대에 오면서 비례대표 할당제가 적용되면서 여성의원의 대다수는 정치적 경험 즉 전직 의원 혹은 정당인이 다수를 차지하기 시작했다. 19대 총선에서는 정당인 및 전직 국회의원 출신이 22명을 차지하고 있으며 직업적 전문성을 가진 여성당선자는 21명으로 정치적 경험성이 점차 높아져서 가장 많은 여성당선자가 정치인임을 알 수 있다. 이것은 사실상 18대 총선에서도 나타났지만 여성의원이 외부에서 충원된 전문직 여성들이 많다 보니 당내

기반이 약하고 이들은 결국 당내 남성 지도부에 의존하는 태도를 보이면서 당내에서 여성세력화에 큰 도움을 주지 못했다. 그러나 정치가 직업인 여성들이 많이 당선됨으로써 이중에는 다선의 여성의원도 등장하게 되고 이들은 당내에서 여성정치세력화의 유리한 고지를 차지할 수 있게 된다. 이렇게 되면 20대 공천에서도 영향력을 가질 수 있기 때문에 여성정치발전에 큰 기여를 할 수 있을 것으로 기대한다. 이런 점에서 여성의원이 외부의 직업적 전문성으로 발탁되기보다는 당내에 정치적 기반을 가진 여성정치인들로 충원되는 것이 여성정치발전에 기여를 하리라고 보인다.

Ⅲ. 19대 총선과 여성정치의 과제

19대 총선은 여성정치발전의 관점에서 몇 가지 과제를 남겼다. 첫째, 19대 총선은 제도 관철이라는 점에서는 후퇴한 선거였다고 할 수 있다. 우선 공직선거법에 나타난 지역구 30% 여성공천이라는 과제는 지켜지지 않았고 각 정당에서도 당내에서 여성공천에 관하여 세운 규칙이 사실상 지켜지지 않았다. 민주통합당에서는 여성 지역구 15% 공천을 계획했지만 실제로는 지켜지지 않았고 그 과정에서 많은 당내의 반발이 나타났다. 이것은 한편으로는 여성할당에 대한 당내의 합의가 이루어지지 않은 것이며 당 밖에서도 이에 대한 공론화가 부족했다고 보인다. 사실상 여성 지역구 30% 공천 권고 조항은 2002년 선거법 개정과 더불어 삽입된 조항이다. 올해로써 10년이 된 해이다. 그렇지만 각 정당 내에서는 아직 이에 대한 어떠한 대안이나 당내의 합의도 마련되지 않고 있다. 30%도 아니고 15% 공천을 당규에 삽입하는 데에도 말할 수 없는 어려움이 따랐고 15%를 지켜내기 위해서 많은 노력을 했지만 역작용이 만만치 않았다. 이런 점을 생각할 때 20대 총선을 위해서 4년 동안 당내에서 이를 위한 합의를 마련하고 당 외부에서도 여성할당에 대한 필요성, 한국 정치발전을 위한 정당화 등의 작업이 필요하다고 할 수 있다.

이와 관련하여 여성 가산점 20%에 대한 많은 논란도 나타났다. 결과적으로 민주통합당에서는 여성예비후보 2명이 이 가산점에 의해서 경선을 통과할 수 있었기 때문에 가산점 20%는 사실상 큰 의미가 있다고 할 수 있다. 이에 대한 당내 합의 및 정당화에 대한 노력이 필요하다.

두 번째는 경선의 문제점이다. 17대 총선이나 연구에서 나타났듯이 경선은 여성들에게 절대적으로 불리하다. 경선이 한국 정당의 민주화를 위해서 거슬릴 수 없는 대안이라면 여성과 같이 취약한 위치에 있는 예비후보를 위한 대안이 필요하다. 그 대안은 전략공천에서의 여성의 비율 확정이다. 전략공천에서의 여성의 비율이 확정되지 않는다면 결국 경선은 여성정치발전을 위해서는 받아들일 수 없는 제도이다. 한편 경선 자체가 정당민주화에 긍정적인 대안인가에 대해서도 한번 생각해볼 필요가 있다. 2012년 선거에서 도입된 국민경선제도와 모바일 투표 방식은 긍정적인 측면에도 불구하고 동원 가능성 및 조작선거의 가능성 때문에 많은 논란을 낳았다. 경선이 대통령 후보 혹은 단체장 후보와 같이 광역 혹은 전국 단위에서 이루어지는 선거의 경우에는 긍정적인 효과가 극대화될 수 있지만 지역구 단위에서 이루어졌을 경우 부정적인 효과가 더욱 부각된다. 국민경선제도가 정당의 민주화를 위해서 꼭 필요하다면 그 제도의 본질을 왜곡하지 않는 방법에 대해서 심사숙고해야 할 시점이다.

세 번째, 여성정치발전을 위해서는 여성들 간의 연대가 절실하다. 사실 17대 총선을 거치면서 여성의원의 비율이 13%를 넘기 시작하자 여성이라는 이유로 초당적인 연대가 사실상 불가능해졌다. 여성의원들은 여성이기 이전에 이미 한 정당에 소속된 의원이기 때문에 당을 초월한 연대의 모습을 보여주지 못했다. 그렇기 때문에 여성이라는 변수는 정치에서 실종되고 여성들은 남성 정치인들의 필요에 따라 사용되는 도구일 뿐이다. 정당 내에서 여성을 공천할 때 정당은 여성을 단지 도구로 사용하는 경향이 많다. 그렇기 때문에 여성이라는 변수가 중요한 변수로 공천에서 고려의 대상이 되기보다는 다른 변수들에 의해서 묻히는 상황이 발생했다. 성이라는 변수가 공천의 중요한 변수가 되기 위해서는 당내에서 여성의 정치세력화가 이루어져서 성 변수가 중요한 공천의 변수가 되도록 판을 짜둘 필요가 있다. 그렇지 않으면 다른 중요한 변수들이 나타나게 되면 성 변수는 고려에서 사라진다. 이러한 점을 생각할 때 13%밖에 안 되는 여성의원이지만 초당적인 협력을 통해서 성 변수를 끊임없이 정치에서 중요한 변수로 각인시키는 노력이 필요하다. 정당 내에서 성 문제에 관한 정책이 결정되기 이전에 여성의원들 사이의 초당적인 노력을 통해서 어젠다를 개발하고 그 어젠다를 당내에서 관철시키는 방향으로 여성의원들 사이의 연대를 촉구해야 한다. 사실 한국과 같이 여성의원의 비율이 낮은 국가에서는 비록 비례대표로 당선되지 않은 지역구 여성의원이라 하더라도 그들의 당선에 일정 부분 여성이라는 정체성이 긍정적인 영향을 미쳤음을 부인할 수 없다. 특히 17대 이후에 의회에 진입한 여성의원들은 그동안의 여성의원들과 여성단체들의 노력으로 여성할당제가 받아들여졌고 그 덕분에 새로운 정치인이라는 이미지로 공천을 받고 국회에 진입할 수 있었다. 그런 점에서 일정 부분 한국 여성들을 대표하며 여성들의 목소리를 의회에서 내줘야한다. 이것이 결국 초당적 여성의원 연대의 기초가 될 것이다. 이런 점에서 19대 국회에서는 초당적인 여성의원들의 연대를 통해서 성 문제가 끊임없이 사회 이슈가 되고 당내에서 성 변수가 고려되는 그런 모습이 나오기를 기대한다. 이와 연결하여 분명히 비례대표 여성당선자들은 자신들이 여성단체 출신이 아니더라도 여성이기 때문에 그 자리에 있게 된 것은 부인할 수 없는 사실이다. 그들은 국회에서 여성의 목소리를 대변하기 위해서 그곳에 보내진 것이다. 이런 점에서 비례대표 여성의원들은 여성의 이익을 대변하고 여성의 목소리를 대표해야 할 것이다.

5장

20대 총선과 지역구 여성후보의 당선 가능성

Ⅰ. 서론

20대 총선은 한국 정치의 새로운 가능성을 볼 수 있었다는 점에서 상당히 의미 있는 선거였지만 다른 한편으로는 여전히 구태의연한 정당정치의 한 모습이 재연되었다는 점에서 한국 정치가 아직 갈 길이 멀었음을 보여주는 또 하나의 선거가 되었다. 새로운 가능성이라 함은 국민의 정치의식이 상당히 성숙해감을 볼 수 있었다는 것이다. 야당의 분열로 인해 여당의 압승이 예견되었지만 국민들은 여당의 압승을 허용하지 않았다. 여당을 원내 2당으로 전락시킴으로써 공천을 둘러싼 당내의 갈등을 국민은 묵과하지 않은 것이다. 그러나 정당들은 여전히 공천 과정에서 당내 갈등을 여실히 보여주면서 공당으로서의 모습은 철저히 상실한 채 당파적 이익만을 추구하는 전근대적인 형태를 보여주었고 그럼에도 불구하고 국민들은 여전히 여당을 지지하리라고 생각하는 오만함까지 보여주었다. 한국 정당의 민주화 없이는 형식적인 민주주의나 선거제도에 있어서 민주주의는 아직 갈 길이 상당히 멀다는 것을 간접적으로 증명한 셈이다. 한국 정당의 전근대적인 형태의 근저에는 공천이라고 하는 당내 갈등이 전제되어 있다. 공천을 둘러싼 당의 게임은 공정한 규칙은 없이 당파적 이익만을 추구하고 선거 이후 당내 권력을 장악하기 위해서 당내의 여러 계파들이 갈등하는 모습이 여과없이 드러났다. 그 소용돌이 가운데에서 여성의 대표성은 의제에도 포함되지 못했고 정당들은 선거 전에 약속했던 여성공천 비율을 지키지 않았고 심지어 비례대표 명부 작성에 있어서 남녀교호 순번도 지키지 않은 정당들이 있어서 여성들은 상당히 실망했다.

2004년 17대 총선부터 비례대표 부분에 여성할당이 시작되면서 여성의 대표성은 조금씩 진전되었다. 비례대표 부분에서의 여성대표성 확대는 할당이 적용되지 않는 지역구 부분에도 영향을 미쳐서 전반적으로 여성국회의원 수를 증가시켜왔다. 2016년의 20대 총선은 여성할당제 도입 이후의 4번째 선거로서 여성할당제의 파급 효과에 대해서 점검해 볼 시점에 이르렀다. 여성할당제 도입 당시 비례대표 부분에서의 여성의원의 증가는 여성할당제의 직접적인 목표였지만 지역구 부분에서의 여성의원의 확대 역시 간접적으로 영향이 있을 것으로 예상되었다. 즉 비례대표 부분에서 여성의원의 수가 증가하여 여성의원의 전체적인 비율이 의회 내에서 높아지게 되면 여성정치인에 대한 사회적 의식의 변화를 가져올 것이며 장기적으로 국회의원 선거에 출마하려는 여성정치인들도 늘어나게 될 것이라는 것이 할당제의 파급효과를 강조하는 연구자들의 주장이었다(김민정 2014; Childs and Krook 2009, 126). 한국에서의 할당제 도입 이후 할당제가 여성의원의 수를 증가시켰다는 데에는 이견이 없지만 기술적 대표를 넘어서 실질적인 대표성이 확대되었는지에 대한 논의도 전개되었다(김민정 2014; 윤이화). 전체적으로 여성의 대표성은 확대되었지만 확대된 것은 기술적 대표성이었고 실질적 대표성은 향상되지 못했다. 비례대표로 진출한 여성들은 의회 내에서 세력화하지 못하고 주변에 남아있을 수밖에 없었다. 비례대표 여성의원들의 경우 초선에, 당내 지지기반도 없기 때문에 의회 내에서 세력화하는데 어려움이 많았다. 따라서 지역구에서 여성의원의 수적 증가가 중요하다. 그러나 이제까지 많은 연구들은 비례대표 부분의 증가와 동시에 지역구에서의 증가를 가져왔는지, 지역구에서의 증가는 어떠한 특징을 가지는지, 또한 여성의 대표성 확대라는 점에 있어서 지역구 부분의 여성국회의원 확대에 있어서 어떠한 문제점이 있는지 등에 대해서는 연구하지 않았다. 이런 점에서 비례대표 부분에서 여성의원은 지속적으로 일정한 비율로 당선되어 왔지만 지역구 부분의 변화에 대해서는 구체적으로 연구되지 않아서 이 글은 지역구 부분에서 여성의원의 수적인 변화와 더불어 특히 2016년 20대 총선에서 지역구 부분에서의 여성의 대표성은 어떻게 되었는지, 그리고 여성의 대표성 확대를 위해서 지역구 부분에서 어떠한 문제가 있는지에 대해서 알아보고자 했다. 특히 이 논문은 지역구 부분에서의 여성의 대표성을 분석할 때 가장 중요한 문제는 공천이기 때문에 공천을 중심으로 살펴보게 될 것이다. 이를 위해서 여성의 대표성 변화에 대해서 우선 일별하고 이어서 여성들은 어떻게 공천되었는지 공천 과정을 살펴보면서 여성의 대표성 확대를 위한 제언을 할 것이며 다음으로 여성당선자들을 살펴보면서 여성대표성 확대와의 연관성을 중심으로 살펴볼 것이다.

Ⅱ. 지역구 여성대표성의 중요성

이제까지 많은 연구들에서 여성의 대표성을 확대하기 위해서는 선거제도가 중요하다는 논의가 많았다. 소선거구다수대표제보다는 비례대표제가 여성의 대표성 확대에 중요한 영향을 미친다고 주장되었다(Rule 1987). 그러나 여성의 정치 참여 확대를 위해서 선거제도를 바꾸는 것은 쉽지 않은 일이다. 1990년대에 여성할당제가 도입되기 시작하면서 기존의 선거제도에 여성할당제를 추가해서 여성의 대표성을 확대하게 되었다. 한국은 2002년 선거법의 개정과 더불어 1인 2표제의 소선거구다수대표제와 비례대표제를 혼합한 형태의 선거제도가 채택되면서 비례대표제 부분에 여성할당제를 도입할 수 있게 되었다.

그러나 많은 연구들에서 여성할당제가 과연 여성의 대표성을 확대시킬 수 있는가에 대해서 서로 다른 의견을 내놓았다. 일단 학자들은 여성할당제가 여성의 대표성을 증대시킬 수 있다는 주장을 했고 실제로 한국과 같이 여성의 대표성이 상당히 낮았던 국가들은 단기간에 여성의 대표성을 높일 수 있다는 것이 증명되었다. 일부 다른 학자들은 여성의 대표성 확대에 있어서 기술적 대표성과 실질적인 대표성을 구별해야 한다고 주장하면서(Phillips 1995) 여성이 정치에 진입하면서 어떤 여성을 진입시킬지를 결정하는 정당 지도부의 자율성이 높아지고 이렇게 진입한 여성들은 오히려 정당 지도부의 이익에 봉사하게 되어 오히려 정치적 보수성이 강화될 수도 있다는 비판을 했다(Htun 2002). 또한 할당제로 진입한 여성들이 그렇지 않은 여성의원들보다 당 지도부에 더욱 충성한다는 증거를 제시하면서 여성의 기술적 대표성 확대가 여성의 실질적 대표성 확대에는 기여하지 못한다는 주장도 했다(Cowley and Childs 2003). 이러한 주장을 근거로 한국 정치에 있어서 비례대표제에서 여성의 대표성 확대가 의회 내에서 여성의 세력화 혹은 여성의 대표성 확대에 직접적으로 기여하기는 어렵다는 것을 알 수 있다. 실제로 비례대표에 의해 여성의원의 증가했지만 여성의 이익 대표 혹은 사회적으로 여성지위 향상에는 크게 기여하지 못한다는 주장도 있었다(김민정 2014; 윤이화 2011).

다만 비례대표에서 여성의 기술적 대표성이 증대하면 여성정치인에 대한 인식이 바뀌고 정당에서도 여성정치인에 대해서 보다 긍정적인 태도를 보이게 되면서 지역구의 여성공천이 늘고 지역구에서 여성의 당선 가능성도 높아질 것이라고 생각할 수 있다. 또한 비례대표로 의회에 진출한 여성들이 다음 선거에는 지역구에 출마함으로써 여성정치인의 풀이 보다 확대되어 장기적으로 지역구에서 여성정치인이 보다 많이 당선될 것이다. 지역구 여성의원은 지역의 지지기반을 가지고 있고 또한 이러한 지역의 지지기반은 의원직의 지속가능과 연결되어 있기 때문에 보다 많은 여성 다선의원의 탄생을 가져올 수 있다. 비례대표 여성의원들이 여성의 실질적 대표성에 기여하지 못하는 것은 정당 내에서도 지역에서도 지지기반이 없기 때문이기도 하고 당 지도부에 의존하는 이유도 있지만, 이와 더불어 중요한 이유 가운데 하나는 비례대표 여성의원들은 초선의원들이기 때문이다. 의회 내에서 중요한 정책 결정직이 상임위원회 위원장과 간사에 임명되기 위해서는 선수가 중요하기 때문에 지역구 여성의원들의 높은 경력 지속 가능성은 의회 내에서 여성의 세력화 가능성과 직결된다고 할 수 있다. 이런 점에서 지역구에서 여성의원의 확대는 여성의 실질적 대표성과 직결된다.

Ⅲ. 17대 총선 이후 여성의 대표성 확대

1. 여성후보와 당선자

2004년 17대 총선에서 처음으로 여성할당제가 도입되면서 할당제가 적용되는 비례대표 부분에서 여성의원이 고정적으로 50% 가까이 당선되면서 여성의원의 숫자는 늘어났다. 17대에 29명의 여성의원이 비례대표로 당선되었고 18대에는 27명, 19대에는 28명, 그리고 20대에는 25명이 당선되었다. 이는 전체 여성의원의 상당 비율을 차지하면서 의회 내에서 여성의원의 비율을 증가시켰다. 공직선거법 47조에는 비례대표 부분에서만 여성할당을 의무화하였고 지역구에서는 권고 사항으로 되어 있어서 사실상 각 정당들은 지역구 부분에서는 여성을 보다 많이 공천하기 위해서 큰 노력을 한 것으로 보이지는 않는다. 그럼에도 불구하고 비례대표 여성의원이 고정적으로 일정 비율 의회에 진입하면서 지역구 여성의원의 숫자도 점차 증가했다. 17대에 10명의 여성의원이 지역구에서 당선하였는데 이어서 18대에는 14명이, 19대에는 19명이 당선하였고 20대에 와서는 26명의 여성의원이 당선해서 17대에 10명과 비교하면 거의 3배 가까운 증가를 보였다.

표 5-1_ 17대-20대 국회의원 선거 여성의원 현황

(단위: %)

	제17대(2004)	제18대(2008)	제19대(2012)	20대(2016)
전체여성의원 수	39(100.0)	41(100.0)	47(100.0)	51명(100.0)
비례대표 여성의원 수	29(74.4)	27(65.9)	28(59.6)	25명(49.0)
지역구 여성의원 수	10(25.6)	14(34.1)	19(40.4)	26명(51.0)

출처: info.nec.go.kr(검색일: 2016년 6월 20일).

비례대표 여성의원의 비율은 17대에 전체 여성의원 가운데 74.4%에 이를 정도로 여성의원의 절대 다수가 비례대표 출신이었는데, 이 비율은 점차 줄어서 2016년 20대 총선에서는 49%에 그치고 있다. 이렇게 비율이 줄어드는 것은 비례대표 의석 자체가 줄어들기도 했지만 무엇보다도 지역구에서 여성의원이 점차 많이 당선되었기 때문이다. 전체 비례대표 의석은 17대 56석에서 18대에는 54석으로 감소되었고 19대에는 이 숫자가 그대로 유지되다가 2016년 20대 총선에서는 47석으로 감소했다. 대부분의 정당들이 이 비례대표 부분에서 여성후보를 50% 이상 공천하였고 공천 시 홀수 번호에 공천했지만 의석수 자체가 줄어들다 보니 비례대표 여성의원은 점차 감소 추세에 있다. 한편 지역구에서의 여성의원들은 점차 늘고 있어서 17대 지역구 여성의원 비율은 전체 여성의원 가운데 25.6%에 지나지 않았지만 2016년 20대 총선에서는 과반수가 넘은 51%의 여성의원이 지역구에서 당선했다. 이렇게 보면 17대에서 20대에 이르기까지 여성의원들의 선거 경쟁력이 점차 높아짐과 동시에 비례대표로 당선되는 여성의원보다 지역구로 당선되는 여성의원들이 조금씩 많아지고 있음도 알 수 있다. 이전에는 여성의원하면 정치 밖에서 활동하다가 선거전 정치에 영입되어 비례대표로 초선의원이 되어 국회에 들어가는 것이 일반적인 이미지였는데, 이제 여성의원들이 점차 지역구에 도전하여 국민들의 선택을 통해서 당선되어 국회에 입성하는 형태로 바뀌어가고 있음을 알 수 있다.

이렇게 보면 확실히 17대 총선 이후 지역구에서는 공직선거법 47조가 지역구에서의 여성 30% 후보 공천 권고로 되어 있기 때문에 정당들이 여성공천에 별다른 법적 제약을 받지 않고 있었지만 실제로 여성의 당선은 늘어나고 있음을 알 수 있다. 후보자를 살펴보면 17대 이전인 16대(2000)에는 3.2%밖에 되지 않았지만 비례대표 부분에 할당제가 시작된 17대인 2004년에는 지역구에서 여성후보가 65명 출마하여 전체 후보자 가운데 5.6%로 증가하였고 18대에는 11.9%로, 19대에는 7.9%, 20대인 2016년에는 10.5%로 증가했다. 18대에 가장 많은 132명의 여성후보가 출마하였는데 이는 민노당에서 46명을, 평화통일가정당에서 37명을 공천하였기 때문이다. 민노당은 당내 직선으로 공천하였고 엄격한 남녀동수 원칙을 지켰기 때문에 46명이 공천을 받았다(김민정 2008). 한편 평화통일가정당은 통일교에서 18대 총선 전인 2007년에 만든 정당으로서 18대 총선에 지역구, 비례대표를 합하여 모두 258명의 후보를 냈고 이 가운데 여성 지역구 후보를 37명 공천했다. 그러나 선거 결과 지역구에서 한 석도 얻지 못했고 비례대표에서도 득표율이 의석 배분에 참여할 수 있는 최소 득표율인 3%는 물론, 정당등록 취소 규정인 2%에도 미치지 못하여 정당 등록이 취소되었다. 이렇게 두 정당에서 여성을 많이 공천하여 전체 여성후보 비율은 높아졌지만 두 정당에서 당선된 여성은 한 명도 없었다. 18대를 제외하고 20대인 2016년의 총선은 17대 이후 가장 많은 여성이 지역구에서 출마한 선거가 되었다.

20대 총선에서의 여성당선자는 19대에 비하여 조금 상향된 17%로서 전체 당선자 300명 중에서 51명이 당선되었다. 할당제가 실시된 17대의 39명에서 18대에는 41명이, 19대에는 47명이 당선되었고 2016년 20대 총선에서는 이보다 조금 많은 51명으로 조금씩 늘고 있다. 17대에는 지역구 여성후보 비율은 65명으로 5.6%였고 이중에 10명이 당선되어 여성당선율은 15.3%였다. 18대 총선에서는 132명 중 14명으로 10.8%의 여성당선율을, 19대에는 63명 중 19명의 여성이 당선되어 30.1%의 당선율을 보였던데 비해, 20대 총선에서는 98명의 여성이 지역구 후보자로 나서서 그 가운데 26명이 선출되어 26.5%의 당선율을 보였다. 여성후보의 당선율이 10%에서 30%로 크게 뛴 것은 19대였고 2012년 선거는 19대보다는 조금 떨어진 26.5%를 보이고 있지만 전체적으로 지역구 당선율은 상승추세라 할 수 있다.

표 5-2_ 역대 선거 여성후보 비율, 여성당선자 비율 그리고 여성당선율(지역구)

	17대		18대		19대		20대	
	여성/전체	비율	여성/전체	비율	여성/전체	비율	여성/전체	비율
여성후보	65/1,167	5.6%	132/1,113	11.9%	63/902	7.0%	98/934	10.5%
여성당선자	10/243	4.1%	14/245	5.7%	19/246	7.7%	26/253	10.2%
여성당선율	5.6%		10.8%		30.1%		26.5%	

출처: info.nec.go.kr(검색일: 2016년 6월 23일).

전체적으로 여성 지역구 당선자 비율은 지속적으로 증가하고 있다. 프랑스에서 동수법 통과 이후 동수법이 적용된 선거에서는 당연히 여성의원 비율이 증가하였고 동수법이 적용되지 않던 상원의원 선거(3명 이하의 의원을 선출하는 선거구), 도의회 선거,[14] 3,500명 이하의 주민이 사는 규모가 작은 시의 시의회 선거에서도 여성의원의 비율이 증가한 것(김복태 외 2015, 168-181)과 마찬가지로 한국 정치에 있어서도 할당이 적용되는 비례대표 부분의 증가는 당연히 발생하였고 할당이 의무적으로 적용되는 선거가 아닌 지역구에 있어서도 여성의원의 비율은 증가했다. 지역구 부분은 할당을 강제하는 것이 제도상의 어려움이 있기 때문에 실시하지 못했는데 할당제 도입 이후 4번의 선거를 치르면서 할당을 실시하지 않은 부분에 있어서도 여성의원 비율은 조금씩 증가하고 있는 것으로 나타난 것이다. 또한 여성후보자들의 당선경쟁력이라고 할 수 있는 여성당선율을 보면 17대에는 5%대였는데 20대에는 26.5%로 5배 이상 증가함으로써 여성의 당선경쟁력도 상당히 높아졌음을 알 수 있다.

14 2015년 이전의 도의원 선거로 2015년부터는 남녀동반선출제가 적용되고 있다.

2. 정당별 남녀 공천율 비교

20대 총선에서 지역구에서 공천 받은 여성은 모두 10.5%로서 지난 19대 총선 7.0%에 비하여 많이 증가했다. 정당별로 살펴보면 정의당에서 전체 51명의 지역구 후보 가운데 6명을 여성으로 공천하여 11.8%로 가장 높았고 더불어민주당이 234명의 지역구 공천 가운데 10.7%인 25명으로 두 번째로 높았으며 새누리당은 248명의 지역구 공천장 가운데 16명의 여성만이 공천되어 6.9%였고, 신생 정당인 국민의당은 171명 중 9명의 여성을 공천해 5.3%였다. 정당의 여성공천을 보았을 때 정의당이 가장 많은 여성을 공천했지만 정의당의 전체 공천 인원 자체가 워낙 많지 않아서 여성의 비율이 상대적으로 높은 것이지 여성후보는 6명밖에 되지 않았고 여성후보를 가장 많이 공천한 정당은 더불어민주당으로 25명의 여성이 공천되었다. 공직선거법 47조 4항에는 지역구 국회의원 후보는 여성이 30%가 되어야 한다는 권고조항이 있는데 이를 이행한 정당은 하나도 없었다. 이 조항은 권고조항으로 되어 있어서 강제 이행조치가 없이 정당들이 자율적으로 지키도록 권고하고 있지만 정당들은 이를 지키지 않아 정당들은 이 조항을 사문화시키고 있다.

표 5-3_ 20대 총선 정당별 여성 지역구 공천 상황

	여성		남성		합계
	명	비율(%)	명	비율(%)	
새누리당	16	6.9	232	93.1	248
더불어민주당	25	10.7	209	89.3	234
국민의당	9	5.3	162	94.7	171
정의당	6	11.8	45	88.2	51
기타 정당 (16개 합)	33	34	97	66	130

무소속	9	6.8	124	93.2	133
합계	98	10.5	836	89.5	934

출처: info.nec.go.kr(검색일: 2016년 6월 23일).

공천 신청자 대비 공천자를 살펴보면 여성공천 신청자는 남성 공천 신청자에 비해서 훨씬 낮은 비율로 공천이 되었다. 새누리당은 여성공천율은 19.3%인데 여성공천 신청자는 모두 83명이었고 이중에 16명이 공천됨으로써 19.3%의 비율에 그쳤다. 반면 남성 공천은 남성 공천 신청자 755명 가운데 232명이 공천됨으로써 30.7%의 공천율을 보여서 여성공천율에 비해서 1.5배 이상의 남성 공천율을 보였다. 더불어민주당의 경우에는 여성 35명이 공천을 신청하여 이중 25명이 공천되었기 때문에 60.8%의 공천율을 보였고 남성의 경우에는 344명이 공천을 신청하여 209명이 공천되어 71.4%의 공천율을 보였다. 더불어민주당 역시 여성공천율은 남성 공천율에 비해서 10% 정도 차이가 났지만 새누리당보다는 남녀 공천율의 격차는 심하지 않았다. 국민의당의 경우에는 여성공천 신청자 22명 가운데 9명이 공천되어서 40.9%의 공천율을 보인 반면 남성 공천 신청자는 310명 중 171명이 공천되어 52.3%의 공천율을 보였다. 이렇게 보았을 때 중요 3대 정당 모두에서 여성은 남성에 비해서 공천받기 어려웠음을 알 수 있었고 승리가 예견되었던 새누리당의 경우 공천을 둘러싼 경쟁이 훨씬 치열하였는데 여성의 경우 공천 받기가 더 어려웠음을 알 수 있다. 3당 모두 남성에 비해서 여성은 공천 받기가 어려웠는데 특히 새누리당의 경우에 가장 어려웠다.

표 5-4_ 20대 총선 지역구 정당별 남녀 공천율 비교

	여성	여성공천율	남성	남성 공천율	남녀 공천율 격차
새누리당	16/83	19.30%	232/755	30.70%	11.40%
더불어민주당	25/35	60.80%	209/344	71.40%	10.60%

국민의당	9/35	40.90%	162/310	52.30%	11.40%

출처: info.nec.go.kr(검색일: 2016년 6월 23일).

이제까지 많은 정당들은 여성공천을 요구하는 여성단체와 당내 여성국의 의견에 대해서 공천할 여성이 없다, 예비 여성정치인이 없다는 변명으로 여성공천을 적극적으로 추진하지 않았다. 이러한 변명은 사실 정당이 할 수 있는 변명은 아니다. 왜냐하면 정치에 있어서 정당의 가장 중요한 역할 가운데 하나는 새로운 인물을 충원하여 예비 정치인을 늘리는 것인데 정당이 이를 소홀히 한 것을 스스로 고백하는 것에 다름 아니기 때문이다. 그러나 위의 남녀 공천율 비교표를 보면 사실상 각 정당별로 많은 여성들이 공천 신청을 하였고 이들만 공천하여도 상당히 많은 여성들이 선거에 참여할 수 있었을 텐데 예비 후보가 없다고 공천을 거부하던 각 정당들은 이러한 여성들을 공천하지 않았다. 남녀의 공천율 격차는 10% 이상 차이가 나서 정당의 성향을 막론하고 모든 정당들은 남성보다 여성공천을 적극적으로 하지 않았음을 알 수 있다.

정당별로 여성공천율의 변화를 살펴보면 17대 이후 약간의 상승을 보이기는 했으나 그 변화는 매우 미미하며 최근의 총선에서는 별다른 변화를 보이고 있지 않다. 우선 새누리당의 전신인 한나라당에서는 17대 총선에서 전체 218명 지역구 공천자 가운데 8명의 여성을 공천하여 3.67%였는데 비해 18대 총선에서는 245명 가운데 18명을 공천하여 7.3%로 증가하였고 이어서 19대에는 230명 가운데 16명을 공천하여 6.95%에 그쳤다. 2016년 20대 총선에서도 248명 가운데 16명을 공천하여 6.9%에 그치고 있어서 17대보다는 상승했지만 최근 몇 번의 선거에서 7% 전후에 그치고 있다고 할 수 있다. 민주당 계열에서는 17대 새천년민주당에서 181명 가운데 8명을 공천하여 4.4%였고 열린우리당에서는 243명 가운데 11명을 공천하여 4.5%에 그쳤다. 18대에 이르러 통합민주당에서 197명 가운데 15명을 공천하여 7.6%로 증가하였고 19대 총선에서는 209명 가운데 21명을 공천하여 10.04%에 이르렀다. 2016년 20대 총선에서는 더불어민주당이 234명 가운데 25명을 공천하여 10.68%에 이르렀다. 민주당 계열 역시 17대에 4%대에서 18대에 7%대로, 이어서 19대에 10%대로 증가하고 20대에는 정체한 상태이다. 지역구 30% 여성공천 할당은 권고이기 때문에 각 정당들이 여성공천에 별다른 노력을 하지 않고 있기는 하지만 17대에 비해서는 조금씩 상승했고, 그 상승폭은 그렇게 크지 않은 것으로 보인다.

표 5-5_ 정당별 여성공천 변화

		여성공천자 수	여성공천 비율
새누리당계	17대 한나라당	8/218	3.67%
	18대 한나라당	18/245	7.3%
	19대 새누리당	16/230	6.95%
	20대 새누리당	16/248	6.9%
민주당계	17대 새천년민주당	8/181	4.4%
	17대 열린우리당	11/243	4.5%
	18대 통합민주당	15/197	7.6%
	19대 민주통합당	21/209	10.04%
	20대 더불어민주당	25/234	10.68%

출처: info.nec.go.kr(검색일: 2016년 6월 23일).

3. 공천 방식에 따른 여성후보

공천 방식에 따라 여성공천도 많이 달라지고 있다. 공천 방식은 크게 2가지로 경선과 비경선 방식이 있다.[15] 비경선 방식은 다시 단수공천 방식과 여성우선추천 방식으로 나뉜다. 한국 정치에 있어서 정당공천이 하향식으로 당 지도부가 결정하던 방식의 비민주성이 지적되면서 경선에 대한 요구가 상당히 커졌고 각 정당들은 경선지역을 점차 늘리고 있는 추세이다. 17대에 처음으로 열린우리당에서 243개 지역구 중 84개 지역에서 경선제를 실시하였고, 한나라당에서는 228개 지역 중 15개 지역에서 경선을 실시했다. 18대에는 경선이 실시되지 않고 하향식 공천이 이루어졌으며 19대에 다시 경선이 도입되었다. 19대에는 새누리당에서 47개 지역구에서, 민주통합당은 87개 선거구에서 경선을 실시했다. 2016년 20대 총선은 전체적으로 19대에 비해서 경선이 상당히 확대되어서 새누리당의 경우 전체 248개 지역구 가운데 141개의 지역구에서 경선으로 후보를 선출하였고 더불어민주당은 234개 선거구에서 55개 지역구가 경선으로 후보를 선출했다. 국민의당의 경우에는 171개 지역구 가운데 33개 지역에서 경선을 실시했다.

표 5-6_ 경선과 여성참여의 변화

		여성 경선 참가자	여성 경선 통과자	경선 승률
새누리당계	17대 한나라당	2/15	0	0
	19대 새누리당	4/48	0	0
	20대 새누리당	33/141	6	18%
민주당계	17대 새천년민주당	3/73	0	0
	17대 열린우리당	8/86	2	25%
	19대 민주통합당	10/87	4	40%
	20대 더불어민주당	9/55	5	55%

출처: 17대, 19대 자료는 김원홍 외 2004; 김민정 2012, 20대 자료는 각 정당 내부자료.

15 공천 방식에 따른 여성의 대표성 관련 논의는 김민정 2012를 참고.

새누리당(과거 한나라당)의 경우 16대부터 경선을 실시하였는데 16대 이래로 19대까지 여성이 경선을 통과한 적은 단 한 번도 없다. 20대 총선에서의 큰 성과라고 할 수 있는 것은 6명의 여성후보가 경선을 통과한 것이다. 즉 30개 지역에서 33명의 여성이 경선에 참여하였는데 6명이 경선을 통과하여 여성 경선통과율은 단번에 18%에 이르게 되었다. 더불어민주당의 경우에는 과거 민주통합당과 열린우리당의 여성후보 경선 통과와 함께 살펴보면 17대에 2명이 경선을 통과하였고 19대에도 3명이 경선을 통과했다. 2012년의 선거에서는 9명의 여성이 경선에 참여하여 5명이 경선을 통과해 50%가 넘는 경선통과율을 보였다. 국민의당의 경우에는 20대 총선에서 8명의 여성후보가 경선에 참여하여 4명이 경선을 통과하여 50%의 경선통과율을 보였다. 물론 숫자가 상당히 적기는 하지만 여성들의 경선 승률이 남성에 비해서 뒤지지 않은 것은 이제까지 여성들이 경선에서 경쟁력이 떨어진다고 생각했던 기존의 생각을 뒤집고 있다. 여성들이 일단 경선에 이르게 되면 결코 경쟁력이 떨어지지는 않는다. 물론 경선에 참여하는 숫자가 많아지면 경선 승률은 달라지겠지만 지금까지 보면 여성들의 경쟁력이 그다지 떨어지지는 않는다.

또한 여성이 공천을 받은 경우는 경선을 통한 공천을 제외하면 단수공천과 여성우선추천뿐이다. 단수공천은 공천 신청자가 하나뿐이어서 단수로 공천을 받은 것을 의미하며 여성우선공천은 정당에서 여성우선공천지역을 정하고 그곳에 여성을 공천한 경우를 말한다. 흔히 말하는 전략공천이 여성우선공천에 해당한다. 20대 총선에서 새누리당에서 여성 단수공천을 받은 지역은 3곳이며 여성우선추천지역은 7곳이었다. 한편 더불어민주당의 경우 단수공천이 14곳, 여성우선공천이 6곳이었다. 국민의당의 경우에는 단수공천과 여성우선공천을 합하여 모두 3명이 비경선 방식으로 공천을 받았다.

표 5-7_ 정당별 여성공천 방식

	비경선	경선	경선 비율
새누리당	10	6	24%
더불어민주당	20	5	20%
국민의당	5	4	44%

출처: 각 정당 내부자료.

경선을 통해 여성이 공천 받은 비율은 국민의당이 가장 높았으며 비경선을 통해서 여성이 공천 받은 비율은 더불어민주당이 가장 높았다. 새누리당의 경우 20대 이전에는 경선을 통한 여성공천이 한 명도 없었기 때문에 사실상 2012년 공천은 경선을 통해서 여성이 공천 받은 최초의 경우이다. 반면에 더불어민주당은 과거 민주통합당/열린우리당 시절에도 경선을 통과한 여성들이 있어서 17대에는 2명이, 19대에는 3명이 공천을 받았었다. 이런 점에서 여성들의 경선 통과가 더불어민주당에서 새로운 일은 아니다.

새누리당은 여성우선추천의 경우 서울의 강남병과 용산, 부산 사상구, 경기도 원미갑과 단원을, 경북 포항북 등 7곳이었다. 단수공천 지역은 서울 동작을, 경기 수원무, 인천 남을 등 3곳이었다. 더불어민주당의 경우에는 단수공천이 14명, 여성우선추천은 6명으로 전체 25명의 여성공천 가운데 비경선 공천이 20명으로 80%에 해당한다. 이렇게 보았을 때 중요 정당에서는 주로 여성들이 비경선으로 공천을 받았고 경선을 통과하는 것은 쉬운 일이 아님을 보여주었다. 새누리당의 경우 여성이 경선을 통과하는 비율은 18.1%밖에 되지 않았고 더불어민주당의 경우에는 55.5%, 국민의당은 50%에 이르렀다. 국민의당과 더불어민주당은 경선에 참가한 과반수의 여성이 경선을 통과한 데 비해서 새누리당의 경우에는 5명 중에 1명도 경선을 통과하지 못했다. 특히 새누리당의 경우에는 경선에서 여성승리의 비율을 높이기 위해서 노력해야 할 것으로 보인다.

17대 한나라당에서는 8명을 공천했는데 경선을 통과한 여성은 한 명도 없어서 경선에 의한 공천은 없었고 8명의 여성은 모두 단수공천으로 공천을 받았는데 여론조사 예외지역과 공개토론 우세지역, 여론조사 우세지역으로 나누어서 공천을 받았다. 18대에는 경선 없이 모두 공직후보자추천심사위원회에서 추천하여 최고위원회에서 심사 결과를 의결하는 형태로 모두 공천을 받았고 19대에는 16명의 여성공천자 모두 단수공천으로 공천을 받았다. 즉 새누리당(17, 18대 한나라당)의 경우에는 20대 총선에서 처음으로 경선을 통과한 여성 6명이 공천을 받은 것이 경선을 통한 첫 공천이었고 나머지는 모두 단수공천 혹은 전략공천의 형태로 공천을 받았다. 민주당의 경우에는 17대 열린우리당에서 11명을 공천하였는데 그 중 2명은 경선통과로 공천이 되었고 4명은 단수공천, 5명은 전략공천으로 공천을 받았다. 새천년민주당에서는 경선에서 2명이 통과하여 공천되었고 6명이 단수공천 방식으로 공천되었다. 18대에는 통합민주당에서 모두 공직선거후보자추천심사위원회에서 추천하여 최고위원회의 의결을 거쳐서 공천을 받았다. 19대의 경우에는 민주통합당이 21명의 여성을 공천하여 그중 85.7%인 19명[16]을 단수공천 했고 4명은 경선에서 승리하여 공천했다.

표 5-8_ 17대 이후 정당별 여성공천 방식

		여성공천자	비경선	경선	여성공천에서 경선이 차지하는 비율
새누리당계	17대 한나라당	8	8	0	0
	18대 한나라당	18	18	0	0
	19대 새누리당	16	16	0	0
	20대 새누리당	16	10	6	37.5%

16 경남 진주을의 서소연 후보는 공천을 받았지만 야권단일화로 사퇴하여 선거에는 참여하지 않았다.

민주당계	17대 새천년민주당	8	6	2	25%
	17대 열린우리당	11	9	2	18.1%
	18대 통합민주당	15	15	0	0
	19대 민주통합당	21	19	4	19.0%
	20대 더불어민주당	25	20	5	20%

출처: 17대, 19대 자료는 김원홍 외 2004; 김민정 2012, 20대 자료는 각 정당 내부자료.

여성공천자의 숫자가 점차 늘어나고 있지만 대부분의 여성공천자는 비경선을 통해서 공천이 이루어졌고 경선의 승리를 통한 공천은 전체 공천자에 있어서 많으면 37%, 적게는 하나도 없는 경우도 많이 있었다. 비경선의 경우에도 비경선을 통한 공천 수가 일정하지 않아서 여성공천의 꾸준한 증가를 기대하기 위해서는 특별한 조치가 필요하다. 이런 점에서 공천을 확대하기 위해서는 경선에서 보다 많은 여성들이 승리하도록 제도를 보완하거나 비경선을 통해서 여성을 공천할 수 있는 제도적 보완이 필요하다.

우선 경선의 경우 국민 참여경선 방식과 당원경선으로 나뉘는데 국민참여경선은 해당 지역구의 지역주민이 참여하는 방식으로 주로 전화 여론조사 방법으로 이루어졌고 당원경선은 해당 지역구의 당원만이 경선에 참여하는 방식이다. 17대 열린우리당에서는 국민 참여경선을 통해서 해당 선거구 모든 유권자 대상의 여론조사 표본추출방식으로 선출하였고 새천년민주당에서는 당원과 일반 국민이 50대50으로 구성되는 국민 참여경선, 전당원경선, 당원과 당원 이외의 유권자를 대상으로 50대50의 비율로 하는 여론조사에 의한 경선 등 3가지 방법이 적용되었다. 한나라당에서는 당원 10%, 일반 국민 90%의 비율로 이루어진 국민 참여 선거인단에서 선출하는 방식을 택했다. 19대에는 새누리당은 당원 20, 국민 80%로 구성된 1,500명 규모의 선거인단을 통한 선출이었고 민주통합당의 경우에는 모바일투표+선거인단 현장투표+여론조사 방식, 후보 간 합의 시에 100% 국민

여론조사, 모바일/현장투표 70%+여론조사 30%의 세 가지 방법으로 경선을 했다. 20대 새누리당에서는 책임당원 30%, 일반 국민 70%에 의한 여론조사로, 더불어민주당에서는 100% 일반 유권자 대상의 여론조사로 결정했다(http://www.yonhapnews.co.kr/bulletin/2016/01/11/0200000000AKR20160111079700001.HTML). 이 과정에서 여성에게 가산점을 부여했다.

이러한 경선 방식은 당원경선이든 국민 참여경선이든 몇 가지 문제점을 지닌다. 여론조사 경선은 조직 동원과 기득권 보호라는 비판을 피할 수 없으며(윤종빈 2012), 여론조사의 경우 세대별로 응답률에 큰 차이가 있어서 정확한 여론이 반영될 수 없으며(주간동아 2016.1.13. http://weekly.donga.com/Rel/3/all/11/520044/1), 전체적인 응답률 자체가 상당히 낮아 여론의 반영이라고 보기 어렵다. 결국 경선 자체에 여성참여가 낮고 여성이 참여한 경우에도 승리의 가능성이 확실히 낮은 것은 이러한 경선이 가지고 있는 문제가 여성후보에게 극대화되어 나타나기 때문이다.

표 5-9_ 17대, 19대, 20대 총선 경선 방식

		경선 방식	여성후보 가산점
새누리당계	17대 한나라당	당원 10%, 일반 국민 90%의 비율로 이루어진 국민 참여선거인단	
	19대 새누리당	당원 20, 국민 80%로 구성된 1,500명 규모의 선거인단	0
	20대 새누리당	책임당원 30%, 일반 국민 70%에 의한 여론조사	0
민주당계	17대 새천년민주당	당원과 일반 국민이 50대50으로 구성되는 국민 참여경선, 전당원경선, 당원과 당원 이외의 유권자를 대상으로 50대50의 비율로 하는 여론조사에 의한 경선 등 3가지 방법	
	17대 열린우리당	국민 참여경선을 통해서 해당 선거구 모든 유권자 대상의 여론조사 표본추출방식	

민주당계	19대 민주통합당	모바일투표+선거인단현장투표+여론조사 방식, 후보 간 합의 시에 100% 국민여론조사, 모바일/현장투표 70%+여론조사 30%의 세 가지 방법	0
	20대 더불어민주당	100% 일반 유권자 대상의 여론조사	0

비경선의 경우에는 당헌당규의 명확한 규정이 없이 상황에 따라서 여성우선 추천지역의 선정 혹은 단수공천의 방식으로 여성을 공천하였기 때문에 비경선 공천은 그 숫자가 일정하지 않다. 경선이 한국 정당 민주주의를 위하여 거스를 수 없는 제도라면 이 제도를 통해서 여성이 공천을 받을 수 있는 가능성은 상당히 낮기 때문에 여성공천의 활성화를 위해서는 비경선을 통한 여성공천을 의무화해야 할 것이다. 비경선으로 여성공천을 의무화할 경우 정당의 지지가 높은 지역에 공천을 해야지 여성의 당선 가능성이 높아진다. 프랑스 국회의원 선거에서의 여성공천을 볼 때 이전 대통령선거에서 자당의 지지가 높은 지역에서 공천을 할 경우 여성의 당선이 높은 것을 볼 수 있는데(Murray 2013, 203), 이와 같이 가장 최근의 대통령 선거에서 자당의 지지가 높은 지역에 여성후보를 공천하는 비율을 의무화하는 법제도가 필요하다.

4. 여성후보의 경력

19대 총선까지 여성의원들의 대부분은 초선의원이었다. 비례대표로 당선된 여성들은 다음 선거에서 지역구에서 공천을 받아야 했지만 지역구에서 공천을 받지 못해서 초선에 그쳐야했고 전문직 출신의 여성들은 선거에 경험이 없었고 정당 내에서의 기반도 가지지 못했기 때문에 지속적으로 정치를 하기에는 역부족인 측면이 있었다. 19대까지 여성국회의원 중 최다선 의원은 5선으로, 박순천, 이미경, 박근혜 세 명뿐이었다. 19대의 여성국회의원은 이미경 의원 한 명만이 5선의 다선의원이었다. 이외에 4선의 추미애, 김영선 의원이 있었는데, 19대에는 추미애 의원만이 의원직을 유지하고 있다. 3선에는 김옥선, 김윤덕, 김정숙, 박영선, 전재희, 한명숙 등 6명의 여성의원이 있는데 현재 의원직을 유지하고 있는 의원은 박영선, 한명숙 2명뿐이다. 이렇게 보면 대다수의 여성의원들은 초선에 그치고 그 의원직이 지속되지 못하고 있는 상황이다. 여성 지역구 의원 가운데 초선의원의 비율은 16대에 60%였다가 19대에 47.3%에 이르렀다. 즉 과반수의 여성 지역구 국회의원은 초선의원이었다고 할 수 있다.

표 5-10_ 16-19대 지역구 여성국회의원 선수별 현황

	16대	17대	18대	19대	20대
초선	3(60%)	3(30%)	2(14.2%)	9(47.3%)	3(11.5%)
재선	2	4	6	7	12
3선		3	3	1	6
4선			3	1	4
5선				1	1
합계	5	10	14	19	26

여성의원들이 다선의원이 되지 못하고 경력 지속에 문제가 있는 이유는 그들의 충원과정이 전문직 출신이기 때문이었다. 대다수의 여성의원은 정당의 경험이 전혀 없는 외부의 전문직에서 충원되고 정당은 한 번 의원직으로 사용한 여성들은 다음에 공천을 주지 않고 폐기되며 또 다른 전문직 여성이 정당의 필요에 의해서 활용되고 있는 상황이 악순환되면서 여성의원들의 경력이 지속되지 못했다(김민정 외 2009). 사실 정당은 여성의 정치

참여 확대 전략에 어느 정도 동조하면서 자신들의 지지기반을 확대하는데 새로운 여성들을 영입하여 활용하고 남성 중심 정치를 유지하는데 끼워 넣기 전략으로 활용하고 여성의원들은 초선만 계속하면서 세력화와는 거리가 멀게 활용했다. 이러한 상황은 정치권에 여성이 많아졌지만 실제로 정당 내에서의 정치적 관행은 남성 중심의 폐쇄적인 문화로부터 조금도 달라지지 않았고 모든 논의에서 여성주의적인 의제 혹은 여성주의적인 관점은 도입되지 못하고 있었다. 2012년 대통령 선거 운동 과정에서도 여성대통령 후보가 세 명이나 되었고 여성대통령을 최초로 탄생시켰지만 선거는 철저히 남성 중심적으로 움직였던 것은 바로 정당 내에서 여성들이 세력화하지 못하였기 때문이었다.

여성정치인의 숫자가 많아지고 여성국회의원의 숫자가 많아져도 여성정치가 발전하지 못하고 여성들은 남성들의 들러리 혹은 토큰우먼(tocken women)의 지위를 벗어나지 못한다고 비판을 받아왔던 것은 여성정치인들의 경력이 지속되지 못하고 여성정치인들이 당내에서, 그리고 의정활동에서 중요한 위치에 있지 못했기 때문이라는 비판이 많았다. 국회에 할당제로 들어간 여성정치인들은 자신들을 선택하고 공천을 준 남성 주요 정치인들에 의존하게 되어 여성의 수적 증가가 의회에서 여성정치를 세력화 해주지는 못했던 것이다(Zetterberg 2008). 그래서 여성정치인의 숫자를 늘리는 것도 중요하지만 여성정치인의 경력이 지속되면서 여성 다선의원들이 많이 배출되는 것이 필요하다는 주장이 지속적으로 제기되었다.

상임위원회 활동에 있어서 여성의원이 위원장이나 간사로 활동하는 것은 상당히 드문 경우였고 대부분의 여성의원들은 일반 상임위원으로서 상임위원회 의제의 설정 및 운영에서 주도권을 발휘하지 못했다. 위원장과 간사는 교섭단체의 협의에 의해서 결정되기 때문에 위원장 및 간사로서 임명되는 것은 그들의 정당 내 역할과 비중을 알 수 있는 좋은 척도가 된다. 이런 점에서 여성의원들은 정당 내에서도 의정활동에 있어서도 리더십을 발휘하지 못하고 있음을 알 수 있다. 이렇게 리더십을 발휘하지 못하고 세력화되지 못하는 이유는 첫 번째 비판에서 지적했듯이 여성들이 정당의 기반 없이 외부 전문직에서 충원되었기 때문이다(김민정 2014).

17대에서 19대에 이르기까지 여성위원장을 경험한 여성의원은 모두 11명으로 여성위원회를 제외하면 모두 6명뿐이다. 간사의 직을 담당했던 여성의원은 모두 11명이다. 여성위원회만이 2명의 간사를 모두 여성의원으로 임명했다.

표 5-11_ 17대-19대(전반기) 국회상임위원회 여성위원장 및 여성간사 현황

	여성위원장	여성간사
17-1	정무, 문화관광, 여성	교육, 보건복지, 여성(2)
17-2	문화관광, 여성	정무, 여성(2)
18-1	정무, 여성	통일외교, 문화관광, 정보, 여성(2)
18-2	문화관광, 여성	법제사법, 여성(2)
19-1	법제사법, 여성	정무, 재정경제, 과학기술, 문화관광, 여성(2)

출처: 여성의정 편 2013, 91-93 재구성.

20대 총선에서 지역구 공천을 받은 여성후보 가운데 국회의원 경력이 있는 여성후보가 32명으로 19대의 20명에 비해서 50% 이상 증가했다. 물론 비율에 있어서는 19대에는 63명 공천 받은 여성 가운데 20명이 전직 국회의원이어서 31.7%였는데, 2012년에 공천 받은 여성후보가 98명이기 때문에 98명 가운데 32명으로 32.6%로 그다지 증가하지는 않았지만 수치 면에서는 50% 이상이 증가한 결과이다. 이중에는 5선에 도전하는 여성후보도 있고(추미애), 4선에 도전하는 후보도 5명(박영선, 나경원, 박순자, 김영선, 조배숙)으로 지금까지와는 달리 다선의원들이 많이 나올 것으로 기대되었다.

이전의 국회의원 선거와 비교해보면 17대에는 국회의원 경력이 있는 여성후보의 비율은 20%였고, 18대에는 17.4%, 19대에는 31.8%였다가 2012년에는 32.6%로 지속적인 증가 추세에 있다. 이것은 여성정치인들이 경력을 지속하려는 의지가 높아지고 있으며 또한 당내 및 의정활동에서도 적극적으로 활동해서 지역에서의 인지도도 높이고 있고 당내에서도 다시 공천을 받을 수 있을 정도로 열심히 활동하고 있음을 증명해준다. 이들 가운데 상당수의 여성의원들은 의원직 출발을 비례대표로 하였고 이를 통해서 능력을 인정받고 지역구로 옮겨서 국회의원직을 이어가고 있는 것으로 보인다. 17대 비례대표 여성 50% 할당을 적용할 때만 해도 단지 여성이라는 이유만으로 능력 없는 여성을 공천하는 것에 대해서 사회적인 반발이 상당히 심했는데 4번의 선거를 지나면서 비례대표로 국회의원직에 처음 당선된 여성들이 결코 단지 여성이라는 이유만으로 능력이 없는 여성이 공천 받은 것은 아니라는 사실이 어느 정도 입증되었다고 할 수 있다. 또한 여성할당제의 중요한 논리 가운데 하나가 여성들이 할당제를 통해서 어려운 정치의 첫 관문을 통과하게 되면 여성들이 정치에서 남성과 평등하게 활동할 수 있을 것이라는 주장이 있었는데 이 또한 어느 정도 입증되었다고 할 수 있다.

표 5-12_ 20대 총선 국회의원 경력 여성후보

	지역	정당	경력	당락
추미애	서울 광진을	더불어민주당	4선	당선(5선)
박영선	서울 구로을	더불어민주당	3선	당선(4선)
나경원	서울 동작을	새누리당	3선	당선(4선)
박순자	경기 안산단원을	새누리당	3선	당선(4선)
김영선	경기 고양정	새누리당	3선	
조배숙	전북 익산을	국민의당	3선	당선(4선)

유승희	서울 성북갑	더불어민주당	재선	당선(3선)
김영주	서울 영등포갑	더불어민주당	재선	당선(3선)
이혜훈	서울 서초갑	새누리당	재선	당선(3선)
김을동	서울 송파병	새누리당	재선	
김희정	부산 연제	새누리당	재선	
정미경	경기 수원무	새누리당	재선	
김상희	경시 부천소사	더불어민주당	재선	당선(3선)
심상정	경기 고양갑	정의당	재선	당선(3선)
김현미	경기 고양정	더불어민주당	재선	당선(3선)
전혜숙	서울 광진갑	더불어민주당	초선	당선(재선)
서영교	서울 중랑갑	더불어민주당	초선	당선(재선)
인재근	서울 도봉갑	더불어민주당	초선	당선(재선)
한정애	서울 강서병	더불어민주당	초선	당선(재선)
전현희	서울 강남을	더불어민주당	초선	당선(재선)
이은재	서울 강남병	새누리당	초선	당선(재선)
박인숙	서울 송파갑	새누리당	초선	당선(재선)
남인순	서울 송파병	더불어민주당	초선	당선(재선)
진선미	서울 강동갑	더불어민주당	초선	당선(재선)
배재정	부산 사상	더불어민주당	초선	
권은희	대구 북유럽갑	무소속	초선	
권은희	광주 광산을	국민의당	초선	당선(재선)
은수미	경기 성남중원	더불어민주당	초선	
김재연	경기 의정부을	민중연합당	초선	
유은혜	경기 고양병	더불어민주당	초선	당선(재선)
이언주	경기 광명을	더불어민주당	초선	당선(재선)
최민희	경기 남양주병	더불어민주당	초선	

이를 보았을 때 이제 5선의 여성의원이 1명, 4선의 여성의원이 4명, 3선

의 여성의원이 6명, 재선 여성의원은 12명이 의회에서 활동하게 되었다. 지역구 여성의원 가운데 초선의원 비율은 이전에 비해서 많이 줄어든 11.5%로서 88.5%의 여성 지역구 국회의원이 다선이기 때문에 의정활동에 있어서도 보다 적극적인 활동을 기대할 수 있게 되었다.

그러나 다른 한편으로 정당에서 여성을 공천할 때 당선 가능성이 높은 여성들을 위주로 보수적인 공천이 이루어지고 있으며 신인 여성의 경우에는 거의 공천을 받을 수 없는 현실임을 또한 알 수 있다.

5. 지역별 여성후보

지역별로 여성후보를 보면 한국 여성정치 대표성에 있어서 또 다른 문제를 만난다. 즉 여성정치인들이 지역별로 상당히 격차가 심하다는 것이다. 서울 및 경기도에서 출마한 여성들이 전체 여성후보들의 50%를 넘는다. 다음으로 많은 지역은 광주광역시에서 10명의 여성이 출마하였으며 부산광역시에서 3명이 출마했다. 반면에 충청남북도, 제주도에서는 여성후보자가 단 한 명도 없었고 전라남도에서는 1명, 전라북도에서는 2명, 강원도에서도 1명 공천을 받았을 뿐이다. 이렇게 수도권과 광주, 부산과 같은 광역시를 제외하고 나면 여성의 출마가 거의 눈에 띄지 않는 엄청난 불균형이 있다.

표 5-13_ 지역별 여성후보

	새누리당	더불어민주당	국민의당	정의당	기타정당 (16개 합)	무소속	합계	해당 지역의 비율
서울	6	13	4	0	8	3	34	34.7
부산광역시	2	1	0	0	0	1	4	4.1

대구광역시	1	1	0	0	0	1	3	3.1
인천광역시	1	0	1	0	1	0	3	3.1
광주광역시	0	1	1	2	5	1	10	10.2
대전광역시	0	0	0	0	2	1	3	3.1
울산광역시	0	0	1	0	1	0	2	2
세종 특별자치시	0	0	0	0	1	0	1	1
경기도	5	8	1	2	12	0	28	28.6
강원도	0	0	0	1	0	0	1	1
충청북도	0	0	0	0	0	0	0	0
충청남도	0	0	0	0	0	0	0	0
전라북도	0	0	1	0	1	0	2	2
전라남도	0	0	0	1	1	0	1	1
경상북도	1	0	0	1	1	1	4	4
경상남도	0	1	0	0	0	1	2	2
제주도	0	0	0	0	0	0	0	0
	16	25	9	6	33	9	98	100

서울과 경기도 광주광역시를 제외하고 나면 대부분의 지역에서는 여성 공천이 1, 2명에 그치고 있어서 서울과 경기도 광주광역시를 제외한 지역에서의 여성후보 공천이 시급한 문제로 나타나고 있다. 지역별 여성공천 신청자에 관한 통계자료가 없어서 단언할 수는 없지만 아마도 여성공천 신청자 역시 이 지역에 편중되어 있을 것으로 보인다. 이렇게 여성후보가 지역별 편중을 보이는 것은 우선 여성들이 여성정치인에 대해서 비교적 호의적이며 여성정치인의 출마를 이미 경험한 지역에서 여성들이 주로 공천을 하고 남성 중심적인 문화가 강하거나 여성이 공천한 적이 없는 지역에서는 여성들이 출마를 꺼리는 것으로 보인다. 이런 점을 고려한다면 정당에서는 공천에

있어서 여성이 처음 공천 신청을 한 지역이나 혹은 여성이 출마한 경험이 없는 지역에 있어서 여성공천에 대한 특별한 조치를 취할 필요가 있다. 한국과 같이 좁은 국토 내에서 이렇게 여성후보의 편중이 나타나는 것은 그만큼 지방에서는 아직도 여성대표성은 요원하기 때문이다.

Ⅳ. 결론

2004년 17대 총선에서 처음으로 여성할당제가 도입되면서 비례대표 부분에서 여성후보가 50% 공천되면서 여성의원의 비율이 늘기 시작했다. 그로부터 4번의 선거를 그치면서 할당이 적용된 비례대표 부분에서 당연히 50% 가깝게 여성의원이 당선되면서 전체 여성의원의 숫자를 늘리는데 기여하였고 할당이 적용되지 않은 지역구 부분에 있어서도 여성의원은 조금씩 증가했다. 이러한 발전에도 불구하고 20대 총선 이전에는 지역구에서의 증가가 그다지 눈에 보일 정도가 아니어서 여성의 정치 참여 확대를 위해서는 비례대표 의석을 늘려야한다는 주장이 이어졌다. 그러나 20대 총선에 오면서 지역구에서 당선된 여성의원이 비례대표에서 당선된 여성의원보다 많아지면서 여성정치 참여 확대를 위한 방법론에 대해서 새로운 주장들이 나왔다. 이러한 시점에서 이번 장에서는 17대 이후 지역구에서 여성의 대표성이 어떻게 발전하였으면 20대까지 이르는 동안 어떠한 문제가 있는지 살펴보았다.

첫째, 지역구에서 여성의원 비율을 높이기 위해서 무엇보다도 선행되어야 할 것은 정당에서 여성을 보다 많이 공천해야 한다. 여성후보가 많아지면 여성의 당선율은 높아진다는 것이 정설이다. 한 연구에서는 16대에서 19

대 국회까지의 총선 결과가 여성후보 비율이 지역구 여성의원 비율에 미치는 영향을 통계적으로 분석하여 여성후보 비율이 1% 상승할 때마다 여성의원 비율은 0.38% 상승한다고 주장하였다(김원홍 외 2015, 52). 여성후보가 많아지면 그만큼 여성의원의 비율이 상승한다는 것을 생각할 때 결국 정당이 여성의원이 되는 첫 번째 관문으로 보다 많은 여성을 공천하는 것이 지역구에서 여성의원을 늘리는 첫 번째 일이라고 할 수 있다.

둘째, 경선 문제이다. 최근에 들어 유럽 각국뿐만이 아니라 세계적으로도 공천에 보다 많은 사람들을 참여시키는 방식으로 공천 방식을 민주화하고 있다. 보다 많은 사람이 공천에 참여하는 것을 공천의 민주화라고 한다면 가장 민주화된 형태는 국민을 참여시키는 예비선거일 것이다. 프랑스 사회당에서도 2011년 최초로 2012년 대통령선거를 위하여 사회당 대통령 후보 결정을 위한 예비선거에 일반 유권자를 포함시키는 개방형의 예비선거제도를 시작했다. 이러한 정당들의 후보 선정의 민주화는 상당히 의미 있는 변화로 받아들여졌다(Barnea and Rabat 2007, 279).

그러면 오늘날의 이러한 시도가 정당들에게 과연 성공적이었을까? 사실은 그다지 긍정적이지만은 않다. 후보 선정 절차의 민주화는 정당 내에서 정당의 소수 엘리트들 사이의 카르텔화를 촉진시켜서(Katz 2001) 표면상으로는 민주적이나 실질적으로는 더욱 중앙집권적인 성향을 띠는 후보 선정이 되었다. 정당의 후보 선정 과정이 지구당에서 이루어지던 것에 비해서 전체 당내 경선 혹은 외부 유권자까지 포함하는 경선 형태로 진행되면서 정당 지도부나 엘리트들은 이를 운영하고 유지하기 위해서는 직업적 지위와 이를 보장하려는 목적을 갖게 된다. 이러한 그들의 목적은 결국 자신들의 지위를 보장하기 위한 카르텔을 형성하게 되어 외부의 도전자 혹은 새로운 신인에 대한 장벽을 형성하게 하는 결과를 가져와서 원래 민주화가 목표로 했던 신인 충원이라는 목적을 달성하지 못하게 된다. 여성과 같은 정치신인들이 정치에 충원되기를 기대했지만 실제로 여성과 같은 신인은 카르텔화된 정당 속에서 결코 민주화된 방식을 뚫지 못하게 된다. 이와 더불어 민주화의 효과는 당의 중간급 활동가들을 급속히 약화시켜서 당을 유지하기 위한 유인이 사라지게 되는 부정적인 효과가 나타난다. 개방형 예비선거와 같은 방법이 시행되면서 일반 당원들은 당에 충성심을 가져야 하는 아무런 이유를 찾지 못하고 따라서 당에 충성할 이유가 없어진 것이다. 후보 선정 과정에 일반 유권자를 참여시킬 때 후보자들은 정당의 이념이나 정강정책보다는 지역당원이나 일반 유권자의 선호와 정치적 이익에 더욱 민감하게 된다. 그래서 일반적인 공공이익보다는 지역이나 혹은 소수집단의 특수 이익에 더욱 경도되게 된다. 이것은 오히려 현대 선거에서 더욱 인물 중심, 후보자 중심의 선거를 만들고 정당 중심의 장기적인 정책 공방이 이루어지기 어려운 상황을 만든다. 국민경선이 정당의 당원을 감소시켰다는 연구결과도 있다(Barnea and Rabat 2007). 공천 받기를 원하는 여성당원의 경우 일반 당원에 의한 투표 혹은 유권자에 의한 경선을 통해서 당에 충성해서 당내에서 인정받고 공천을 받기보다는 유권자들 혹은 자신을 위해서 활동하는 것이 경선에 더 유리하다고 판단해 당의 응집력을 급속히 떨어뜨릴 수 있다. 한편 심층적인 상호토론이 없이 원자화된 투표권자의 투표를 통해서 후보가 선정되기 때문에 후보별로 이익과 불이익이 다르게 나타난다. 당연히 현직 후보자가 경선에 유리하다. 그래서 후보 선정 과정에서 경쟁성이 약화되며 그 경쟁성이 사실상 공정하지 않다는 점이 큰 문제이다. 여성의 입장에서 살펴보면 여성들은 현직인 경우가 거의 없으며 남성후보에 비해서 잠재력은 있을 수 있지만 이것은 경선에서 거의 무시되는 변수이고 경선에서 드러나는 변수에는 모두 불리하다. 2016년 20대 총선에서도 지역구에 지지기반이 있는 전직 여성국회의원들은 대부분 경선을 통과했지만 그렇지 않은 신인 여성들은 경선을 통과하지 못했다. 이렇게 본다면 여성들이 민주화된 방식의 선정 방식으로는 후보가 되기 어렵다. 한 집단을 불리하게 만드는 제도는 불공정한 제도라고 할 수 있을 것이다. 이것은 결국 후보 선정 과정의 민주화가 원래 목표로 했던 대표성을 훼손하는 제도가 될 것이다(김민정 2012).

셋째, 비경선의 문제이다. 실제로 정당민주주의가 안정되어 있는 유럽 국가들은 정당 지도부에 의한 사회적 약자의 배려 즉 여성과 같은 정치신인, 청년 등을 배려하여 명부에서의 위치를 바꾸거나 혹은 당선 가능권을 배치하는 등으로 명부를 조정하고 있다. 한국에 이를 적용한다면 여성우선추천지역이라고 할 수 있는데 이것이 제도화되어 있지 않고 그때그때의 상황에 따라서 이루어지다 보니 2016년 20대 총선과 같이 공천으로 인한 당내 갈등이 크게 불거지거나 다른 중요 이슈에 의해서 여성공천이 우선순위에서 밀리게 되어 여성의 공천은 어려워지게 된다. 따라서 비경선에 대한 제도적 보완이 필요하다. 또한 여성우선추천지역을 선정할 때 해당 정당의 지지기반이 높은 지역을 여성우선추천지역으로 선정하지 않으면 사실상 여성은 당선될 가능성이 낮기 때문에 가장 최근의 대통령 선거에서 해당 정당의 지지율이 높았던 지역을 중심으로 여성우선추천지역을 선정하도록 제도화해야 할 것이다.

넷째, 20대 총선에서 지역구 여성당선자가 많아졌지만 26명 가운데 23명이 국회의원의 경력을 가진 여성정치인이다. 신인 여성정치인은 3명밖에 되지 않는다. 이전의 국회에서는 초선 여성국회의원이 비례대표에서 당선되면서 정당 내의 지지기반도 약하고 지역구도 없기 때문에 여성세력화에 큰 도움이 되지 못했다. 그러나 지역구에서 당선되는 여성 초선의원들은 지역구의 지지기반을 가지고 있기 때문에 비례대표의 초선의원과는 다르다. 이러한 점에서 지역구 여성후보의 경우 신인 여성정치인의 일정 비율 공천은 반드시 필요하다.

다섯 번째, 전국적으로 여성정치인의 공천은 수도권에 집중되어 있다. 지방의 경우 전혀 공천을 받지 못한 지역도 있고 극소수에 그치는 지역도 많다. 이것은 해당 지역의 여성정치인이 없기 때문이기도 하고 있다고 하더라도 그 지역에서 여성정치인에 대한 편견이 있는 경우일 수도 있다. 이런 점에서 여성의 대표성 확대를 위해서는 지역별로 고른 공천이 필요하기 때문에 각 정당에서는 여성이 한 번도 공천 받은 적은 없는 지역에서는 여성정치인의 육성 및 공천에 더욱 힘써야 할 것이다.

2부
지방의회 선거와 여성의 정치 참여

POLITICAL PARTICIPATION

6장

2002년 서울시 광역의회 여성후보자의 경쟁력[17]

Ⅰ. 서론

여성의 정치 참여는 기존의 남성 정치 엘리트들이 향유해온 권력과 특혜를 나누어 갖자는 차원이 아니라 모든 국민의 이익이 공정하게 반영되는 민주주의의 올바른 정착이라는 차원에서 제기되는 정당한 논리이다. 즉, 여성의 정치 참여는 모든 분야의 정책결정과정에서 여성의 특수한 요구와 권리가 고려될 수 있게 하며, 그러한 과정에서 사회구조를 양성 평등하게 변화시키고 국민의 전반적인 정치 참여를 독려하여 궁극적으로는 국가발전에 기여한다. 바로 이러한 견지에서 1948년 제헌헌법은 여성에게 선거권과 피

---

17 김민정, 최정원, 김경미 공저

선거권을 동시에 부여하고, 제8조에 "여성은 국민으로서 법 앞에 평등하고 성별에 의해서 정치적 활동의 차별을 받지 아니한다."라고 규정하여 처음부터 남성과 동등한 조건에서 여성의 정치 참여를 보장했다. 그러나 약 50년 이상에 걸친 경험은 법적 지위 보장과 실제 정치 현실에서의 여성의 대등한 정치 참여는 서로 다른 문제라는 것을 가르쳐주고 있다.

특히 지방자치가 실시되면서 여성의 정치적 대표성 문제와 관련하여 여성의 지방정치 참여가 오늘날 관심의 주요 대상이 되고 있다. 지방자치는 생활자치로 이해되는데, 현실적으로 생활을 담당하고 있는 여성들이 지방정치에 활발히 참여함으로써 지방자치 발전에 기여할 수 있을 뿐만 아니라 이를 통해서 여성은 사회 속에서 여성의 참여 영역을 확대할 수 있다. 우리나라의 경우, 소수이기는 하나 현직에서 활동하는 지방의회 여성의원들의 활동은 긍정적으로 평가되고 있다. 이들 여성의원들은 개방적이고 민주적인 의회 운영을 위해 적극 노력하고 있으며 또한 정치부문이 결코 남성들만의 영역이 아니라는 점, 특히 생활사를 다루는 지방의회는 여성들에 의해 더 잘 운영될 수 있다는 가능성을 유권자들에게 보여주고 있다.

지방정치에 대한 여성의 적극적인 참여의 필요성은 일반적으로 다음의 네 가지 사실에 기초한다. 첫째, 지방의회는 주민 대표들로 구성되는 지방자치단체의 의사결정기관이다. 따라서 자치 단체 구역 내의 문제를 주민들이 의논해 스스로 해결하기 위해서는 주민의 성별, 직업별, 사회계층별로 대표성을 확보하는 것이 필요하다. 지방의회는 지역의 특정대표 또는 특정한 성만으로 구성되어서는 안 되며, 다양한 집단의 대표와 양성의 대표가 협의하는 의결기관이 되도록 지향해야 하기 때문이다. 둘째, 여성의 생활정치로의 진출은 지금까지 눈에 보이지 않는 봉사자로 일하던 여성의 정치력을 현실화해서 생활에서 여성이 겪는 문제점들을 공식적인 절차를 거쳐 해결될 수 있도록 정치의제로 제출하고, 지방의 예산과 집행능력을 동원하는 것을 의미한다. 지역사회에서 여성의 조직적 참여와 활동을 통하여 여성은 지역사회의 변화를 이끌 수 있는 중요한 사회적 자원이 되며, 이와 함께 여성의 정치적 힘을 지역 사회에서부터 형성할 수 있게 된다. 셋째, 여성의 참여는 지방의회에서부터 새로운 정치문화를 만들어 가는데 이바지할 수 있다. 여성의 의회 진출은 남성 본위의 기존 정치풍토에서 비롯되는 부패와 권력남용, 폐쇄적이고 비공식적인 정치문화를 공개적이고 공식적인 정책결정의 정치문화로 바꾸는 계기를 제공할 수 있다. 넷째, 여성이 처한 현재의 현실적 조건에서 볼 때, 지방의회는 여성의 전문성을 살려 지방정치 엘리트로 성장하기에 적합한 영역이며, 여성은 지방정치 참여를 통해 정치적 교육과 훈련을 받을 수 있다. 지방의회에 진출함으로써 여성은 여성에게 보다 유리하고 우호적인 법과 제도의 도입을 추진함과 동시에 생활현장에서부터 여성의 정치의식과 정치능력을 향상시킬 수 있는 기회를 갖게 된다.

본 연구는 이러한 인식에 기초해서 2002년 6월 13일 실시된 지방선거에서 서울시 광역의회에 출마한 여성후보자들을 중심으로 지방정치에 대한 여성의 참여문제를 살펴보는 데에 목적이 있다. 보다 구체적으로 이야기하면, 본 연구는 기본적으로 어떤 여성들이 지방선거에 출마하며, 이들이 선거운동을 할 때에 어떤 어려움을 겪는지, 중앙정치와 비교해 지방정치의 경우 여성들에게 유리한 점이 있다고 보는지, 만일 그렇다면 어떠한 점이라고 생각하는지 등 여성후보자들이 실제 선거전에서 부딪히는 어려움과 강점을 분석하고 있다. 따라서 이번 장은 지방정치에 대한 여성의 참여문제 일반이나 선거유권자로서의 여성의 정치 참여는 다루지 않는다.

외국에서는 이미 많은 학자들이 지방자치와 여성의 문제에 대해서 연구해왔고 이론적으로나 경험적으로 다양한 연구 성과들이 축적되어 있다. 우리나라의 경우, 당위성에 대한 연구 및 추상적인 발전 방향에 대한 논의는 그나마 눈에 띄지만 경험적인 연구는 거의 보이지 않는다. 학문을 할 때 가장 경계해야 할 위험 가운데 하나가 선험적인 인식을 전제로 연구를 전개하는 것이라고 볼 때, 한국 여성의 정치 참여에 대한 부정적인 선험적 인식을 반증할 만한 경험적인 연구와 자료의 부족은 한국 여성의 정치 참여에 대한 왜곡된 인식을 고착시키는데 일조하고 있다. 이러한 문제의식에서 본 연구의 연구진은[18] 사례분석을 통한 경험적 연구의 필요성을 절감하고 이번 6·13 지방의회선거를 기점으로 본 연구에 착수했다.

본 연구를 위해 연구진은 서울시 광역의회에 출마한 11명의 여성후보 중에서 10명을 인터뷰하였고,[19] 선거유세장에 직접 참여하여 연설을 듣고 유세장 분위기를 파악하였으며, 여성후보가 출마한 지역의 일반 주민을 만나 여성후보에 관해 문의했다. 그러나 이를 통해서 일반적인 결과를 도출하기에는 사례가 너무 적었고, 일반화를 시도하기에는 무리가 있어 보였다. 따라서 본 연구의 현재적 의의는 앞으로의 계속적인 경험 및 사례 연구를 위한 기초자료를 제공한다는 데에 있다. 즉, 연구 내용과 결과는 차후에 지방의회에 진출하는 여성후보들에 대한 계속적인 연구를 통해서 비교 분석됨에 따라 한국 여성의 정치발전에 관한 논의에 보다 큰 기여를 할 수 있으리라 판단된다.

---

18 본 연구는 2002년 한국 정치학회 여성분과위원회 소속위원 7인(위원장 전복희, 조현옥, 이문숙, 김민정, 엄태석, 최정원, 김경미)의 조사 및 연구와 여성정치세력화연대의 도움으로 이루어졌다. 김민정, 최정원, 김경미가 조사, 연구된 자료를 정리했다.

19 무소속으로 출마한 구애라 후보는 건강상의 이유로 인해 인터뷰를 할 수 없었다.

Ⅱ. 여성후보들의 경쟁력

본 연구는 2002년 6월 13일 실시된 전국 4대 동시지방선거 중 광역의회 의원선거에 입후보한 서울 지역 여성후보자를 대상으로 했다. 이들은 모두 11명으로 조사가 가능했던 10명을 중심으로 인터뷰 및 설문조사가 실시되었으며, 이들 광역의회 여성후보의 선거유세장을 찾아 관찰조사가 실시되었다. 유세장에 대한 탐방은 선거유세가 막바지에 이른 6월 6일에서 6월 12일 사이에 합동유세장을 찾아 실시되었으며, 인터뷰 및 설문조사는 선거 직후 약 2주 내에 이루어졌다.

각 후보자와 선거구는 〈표 6-1〉과 같다. 이 표에서 볼 수 있듯이 11명의 여성후보자 중 2명이 당선되었고, 1개 선거구(서대문 제1선거구)에서 두 여성후보자가 경합을 벌였다.

표 6-1_ 2002년 광역의회 의원선거 서울시 여성후보자

후보자 명	선거구	소속	당락여부
구애라	영등포 제2선거구	무소속	X
김길연	송파 제2선거구	민주당	X
김명숙	서대문 제1선거구	한나라당	당선
김은경	노원 제2선거구	민주당	X
김혜련	중랑 제2선거구	민주노동당	X
유선목	양천 제3선거구	민주당	당선
이경애	성북 제4선거구	무소속	X
이순녀	영등포 제1선거구	민주노동당	X
이순자	송파 제1선거구	미래연합	X
이영순	구로 제2선거구	민주당	X
정현정	서대문 제1선거구	민주노동당	X

1. 개인적 특징

우선 연령을 살펴보면, 11명 후보자 중에 40대가 6명, 50대가 5명, 그리고 20대가 1명이었으며, 이중 40대에서 1명, 50대에서 1명이 당선되었다. 이와 같은 후보자의 연령대 분포는 외국의 경우와 마찬가지로 40, 50대가 지방의회에 가장 많이 진출하는 연령대임을 보여주고 있다.

교육 수준의 경우, 검정고시 출신이 1명, 고등학교 졸업 2명, 사범학교 졸업 1명을 제외한 7명이 대학 이상의 학력을 갖고 있어 이들 여성후보자들의 교육수준은 대체로 높다고 할 수 있다. 교육 정도는 실제로 후보자의 자질을 측정하는 중요한 변수로 간주되는데, 여성후보자의 교육수준이 대체로 남성보다 높다는 점은 이전의 지방선거 결과에서도 뒷받침되고 있다(손봉숙 편 2000, 18; 186). 이렇게 볼 때 여성후보자가 남성보다 교육수준이 낮기 때문에 정계 진출에 불리하다는 주장은(Costantini and Craik, 1972) 한국 지방정치에서는 타당성이 없어 보인다.

표 6-2_ 서울시 광역의회 여성후보자들의 개인적 특징.

후보자	나이	학 력	직업	경 력
구애라	51	고려대 병설보건대 졸업	정치인	남부교육구청 82지구 총 어머니회 회장
김길연	49	국제대학교 국문과 졸업	정당인	4·13총선 새천년민주당 유세위원회위원장
김명숙	42	경기대 통일안보대학원 졸업	연구원	한나라당 서대문갑지구당 여성위원장
김은경	46	고려대 경영학과 졸업	서울시 의원	한국외환은행 근무
김혜련	44	중경고등학교 졸업	정당인	민주노동당 중랑구갑 지구당 위원장
유선목	50	이대 정책과학대학원 재학	주부	양천구의회 2, 3대의원
이경애	43	한양대 대학원 재학	서울시 의원	국제친선교류협회 이사
이순녀	49	고입 검정고시	노동자	(현) 전국보험모집인 노동조합 위원장

이순자	58	춘천사범학교 졸업	서울시 의원	송파구 의원(2대)
이영순	55	고졸	서울시 의원	(현)참여연대 운영위원
정현정	25	연세대 사회학과 졸업	정당인	민주노동당 서대문갑 지구당 사무국장

출처: 중앙선거관리위원회 후보자명부, http://www.nec.go.kr/main.jsp?GUBUN=hbm 참조.

직업 역시 여성의 사회적 경험을 보여줄 뿐만 아니라 후보자의 자질을 측정하는 변수로 사용된다. 여성후보자 11명 중에서 현재 서울시 의원으로 정치활동을 하고 있는 4명을 포함해 직업을 정치인 또는 정당인이라고 응답한 후보자는 8명이었다. 그러나 직업을 연구원, 주부, 노동자라고 응답한 나머지 3명의 경우에도 지구당 여성위원장, 구의원, 노동조합위원장의 경력을 갖고 있어 후보자 전원이 정치활동 내지는 사회활동을 적극적으로 하고 있음을 알 수 있다.

이렇게 볼 때, 정치 참여에 있어서 여성이 과소대표되는 것은 여성의 사회활동이 부족해 당선에 불리한 위치에 놓이기 때문이라는 주장(Merritt, 1972)과 전문직 여성의 숫자가 적기 때문이라는 주장(Rule, 1981, 76; Darcy et al, 1987, 141)과는 달리, 여성 과소대표의 보다 큰 원인은 직업의 부적합성이나 자질 부족이 아니라 다른 사회구조적인 문제에 있음을 알 수 있다.

2. 출마 동기 및 출마 방법

이번에는 여성후보자들의 출마 동기가 무엇이며, 어떠한 출마 경로를 통하여 입후보하였는지를 살펴보았다.

우선 각 후보자들의 출마 동기를 살펴보면 아래 〈표 6-3〉에서 볼 수 있듯이, 지역사회봉사 및 지방정치의 활성화(4), 여성정치 참여의 확대 및 남성 중심의 정치문화 개혁(4), 소외된 사람들을 대변(3), 전문인으로서 능력이 있기 때문(2), 중앙정계 진출(2), 정당 및 사회단체의 출마 권유(2), 노동자·서민의 독립된 정치세력화 지원(1) 등을 들고 있다.

열악한 복지·문화 시설 등 낙후된 지역사회의 발전을 위한 봉사를 가장 큰 출마 동기로 들고 있다는 점은 다른 남성후보들과 유사성을 보이나, 여성정치 참여의 확대 및 남성 중심의 정치문화 개혁이라는 점은 여성후보자이기 때문에 갖는 출마 동기이다. 이러한 동기가 출마에 크게 작용하는 것은 여성의 정치적 저대표성이 여성 내면에 의식적으로 깔려 있음을 의미한다. 따라서 여성이 지방의회에 진출하는 경우에는 여성 스스로 정치인으로서의 일반적인 동기에 덧붙여 여성의 대변자라는 또 하나의 동기부여를 하고 있음을 알 수 있다(손봉숙 2000, 188).

표 6-3_ 2002년도 광역의회 여성후보자의 출마 동기와 출마 방법

후보자	출 마 동 기	출 마 방 법
구애라		한나라당 경선 탈락, 무소속 출마
김길연	- 중앙정치에 관심. - 여성아카데미에서 출마 권유 - 지구당위원장의 출마 권유	민주당 추대
김명숙	- 낙후된 지역사회 발전을 위해 봉사 - 지방자치 전문인으로 자부	한나라당 추대 (상대 후보가 사퇴)
김은경	- 지방정치의 활성화	민주당 형식적 추대, 배후에는 경합이 있었음.
김혜련	- 노동자, 서민의 독립된 정치세력화	민주노동당 경선(98% 지지)
유선목	- 양천구의 열악한 복지, 문화시설의 개선, 지역사회봉사 - 민주당의 권유와 설득 - 여성정책 전공자가 지방자치, 주민 봉사해야 하고, 이후 큰 정치로 나가는 것이 바람직	민주당 경선(10표차로 승리)

이경애	- 시의원 활동 보람 - 소외된 사람 대변	민주당 경선 거부, 무소속 출마
이순녀	- 소외된 소수자의 권리 추구	민주노동당 경선 (단독 입후보)
이순자	- 남성 중심의 정치문화 및 지방정치의 개혁	한나라당 경선 탈락, 미래연합에서 출마
이영순	- 여성정치 참여 확대 - 주민들의 권리인식 고취 - 한국여성단체연합의 권유	민주당 추대
정현정	- 여성의 진보적 정치세력화 - 구체적인 생활정치의 지역전개 - 여성 관련 쟁점을 정책으로 현실화 - 지구당위원장의 적극적 권유, 지지	민주노동당 경선 (단독 입후보)

출처: 인터뷰와 설문조사를 기초로 재작성.

출마 방법을 살펴보면, 정당공천을 받아 출마한 여성후보가 9명이고, 무소속으로 출마한 경우가 2명이었다. 정당공천을 받은 9명을 다시 구분해 보면, 한나라당에서 1명, 민주당에서 4명, 민주노동당에서 3명, 미래연합에서 1명이었다. 이러한 수치는 서울지역 전체 후보자수 230명에 비하여 절대적으로 적은 수치일 뿐만 아니라, 민주당 및 민주노동당에서 여성후보를 4명, 3명씩 공천했지만, 제1야당인 한나라당에서 단 1명밖에 공천하지 않았다는 것은 여성할당제가 유명무실함을 단적으로 보여주는 것이다.

정당공천의 방법에 따라 여성후보 9명을 다시 구분해 보면, 추대가 6명, 경선이 3명이었는데, 정당공천 및 경선에 대한 평가는 양분되고 있다. 여성후보자가 추대이건, 경선이건 간에 경합이 없이 단독 승리하였을 경우에는 당의 지원이 충분했고, 지구당 위원장의 적극적인 권유와 추천, 지지를 받았다고 평가하는 반면, 상대 남성후보와 경합이 붙은 경우에는 경선 자체가 남성 위주의 정치문화 속에서 여성에게 매우 불리하다는 평가이다. 지역구 민주당의 다수 당원들이 호남 출신으로 같은 호남 출신의 돈 많은 사람을 후보로 내세우고자 할 때, 당에서 다른 후보자들이 그 지역구를 탐하지 못하게끔 보호해주고, 경북 의성이 고향인 여성후보를 추대해 준 이영순 후보의 경우는 전자에 속한다.

반면에, 단 10표 차이로 경선에 승리하고 시의원에 당선된 유선목 의원은 여성이 단지 꽃으로 인식되는 지역사회나 정당 정치의 현 단계에서 경선제도는 여성에게 자금, 인맥, 조직력 면에서 매우 커다란 어려움을 준다고 지적했다. 그뿐만 아니라 기득권 세력들은 여성의 등장이 자신들의 기득권을 빼앗는다고 부정적으로 생각한다는 점, 본인이 비호남 출신으로 지역색 때문에 고생을 하였던 점, 선거인단 구성원의 문제점 등을 지적했다. 선거인단 210명 중 절반이 비당원 선거인들인데, 이들 비당원 선거인들은 자발적인 지원자라기보다는 대다수가 지구당 당원의 권유에 의해 지원하기 때문에 지구당 당원의 입김이 작용한다는 것이다. 또한 여성은 구의원으로는 괜찮지만 시의원은 남성이 해야 한다는 부정적인 시각이 많은 편이다.

한나라당 경선에서 탈락하여 미래연합으로 출마한 이순자 후보도 지구당 위원장의 횡포와 금권정치를 지적하며 공천제도를 없애야 한다고 주장하였고, 이경애 후보 역시 민주당 현역의원으로서 지구당에서도 인정받고 지역구에서도 좋은 평가를 받고 있었음에도 불구하고 당원 매수와 금권으로 결정되는 경선을 거부하고 무소속으로 출마했다고 밝혔다. 그밖에도 경선 과정에 대하여 남성 위주의 정치문화 속에서 여성이 목소리를 내지 못하고 여성의 도구화· 대상화가 일어나고 있다고 평가한다.

3. 선거운동

이번 6·13 지방선거에서 여성후보자들은 실제로 어떻게 선거운동을 했는지를 선거비용, 지원단체, 선거지원 인원, 선거운동방법, 선거공약, 유세장 관찰로 구분하여 살펴보았다.

(1) 선거비용 및 지원단체

선거비용의 경우, 응답한 10명의 후보자 가운데 법정한도액 내에서 선거비용을 사용한 후보자는 8명, 법정한도액을 초과하여 지출했다고 응답한 후보자는 2명이었다. 선거비용 문제는 법적으로 민감한 사항이기 때문에, 이번 선거에서 선거비용이 당락에 미친 영향을 정확히 밝히는 데에는 어려움이 있다. 지난 선거에 대한 연구결과에 따르면(손봉숙 2000, 30-31) 기초선거에서는 선거비용을 많이 쓴 것이 당선에 전혀 도움이 되지 않고 오히려 불리하게 작용한 것으로 나타난 반면에, 광역선거에서는 선거비용을 많이 쓴 것이 당선에 다소 영향을 미쳤다고 한다.

선거에서 여성이 당선되기 어려운 이유 중의 하나가 과다한 선거비용 때문이라는 주장은 선거자금이 당선에 매우 중요한 역할을 하며, 특히 현직 의원보다 도전자의 경우 선거자금의 중요성은 결정적이라는 연구에 기초한다(Jacobson, 1978). 즉, 과도한 선거비용의 필요성은 능력 있는 대다수의 여성이 후보로 출마하는 것조차 사전 봉쇄하는 것이다. 물론 여성후보자들 중에는 돈 안 쓰는 선거의 모범을 보이고 있을 뿐만 아니라 떨어지더라도 법정액수만 지출하겠다는 각오로 선거에 임한 후보가 적지 않았다. 그러나 지난 선거에 대한 연구결과가 보여주듯이 광역선거에서 선거비용이 당락에 영향을 미친다면, 하루 빨리 선거공영제를 확대하여 돈은 없으나 유능한 인물이 선출될 수 있도록 선거법 개정 및 선거제도의 개혁 등을 통해 필요한 제도적 장치가 마련되어야 할 것이다(손봉숙 2000, 31).

표 6-4_ 2002년 광역의회 여성후보자들의 선거운동 관련 내용

후보자	비용 출처	지원단체	지원인원	선거운동방법
구애라				
김길연	기탁금-당이 지원(그러나 특별당비를 그 이상 냄), 나머지는 자비	여성단체에서 관심, 실질적 지원은 없었음	남편, 시동생, 자원봉사자 10명, 선거운동원 10명, 전화홍보원, 유세차 1대, 봉고차 2대	전화/편지/가두/연설
김명숙	기탁금-당이 지원, 나머지는 자비	여성단체	남편, 자원봉사자 10여명	연설/전화/명함 돌리기
김은경	자비		자원봉사자(시민단체회원이 개인적으로 봉사)	우편/가두/연설/Internet 홍보
김혜련	특별당비, 개인적 지원금		가족, 자원봉사자 20명(당원, 당지지자)	가두(출퇴근)/연설/지역순회(공장, 상인)/연설회
유선목	당 지원금 200만 원 남편의 지원		딸, 자원봉사자 20명 (지인, 당원), 기타	전화/가두(역점)
이경애	자비		남편 외 가족 4명, 자원봉사자(교인, 지인), 선거운동원 10명	상가순방/가두/연설/전화
이순녀	특별당비, 개인후원, 단체지원금	노동단체	딸, 자원봉사자 20명,	가두(역전, 맨투맨 정책설명)/이벤트(율동, 구호)
이순자	당 지원금 50만 원 나머지는 자비		아들, 자원봉사자 20여명(전화홍보자, 지인, 친구)	전화/가두연설 치중(4인1조)
이영순	지인들의 후원, 자비	지역후원회	자원봉사자(지인 등), 선거운동원 10명	전화(소극)/연설회/이벤트(주민행사)/의정보고서
정현정	특별당비, 단체지원금, 중앙당 여성위 지원금	시민단체	부모님, 여동생 3명, 자원봉사자 20명(당원, 지인)	가두/연설/이벤트(월드컵 함께 보기)

출처: 인터뷰와 설문조사를 기초로 재작성.

선거비용의 출처를 묻는 질문에 대해서는 응답자 10명 중 2명이 사회단체의 지원금을 받았다고 대답하였을 뿐, 대부분은 약간의 당 지원비나 개인 지원을 제외하고는 자비로 충당하고 있음을 볼 수 있다. 이는 현행 선

거법에 따라 지방의회의 경우, 정당 후원회 행사 외에는 후원회의 구성 및 특정 단체로부터의 후원을 불법으로 간주하기 때문이다. 게다가 〈표 6-4〉에서 볼 수 있듯이 기탁금을 당이 보조해주거나 당 지원금이 나오는 경우에도 특별당비를 그 이상 낸 점을 볼 때, 선거비용 문제는 여성후보자의 정치 참여에 큰 걸림돌임이 분명하다.

선거운동을 지원한 시민단체나 여성단체가 있는지에 관한 질문에는 응답자 10명 중 여성단체, 노동단체, 시민단체에서 지원이나 도움을 받았다는 후보가 각각 1명씩이었으며, 여성단체에서 관심을 보였으나, 실질적인 지원은 없었다는 응답이 1명이었다. 이것은 이번 광역의회 선거의 여성후보자들이 정치활동을 비롯한 사회활동에 활발히 참여했었던 점에 비추어볼 때 의외의 결과이다. 특히, 여성의 문제가 더 이상 개인적인 차원에 국한되는 것이 아니라고 할 때, 그 해결을 위해서라도 선거에서 여성단체의 활동은 매우 중요하다. 지방선거에서 남성후보들보다는 여성후보들에게 시민단체나 여성단체의 지원이 당선에 유리하게 작용한다는 연구결과에 비추어 볼 때(손봉숙 2000, 220), 앞으로의 선거에서는 여성단체가 여성후보자를 적극적으로 지원해주는 전략이 필요할 것이다.

(2) 선거 지원인원 및 선거운동방법

여성후보자 대부분의 선거 지원인원은 가족 중 선거운동이 가능한 자와 자원봉사자, 선거운동원으로 구성되어 있으며, 후보자 간에 큰 차이를 보이지 않는다. 당원, 교인이나 학부형 등 개인적으로 친분이 있는 사람들, 친구들이 주로 자원봉사를 하였으며, 선거운동원을 포함하여 총인원은 20-30명 정도였다.

선거운동방법을 살펴보면, 후보자들이 가장 적극적으로 활용한 선거운동방법은 가두선전(8), 연설(8)이었고, 이어서 전화 홍보(6), 이벤트 활용(3), 상가, 공장 등 지역 순회(2), 홍보물 발송(2), 그 외에 인터넷 홍보, 명함 돌리기, 의정보고서 돌리기 등이 있었다. 이번 선거에서 각 후보자들이 활용한 선거운동방법은 우선순위 면에서 지난 선거와 차이가 나타나고 있는데, 우편물 발송, 전단 배포, 전화 홍보가 감소한 반면, 가두선전 및 연설이 증가했다. 이는 우편물 발송, 전단 배포 등 대체로 익명의 대중을 상대로 하는 비개인적인 방법들은 선거운동에서 실효성이 없는 것으로 나타났기 때문이며, 합동유세 역시 후보자 전원이 모두 열심히 참여하는 방법이기 때문에 후보자 간 차별성을 갖기가 힘들기 때문이다. 반면에 다수의 유권자를 개인적으로 접촉하는 방법들은 당락에 더 큰 영향을 주는 선거운동방법이다. 같은 장소에서 지속적으로 인사하고 선거운동을 전개한 것이 효과가 있었다는 한 여성후보자의 말은 이를 입증해 주는 사례이다. 또한 이번 선거운동에서는 월드컵 경기 함께 보기, 주민 행사에 적극 참여하기 등 공공장소에서 많은 사람을 만나고, 유권자와 직접 접촉이 많아질 수 있는 방법들이 사용되고 있음을 볼 수 있다.

선거운동방법에 있어서 의정보고서를 돌리는 것은 현직 의원이 갖는 이점이다. 현직 의원의 경우, 선거출마 경험뿐만 아니라 의정 경험까지 갖추었으므로 추진력이나 자신감, 특히 노하우 등에 있어서 무경험자와는 큰 차이를 보이는 것이 일반적이다. 또한, 다른 후보자에 비하여 지역 내 인지도가 높을 것이므로 당선 가능성도 높을 것이라 예상할 수 있다. 그러나 이번 서울시 광역의회 선거에서는 현직 구의원이 시의원으로 당선된 1건을 제외하면, 현직 시의원이었던 4명 전원이 낙선했다. 이들 중 2명은 민주당 후보였고, 1명은 민주당 경선을 거부하고 무소속으로 출마하였으며, 또 다른 1명은 한나라당 경선에서 탈락하고 미래연합 후보로 출마했다. 대부분의 후보자들이 비슷한 선거 지원인원을 가지고 유사한 방법으로 선거운동을 전개하였음을 볼 때, 이들의 낙선은 이번 선거에서 현직 효과가 나타나지 않았으며, 그 외의 다른 변수가 있었음을 보여주는 것이다.

(3) 선거공약 및 유세장 관찰

우리나라의 유권자들은 후보자의 정책이나 공약을 보고 투표하기보다는 인물 위주나 지역 위주의 투표를 한다는 것이 지금까지의 통설이었고, 이번 지방선거에서도 결과적으로 정책 위주로 투표하지는 않았음을 알 수 있다. 〈표 6-5〉에서 볼 수 있듯이, 여성후보자들의 선거공약은 크게 두 가지로 대별된다. 하나는 지역개발 및 주민복지정책의 확대이고, 다른 하나는 여성 및 서민, 노동자의 권리 확대 등에 초점을 맞추었다. 이들 여성후보들은 특히 주부의 관점에서 여성들의 주요 관심사인 청소년 교육문제나 탁아문제 그리고 여성과 서민의 복지문제 등을 강조하였는데, 이는 출마 동기에서 나타났던 것과 마찬가지로 여성후보들이 여성의 이해와 관심사를 더 많이 대변하고 있음을 보여주는 지표라고 할 수 있다.

또한 여성후보자들은 남성후보들과의 차별화 전략으로 여성의 기본적인 이미지인 깨끗함과 지역봉사를 강조하고 있다. 그동안 각종 비리와 부정부패에 연루되었던 남성 정치인들과는 달리 여성들은 아직 부패에 물들지 않은 깨끗한 성품을 가지고 있으며, 살림살이에 관한 전문성도 겸비했다는 선거전략은 지역적 기반이 구축되어 있고 적극적인 선거운동이 병행된다면 유권자에게 상당한 영향력이 있을 것으로 보인다.

표 6-5_ 여성후보자의 선거 전략 및 공약

	선거전략 및 공약
구애라	
김길연	흑색선전 및 비방은 자제하기로 서로 합의. 남성 일방적인 정치 현실 비판, 여성정치 강조; ① 공사조정심의기구 설치하여 낭비공사 관행 저지 ② 재건축 시행 ③ 전세입자 보호책 ④ 임대주택의 대폭적인 확충과 영세주민의 주택난 해소 ⑤ 방범활동 강화 ⑥ 불법광고물 정화 ⑦ 주부 입장대변 ⑧ 가정폭력 보호센터 개설
김명숙	조용한 시작, 변화의 새물결; ① 교통 및 주차난 해결 ② 복지정책 확대 ③ 지역개발 적극 추진 ④ 북성초등학교 재건축 추진
김은경	원칙론 강조, 선거홍보자료, 주부의 관점에 중점
김혜련	민주노동당에 투표해 보수정치를 심판합시다; ① 안정된 일자리와 임금 ② 국가 기간산업 사유화 반대 ③ 실질임금 저하 없는 노동시간 단축 ④ 값싼 주택공급 ⑤ 누진세 대폭적용 의료, 공공서비스에 적용 ⑥ 교육 개선 ⑦ 부패추문의 추방 ⑧ 여성의 권리확대 ⑨ 사람들의 삶의 질 확대
유선목	야무진 여자! 깨끗하고 당당하게; 지역토박이, 검증된 사람(7년 구의원), 전문성, 투명성
이경애	주민과 함께 생각하고 행동; 여성, 노약자, 지역개발
이순녀	진보 서울 설계하는 시의원; 노동자, 서민의 미래를 위한 보험; ① 고용불안, 비정규직 권리보장 ② 주민소환제(주민의 손으로 설계하는 시의회) ③ 차별 철폐
이순자	① 잠실 재건축 추진 ② 쓰레기 문제 해결
이영순	행정개혁; ① 청렴도 0순위 ② 민원 119 ③ 구로의 일 잘하는 이영순
정현정	색깔 있는 젊음, 이유 있는 자신감; 깨끗한 사회에서 나라는 아이들의 미래; ① 참여예산제 조례 제정 ② 주택조례 개정 ③ 서울시에 주민소환제 도입

출처: 인터뷰와 설문조사를 기초로 재작성.

여성후보자들의 합동유세장 연설은 본 연구의 연구진에 의해 상당히 긍정적으로 평가되었다. 연구진에 따르면, 여성후보자의 연설은 정책 위주로 구성되어 있고, 연설 능력, 설득력, 내용 면에서 상대 후보보다 우세하며, 내용 전달이 간결하여 좋은 반응을 얻었다. 또한 상대 후보자와 보수정당과의 차별성 확보를 위해 기존 이미지를 깨고, 운동원과 같은 캐주얼한 복장으로 진행한 후보의 선거운동도 주목을 끄는 부분이었다. 그러나 후보자들의 적극적인 유세와는 달리, 합동유세장 자체의 분위기는 막바지 선거 전임에도 불구하고 주민의 관심이 거의 없었다. 대부분의 유세장에는 각 후보들의 동원 인력과 당원, 선거 관계자들을 제외하면, 순수한 유권자로 보이는 주민은 100여 명 정도에 불과하였고, 그나마 그 미만인 곳도 있었다. 이렇게 볼 때 합동유세장의 연설은 아무리 잘 했어도 유권자에게 영향을 미치는 데에는 한계가 있었을 것이다.

4. 타 경쟁 후보와의 비교

여기에서는 이번 선거에 임하면서 부각된 여성후보자 본인의 강점과 약점, 그리고 타 후보에 대한 평가 및 후보자 본인이 예상하는 당락의 변수를 살펴보았다. 후보자 본인의 강·약점에 대한 평가 및 타 경쟁 후보자에 관한 평가, 그리고 당락에 관한 후보자의 평가는 후보자의 인식에 기초한 주관적인 평가이기는 하나, 각 후보자 나름대로의 객관성이 부여된 것일 뿐만 아니라 여러 후보자의 평가를 비교함으로써 더욱 객관화될 수 있다. 따라서 이러한 평가는 부족한 점을 보완하고 다음 선거를 준비할 수 있는 지표 역할을 할 수 있다고 본다.

여성후보자들은 본인의 강점으로 다양한 변수를 꼽았는데 그 중 주목할 만한 것은 여성이라는 점(3), 지역토박이라는 점(2), 현직의원이라는 점(3), 능력이 있다는 점(3), 성실·청렴하다는 점(3) 등이다. 강점으로 꼽은 대부분의 변수들이 개인적인 특징이었던 반면, 본인의 약점으로 꼽은 가장 큰 변수는 사회구조적인 변수로서 정당에 관련된 내용이 가장 많았다. 즉, 상대 당 강세지역의 후보라는 점, 소속 당에 대한 부정적인 여론, 상대 당 후보의 금권선거 전략, 무소속 출마에 따른 당 조직의 상실 등으로, 이는 각 후보자들이 선거에서 정당 요인을 매우 중요하게 생각하고 있음을 의미하는 것이다.

정당 요인의 중요성은 후보자들이 예상하는 당락의 가장 큰 변수로 지적되고 있다. 실제로 선거에서 낙선한 8명의 후보자 중 7명이 낙선의 결정요인으로 정당요인을 들고 있다. 이중 3명은 소속당의 지지도 하락을, 다른 3명은 소속당의 인지도 부족을, 1명은 무소속이어서 정당 조직이 없었다는 점을 낙선요인으로 꼽았다. 마찬가지로 지난 선거에 대한 분석에서도 광역선거 후보자들에게 지역구의 유권자들이 후보자의 어떤 면을 가장 중시했다고 생각하는가를 질문한 결과 정당 배경이 52.9%로 가장 높고, 그 다음으로 선거공약이 13.7%, 인품과 자질은 11.8%에 불과하여 정당공천제가 광역선거에 미치는 영향을 잘 반영해 주고 있다(손봉숙 2000, 44).

여성이라는 점은 강점이기도 한 반면, 약점으로도 나타나고 있다. 여성후보라는 사실을 바꿀 수 없는 이상, 여성적 이미지를 적극 활용하여 여성으로서의 장애를 극복하는 것도 하나의 전략일 수 있다. 유권자가 후보의 이름을 인지하는 것이 여성의 경우에 더 용이하여 유리하다는 주장(Darcy et al., 1987, 110)과 함께, 여성적 이미지를 깨끗하고 정의로운 전문가 이미지로 정착시키는 노력이 필요하다. 한편, 이번 선거에서 당선된 2명의 여성후보자가 본인의 강점으로 여성이라는 점을 꼽는 대신에 지역 토박이이며 전문가임을 강조하고 있는 것은 주목할 만하다. 이는 선거에서의 당선 여부가 남녀라는 성 차이보다는 오히려 지역 주민들과의 유대관계 정도 및 해당 분야의 전문성 정도에 더 영향을 받는 것으로 해석되며, 따라서 여성후보자들은 지역적 지지 기반을 구축하는 데에 지속적인 노력을 기울여야 할 것이다.

표 6-6_ 여성후보자 본인의 강·약점 및 경쟁 후보자에 대한 평가

	본인의 강점	본인의 약점	경쟁자에 대한 평가	타 후보의 선거전략 평가	본인이 예상하는 당락의 변수
구애라					
김길연	여성, 인물, 능력, 진실성	민주당 소속 (한나라당세 강)	인지도 낮음, 직업 무, 세금실적 무	조직을 이용한 금권선거의 혐의 짙음	낙) 민주당 소속
김명숙	지역토박이, 연설 자신감	민주당세 강	낙하산 후보, 젊은 무경험자		당) 토박이로 지역주민과 가깝다. 현역 구의원인 남편의 지명도
김은경	현직 의원, 조직과 인지도에서 유리	정당인 민주당에 대한 국민의 나쁜 평가	정책비전 무, 진지함 결여	민주당에 대한 집요한 공략	당) 현직 효과(의정활동) 낙) 민주당의 지지도 하락
김혜련	최초의 여성출마, 외유내강 이미지, 신선한 선거운동	상대 정보파악 미흡	선심성 공약 남발, 정치적 내용 무	아줌마 부대 동원, 금권선거로 지역부녀회 통제	당) 유권자의 정치적 각성과 조직된 투쟁 경험 낙) 소속당이 구축되어 있지 못하다.
유선목	지역토박이, 교육, 복지, 여성전문가	없음	너무 젊고, 무경험자. 이사 온 지 얼마 안 됨	지역 정치에 전문성 결여, 비현실적 공약	승리를 확신. 주민들로부터의 호응이 높음
이경애	현직의원, 인지도 높다. 성실성	경선 불복, 탈당함에 따라 조직 상실	3선 구의원, 직업 무, 문제 많음	퍼 먹이기 작전 + 정당효과	낙) 무소속이어서 조직이 없었다는 점
이순녀	여성, 반부패 이미지, 서민 대변	상대운동원, 남성유권자, 노숙자들의 시비	현직의원, 철거관련 폭력전과, 비리 많고 금권선거	의정보고서 활용, 실세 강조, 조직(통/반장 활용)선거	당) 여성 낙) 소속당의 인지도 부족
이순자	능력 있고 섬세, 추진력	여성	금전문제, 폭력문제, 전형적인 정치꾼	뚜렷한 선거전략 무. 연설 못함. 정당효과	낙) 소속당이 미래연합이었다는 점. 조직이 없었고, 한나라당의 반대표로 인식됨

이영순	현직의원. 대중운동 경험. 청렴	한나라당의 금권선거전략/민주노동당의 자원봉사자 대량투입	시의원 역할 모름, 축재 과정이 의심스럽다	금권선거, 향응 제공, 고급 유세차	당) 현직 효과(의정활동) 낙) 민주당 소속
정현정	젊고 진보적, 연설 자신감, 소속당의 발전 가능성	어리다고 보이는 나이	기성 정치인일 뿐/386세대	활동영역이나 인물론에 기댄 전략/386세대의 한계와 문제점을 그대로 노출	자금지원 및 조직 동원의 지속성 여부

출처: 인터뷰와 설문조사를 기초로 재작성.

경쟁 상대자 및 선거전략에 관한 평가는 긍정적이기보다는 대부분 부정적이었다. 이는 여성후보자들이 자신의 상대 후보자 및 그들의 선거전략으로부터 배울 것이 없을 뿐만 아니라 오히려 타락·부정 선거의 모습을 보았기 때문이기도 하겠지만, 다른 한편으로는 인터뷰를 선거 직후 1-2주일 내에 실시했기 때문에 감정적인 평가에 치우쳤을 가능성도 있다.

5. 지역의 평판

이번 지방 선거에서 관찰자들은 각 여성후보자들의 출마지역을 직접 방문하여 이곳 주민들로부터 후보자들에 대한 평판과 당선 예감을 청취했다. 특히 이들은 세탁소, 슈퍼마켓, 복덕방, 상가 지역 등 주민들이 많이 모이는 곳을 주로 방문하였으며, 후보자 주소지의 인근 지역과 그 외 지역을 함께 방문하여 각 후보자에 관한 인지도를 파악했다. 관찰 결과, 다음과 같은 결과를 얻을 수 있었다.

첫째, 방문한 3곳 전체에서 후보자에 관하여 모른다는 대답을 들은 한

명의 여성후보자 지역을 제외하고는, 여성후보자의 주소지와 인접한 지역에서는 각 여성후보자의 출마 사실을 주민들이 비교적 많이 인지하고 있었다. 그러나 후보 인지의 정도에는 많은 차이가 있었다. 어떤 경우에는 주민들 쪽에서 후보자에 관한 선전을 해 줄 정도로 적극적 지지를 보내는가 하면 (2), 반면에 후보자를 인지하고는 있으나 이름은 기억하지 못하는 경우(2)도 있었다. 대부분은 그 중간 정도의 인지도를 갖고 있었는데, 적어도 여성후보자들을 인지하고 있었던 주민들의 반응은 호감이 간다, 연설을 잘하고 인상이 좋다, 똑똑하고 능력이 있어 보인다, 깨끗해 보인다 등의 평가를 함으로써 여성이기 때문에 보일 수 있는 뚜렷한 거부감은 찾아볼 수 없었다. 반면에 투표하러 간다면 찍어줄 생각이다, 누가 어떤 식의 후보인지 혼동된다, 찍어준다고 당선이 될지 의문이다. 여성이라고 특별히 좋거나 나쁘지 않다, 너무 젊어서 믿을 수 없다, 정치하면 다 똑같아지는 것 아닌가 라는 평가도 함께 보여 여성후보자에 대한 확실한 지지도 없는 것으로 파악되었다.

둘째, 남성유권자들에 비하여 여성유권자들은 여성후보자들에게 좀 더 많은 호감과 관심을 보였다. 이들의 관심과 호감이 곧바로 득표로 직접 연결되는지는 차치하고라도 이와 같은 여성유권자들의 여성후보자들에 대한 관심의 증가는 지방 여성정치 활성화의 기초를 다질 수 있고, 정치환경을 변화시킴으로써 여성정치 참여의 확대에 기여할 것이 분명하다. 그 뿐만 아니라 이러한 사실은 남성 중심의 이데올로기에 현혹되어 여성끼리의 갈등을 증폭시킨다는 주장을 반증하는 또 하나의 사례로 여성의 과소대표를 극복해 나갈 수 있는 긍정적인 현상이다.

셋째, 주민들은 대부분 이번 지방선거 자체에 관심이 없었다. 이들은 여성후보자를 포함하여 그 지역에서 출마한 후보자 대부분을 잘 모르고 있었으며, 알고 싶어 하지도 않았다. 이들은 선거에 별 관심이 없다, 투표할 생각이 없다, 후보자들이 다 비슷해 보인다, 그게 그거 아니냐 라는 반응을 보임으로써 여성후보자뿐만 아니라 선거 자체가 관심 영역 밖에 있음을 나타냈다. 특히, 이들은 최초로 시행되는 정당투표에 대한 이해도 적었으며, 이 시기는 월드컵 축구 기간과도 맞물려 있어 선거에 관심이 없음을 표명한 대부분의 주민들은 월드컵이나 보겠다는 식의 표현을 같이 했다.

Ⅲ. 여성후보들이 말하는 지방선거

1. 여성 지방정치인의 강점 및 걸림돌

(1) 여성 지방정치인의 강점

여성 지방정치인의 장점으로 여성후보자들은 무엇보다도 여성적 특징(섬세함, 꼼꼼함, 성실성, 인정 많음, 소외자에 대한 각별한 애정 등)이 지방 정치에 유리하다고 주장한다. 남성 중심적 정치 또는 남성 편향적인 정치에서 복지 문제는 그동안 소홀히 취급되어 주민이 적절한 혜택을 받지 못했는데, 이와 같은 여성적 특징들은 주민과 지역을 위한 복지문제에 역점을 둘 수 있게 한다는 것이다. 또한 여성적 특징들은 생활권역을 중심으로 밀착형 정치활동을 가능하게 한다. 육아, 교육, 고용의 분야에서 여성정치인들은 실생활에 필요한 정책들의 입안이 가능하고 사회적 약자인 여성과 어린이, 노인들을 더 잘 대변할 수 있다.

이들은 또한 지방정치는 살림이고 생활이기 때문에 여성들이 더 잘 알고 있다고 판단한다. 지방의회의 주요 업무인 세금, 예산의 낭비 부분을 여성들이 더 잘 관리할 수 있기 때문에 여성이 유리하다는 것이다.

세 번째로 여성정치인들은 남성 정치인들에 비하여 투명성이 보장된다고 생각한다. 여성정치인들은 이권에 개입하지 않으며, 밤의 문화에서 이루어지는 비리에서 깨끗하여 축재 및 부정부패의 문제에서 비교적 자유롭다.

그밖에 지방정치의 장은 여성의 정치훈련장으로서의 역할이 가능하다. 따라서 여성단체와 네트워크를 형성하여 여성과 시민단체의 정치에 대한 건전한 의식을 키움으로써 지방정치 및 여성정치 참여를 활성화하는 것이 중요하다.

(2) 여성후보들이 말하는 여성정치 참여의 걸림돌

① 여성 비하적인 의식과 남성 위주의 정치문화 및 의회 운영

여성후보자들이 정치에 참여하는데 가장 큰 걸림돌로 응답자 10명 중 6명이 남성 정치인의 후진적인 여성 비하적인 의식과 남성 위주의 정치문화 및 의회 운영이라고 답했다. 정치를 남성의 영역으로 보아온 성 불평등적인 사회 문화적 인식이 여전히 변화되지 않고 남아있으며. 이로 인하여 정치는 전통적으로 남성의 영역으로 자리매김했고, 여성의 참여는 의식적으로나 구조적으로 배제되어 왔다. 이는 지방정치에서도 예외가 아니어서 지방의회도 남성 정치문화의 지배를 받음으로써 비공개적이고 불투명한 남성 본위적 정치현상이 그대로 진행되고 있다(한국여성단체연합 1994, 36).

즉, 적당주의나 무사안일주의가 가미되어 공식적인 절차가 단지 형식에 그치고, 중요한 내용들이 결정권자를 중심으로 개인의 연줄이나 로비활동에 의해 결정되고 있다. 실제로 구청 사업의 수주에서 건설분과위원장의 비리를 언론에 공표한 결과 징계위원회에 회부되어 출석정지 30일을 받았으며, 행정소송으로 이를 처리했다는 한 후보자의 사례는 각종 이권개입이 여성정치인과 융화되기 어려움을 단적으로 보여주고 있다. 또 다른 후보자는

비슷한 능력을 가진 여성은 능력이 못하다고 생각하고, 3배 정도 나은 여성은 인정하나 드세다고 하며, 여성에게는 절대로 사과를 하지 않는 여성 비하적인 성적 편견을 꼬집고 있다. 이와 같이 남성문화에 익숙하지 않고, 남성문화에 거부감을 느끼는 여성들은 정치무대에서 남성들과 함께 활동하기 위해서는 남성문화를 나름의 방식대로 극복해야 하는 과제까지 떠맡게 되는 것이다.

② 여성정치인의 자금력 문제

여성정치 참여의 두 번째 걸림돌은 여성후보자 10명 중 5명이 언급하고 있는 자금 동원의 문제이다. 여성은 독자적인 사업을 하는 경우가 아닌 한 남편이나 친척의 적극적인 지원이 없으면 선거자금 조달에 어려움이 있으며 조달하더라도 그 한계가 뚜렷하기 때문에 현재의 고비용 선거구조 하에서는 정치에 나서려는 여성후보는 적을 수밖에 없는 것이다. 사무실 운영비, 상주지역의 지역관리에 필요한 비용이 적지 않으며, 난무하는 금권선거 속에서 지속적인 자금의 동원은 여성후보자에게 심각한 걸림돌이다. 한 여성후보자는 사무실이 반드시 필요한 것은 아니나 정당의 압력 때문에 따로 열어야 하며, 재정적 문제로 사무실을 운영하지 못하면 여성이기 때문에 그렇다는 비난을 받는다며 여성정치 참여의 이중고를 토로하고 있다.

③ 정당의 지원

여성정치 참여에 대한 정당 내부적 장애물에 관하여 언급한 후보자도 4명이나 되는데, 이들은 여성할당제 30%가 의무적으로 정당 내부에 보장되어야 여성의 정치 참여가 확대될 것이라고 주장한다. 현재 정당 체계가 남성 위주로 운영되고 있기 때문에 평소에 정당을 통한 조직 활동에서 여성들은 열세에 설 수밖에 없다. 형식적 통계이든 실제적 증가이든 간에 여성당원의 숫자가 증가해 왔음에도 불구하고 정당의 정책결정과 집행에 영향력을 행사할 수 있는 여성 고위당직자는 극소수에 불과하다. 이들도 대개는 여성 관련 부서에 국한되어 있고, 당 권력의 핵심과는 거리가 먼 부서에 배치되어 있는 것이 모든 정당의 공통된 현상이다. 이는 무엇보다도 각 정당들이 득표 차원에서만 여성정책을 추진해 왔을 뿐, 실질적인 여성의 정치참여 활성화를 위한 노력을 기울이지 않았기 때문이다. 따라서 여성유권자들을 의식 있는 정치적 세력으로 전환시키기 위해서는 정당이 먼저 여성들을 교육, 훈련하는 노력을 기울여야 한다.

④ 유권자의 인식

유권자들의 정당 중심적 사고방식으로 인해 이번 6·13 지방선거에서 민주당 내의 문제가 입후보자의 문제인양 불거져 당명을 걸고 후보자로 나선 것이 오히려 불리하게 작용했다고 평한 후보자가 2명 있었고, 남성 정치인들뿐만 아니라 정당, 유권자도 여성정치인에 대한 편견을 갖고 있다고 언급한 후보자가 1명 있었다. 반면에 또 다른 후보자는 남성 정치인들의 여성비하적인 태도에 비하여 유권자들의 반응은 호의적이고 환영하는 분위기였다고 말함으로써 후보자에 따라 유권자에 대한 인식의 차이를 보이고 있다.

⑤ 기타

그 외에도 여성정치 참여의 걸림돌로 언급된 것들에는 상대 후보의 지나친 흑색선전, 가정생활의 소홀 및 자녀의 교육문제에서 오는 갈등, 가부장적인 유교문화, 경조사에 참여하는 것, 함께 유대감·인맥을 형성하는데 대한 어려움 등을 들고 있다.

2. 지방선거제도의 문제점

이번 지방선거에서 무엇이 문제였는가와 관련하여 여성후보자들의 응답은 크게 두 가지로 대별된다. 하나는 선거제도와 관련하여 비효율적·비현실적 선거제도를 지적하고 있으며, 다른 하나는 정당과 관련된 부분이었다.

(1) 비효율적, 비현실적 선거제도

여성후보자들의 가장 커다란 불만은 선거운동 방식의 규제조항이 실질적인 선거운동을 방해하고 오히려 부정선거, 조직 동원 선거의 온상이 되고 있다는 것이었다. 우선, 현행 선거제도는 선거운동에 대한 규제가 너무 많아서 적은 비용으로 선전할 수 있는 방법이 없으며, 지키기에도 너무 어렵고 복잡하다. 선거에서는 지역 유권자와 다양한 토론을 해야 하는데 현재의 방법으로는 후보자를 알릴 수 있는 방법이 너무 제한적이다. 각 가정을 방문하는 것도 금지되어 있고, 다양한 글로써 만나는 것도 차단되어 있다. 명함에 기호, 당명, 캐치프레이즈, 지역구 등 아무 것도 명기할 수 없으며, 오직 개인의 경력과 연락처만 명기할 수 있다. 따라서 다양하고 실질적인 선거운동이 가능할 수 있도록 개선되어야 한다.

자원봉사제도도 문제점을 노정하고 있다. 유급 선거운동원은 여러 가지 제한점이 있지만, 자원봉사자는 수에 있어서 제한이 없기 때문에 돈 받는 자원봉사자들을 무제한으로 쓸 수 있고 이에 따라 선거운동이 매우 혼탁해졌다. 또한 기성정당들의 유급선거운동원 사용이나 돈 선거 등, 사전(조직) 선거운동을 전혀 잡아내지 못하고 있다. 통·반장들은 여전히 선거운동에서 영향력을 발휘하고 있으며, 이것을 선거관리위원회가 관리하는 데에는 어려움이 많다.

선거비용 정산 문제에서도 선거제도는 매우 비현실적이다. 선거비용은 틀에 맞추어서 형식적으로 정산, 작성할 수밖에 없는데 봉사자 사례비 3만 원, 식비 3,000원은 비현실적인 금액이다.

그 외에도 이번 지방 선거가 투표용지 5곳을 찍는 매우 복잡한 선거였음에도 불구하고 이에 대한 적극적인 홍보가 부족했음도 문제점으로 지적되었다.

(2) 여성정치 참여와 정당의 문제점

이번 지방선거에 있어서 여성후보자가 정당과 관련하여 나타낸 불만으로는 여성공천할당제, 기탁금 문제, 지방정치에서의 정당의 배제 등이었다.

우선 이번 선거에서 정당의 여성할당제는 포장만 근사했지, 실질적인 배려가 없었다는 점과 하향식 공천의 문제가 제기되었다. 여성이 정계에 진출하는데 가장 큰 역할을 수행할 수 있는 것이 정당이지만, 다른 한편으로 가장 큰 걸림돌이 되기도 한다. 왜냐하면 정당은 공천 과정에서 여성을 차별할 뿐 아니라 여성에 대한 지원에서도 인색하기 때문이다. 또한 당선 가능성이 없는 곳에 여성후보자를 공천하는 것은 공천의 수만 채울 뿐 아무런 의미가 없다. 여성후보를 배려하는 성의가 없다면 정당 개입은 오히려 여성에게 불이익을 줄 가능성이 크다. 따라서 정당의 개입은 진정한 의미에서의 여성공천할당제를 전제로 해서 받아들여야만 한다.

이와 함께 기탁금 문제는 여성후보자들의 가장 큰 재정적 장애물이다. 여성은 자금력, 조직 면에서 불리하기 때문에, 기탁금은 현실적으로 하향 조정되거나 전면 폐지되어야 한다. 또한 비례대표제는 공천 장사를 하는 경우가 많아 문제가 있다. 공천의 대가로 큰돈을 요구하고 있으며, 돈만 있으면 공천을 받을 수 있어 자질이 의심스러운 후보가 공천을 받는 경우가 많기 때문이다.

한편, 지방정치에서는 정당이 배제되고 인물 본위여야 한다는 주장도 제기되었다. 중앙정치 이슈가 지방정치를 잠식하기 때문에 지구당 위원장의 공천권과 지원유세를 금지해야 한다는 것이다. 자질이 우수한 지역인사는 지구당 위원장과 경쟁관계가 될 수 있으며, 지금과 같은 구조로는 유능한 인사가 성장하기 어렵다. 또한 중앙정치의 개입으로 지방에 특유한 주제가 묻혀 버리고 만다. 지방의회는 정당과는 상관없이 출마할 수 있어야 유권자들의 올바른 선택을 끌어낼 수 있을 것이다. 이번 지방선거는 정당에 대한 심판이 핵심이었으며, 이는 지방선거에서 정당과 개인에 대한 평가의 차별화를 없애 버렸다.

또 다른 면으로 무소속의 입장에서 후보자 등록 및 관리가 너무 까다롭다는 지적이 있었다. 무소속의 경우에는 받쳐주는 곳이 없기 때문에 선거관리위원회 고발, 경찰 간섭 등을 혼자서 막아내야 한다. 정당에 소속한 경우 당에서 알아서 처리해 주지만, 무소속은 선거기간 내내 간섭을 받아야 하는 것은 공정하지 않으므로 무소속에 대해서도 선거가 끝난 후 간섭해야 한다는 것이다.

3. 지방선거제도의 개선점

(1) 다양한 선거운동 방식의 개발 및 허용이 필요하다.

후보자들이 필요하다고 피력하는 선거운동방법 중에는 피켓 사용, 정책 설명에 도움이 되는 유인물의 배포, 이동 선거운동 시 후보가 없어도 방송 가능할 것 등을 포함하고 있다. 또한 선거운동원이 보다 자유로운 선거운동을 할 수 있도록 좀 더 많은 재량권의 허용이 필요하다는 지적과 자원봉사자에게 식사를 제공할 수 있어야 한다는 지적이 있었다.

(2) 선거공영제를 이루어야 한다.

선거공영제가 이루어져야 후보자들이 선거자금 문제에서 자유로워질 수 있으며, 유능한 인재의 확보가 가능하다.

(3) 후원회 제도는 필요하다.

후원회는 인간적인 신뢰구축을 가능하게 하고, 선거 시에는 금전적으로나 자원봉사의 면에서 큰 힘이 될 수 있다. 선거에서는 아무리 절약해도 선거비용이 많이 들어가므로 차라리 후원회 제도를 허용해서 선거비용을 모으는 것이 좋다는 의견이 많았다. 호별방문은 금품 살포의 위험성 등으로 대부분의 후보자가 반대하는 반면에, 후원회 제도는 찬성하는 경향이 강하게 나타났다.

(4) 시민단체의 지원이 허용되어야 한다.

시민단체가 후보자를 지원하게끔 하는 것이 바람직하며, 일본의 경우처럼 시민단체의 지원으로 당선이 된 경우에는 적어도 두 번의 임기를 보장해 주어야 한다는 주장이 제기되었다.

(5) 불법선거운동을 고발하는 경우, 이에 대한 포상제도가 활성화

되어야 한다.

선거 과정에서 향응 제공과 같은 불법 선거운동이 발생하였을 경우에도 지역주민들 간의 인간관계 때문에 고소·고발이 쉽지 않다. 현재의 선거법은 조항만 많지, 이러한 금권, 향응 선거정치 등을 전혀 단속하지 못하고 있다. 따라서 불법선거를 효과적으로 차단할 수 있는 제도의 개선책이 필요하다.

(6) 무소속 출마자도 선거기간 동안은 신분을 보장해 주어야 한다.

처벌이나 조사할 것이 있다면 선거가 끝난 후에 해야 한다.

(7) 여성의 정치 참여 확대를 장려할 수 있는 정책이 마련되어야 한다.

여성의원의 비율을 증가하기 위한 제도적이고 정책적인 고려가 없는 한, 지방정치에서도 여성의 저대표성은 지속될 수밖에 없다. 현재와 같은 여성대표성이 낮은 상황에서는 여성발전은 물론 균형 있는 지역 발전을 기하기가 극히 어렵다. 따라서 중·대선거구제의 도입, 정당 차원에서 당선될 만한 지역에 여성을 공천을 하는 당선할당제의 도입, 여성출마의 경우에는 경선을 하지 않던지 남성을 공천하지 않는 방법, 여성전용선거구를 두는 방법 등 정책적인 고려를 통한 배려가 필요하다.

Ⅳ. 결론

여성의 정치적 대표성의 확립은 여성문제를 보다 효율적으로 풀어나가기 위한 수단으로써 뿐만 아니라 국민의 삶의 질을 높이는 생활정치를 추구하기 위해서도 매우 필요하다. 그러나 우리의 정치 현실은 여성의 정치 참여를 사회구조적으로 저해하고 있음을 이번 사례연구가 보여주고 있다.

앞에서 분석된 연구결과를 간략히 요약하면, 다음과 같다.

첫째, 이번 6·13 지방선거에서도 여성은 여전히 저대표되고 있다. 그 원인으로는 사회 문화적인 요인도 있지만, 정당의 공천 행태나 선거제도와 같은 제도적 요인이 더욱 결정적인 영향을 미치고 있는 것으로 나타났다. 따라서 여성의 정치 참여와 경쟁력을 높이기 위해서는 무엇보다도 제도 개선에 역점을 주어야 할 것이다.

둘째, 지방선거에서 여성의 경쟁력은 여전히 약한 것으로 드러났다. 그 원인으로는 일반적으로 인식되고 있는 바와 같이, 자금력과 조직력에서의 열세가 모든 후보자에 의해 공통적으로 지적되었다.

셋째, 유권자들의 후보자 선택에 영향을 미치는 요인을 인물효과(지역 토박이, 전문가), 현직효과(현직 의원 여부), 정당효과(출마 정당)로 구분하는 경우, 이번 선거에서는 전체적으로 정당효과가 가장 커다란 영향력을 행사한 것으로 판단된다. 민주당에 대한 유권자들의 지지철회는 민주당 출마자들의 대량적인 낙선(4명의 후보 중 1명 당선)과 한나라당 출마자의 당선(1명 후보 중 1명 당선)으로 이어졌으며, 아직은 정당 인지도가 낮은 민주노동당의 경우 출마자 전원(3명)이 낙선했다. 현역 시의원 4명이 모두 낙선했다는 점에서 현직효과는 이번 선거에서 별 영향력을 미치지 못했음을 알 수 있다. 그리고 당선된 2명의 후보들은 모두 지역 토박이이라는 점을 자신들의 강점으로 지적했던 점에 미루어, 인물효과 또한 어느 정도 영향력을 발휘했다고 볼 수 있다.

넷째, 여성이라는 점이 반드시 선거에서 불리하기 작용하지는 않는다는 점이다. 이러한 사실은 여성이 여성을 찍지 않는다는 우리 사회의 왜곡된 선입견에 대한 반증으로도 보인다. 한 여성후보자의 말에 따르면, 여성 유권자들은 투표에서 성보다는 후보자 개인의 자질이나 정당을 더 중요시하며, 여성정치인을 통해 사회활동에 대한 대리만족을 느끼는 경우가 많다고 한다.

다섯째, 이번 선거에서 여성후보자에 대한 여성단체나 시민단체의 지원이 의외로 적었다. 이것은 정치와 어느 정도 거리를 두고 중립성을 유지하려는 이들 단체의 고려에서도 기인한다고 볼 수 있다. 그러나 지방선거에서 시민단체나 여성단체의 지원이 여성후보의 당선에 유리하게 작용한다는 연구결과가 있는 만큼, 앞으로의 선거에서는 여성의 정치 참여 활성화를 위해 이들 단체들이 적극적으로 여성후보자를 지원해주는 것이 필요하다.

이미 서론에서 언급했듯이, 본 연구의 조사결과만을 가지고 여성의 정치 참여와 여성후보자의 경쟁력을 일반화하기에는 무리가 있다. 그럼에도 불구하고 본 연구에서 분석된 사례들은 막연히 인식되고 있던 여성과 정치의 문제에 대해 제한적이나마 구체적인 예시 내지는 반증을 제시하고 있다는 점에 그 의의가 있으며, 또한 향후 선거에서 참고자료로 사용될 수 있을 것이다.

7장

2006년 지방선거와 여성

Ⅰ. 서론

1991년에 부활되었던 지방의회 선거가 2006년 5월 31일 다섯 번째로 치러졌다. 2006년 지방선거는 중앙선거보다 지방선거가 더 중요하다는 선거독려 캠페인도 전개되었고 메니페스토 운동도 전개되면서 이전보다는 많은 관심을 불러일으켰다. 전체 투표율 면에서도 2002년 선거의 투표율보다 2.4% 높은 51.3%를 보여서 그동안의 우려를 다소나마 불식시켰다. 선거제도면에 있어서도 그동안 몇 차례의 경험을 바탕으로 많은 논의가 이루어졌고 많은 변화를 보았다. 우선 기초의회까지 정당공천이 이루어졌으며 의원들의 유급화도 이루어졌다. 기초의회의 정당공천이 풀뿌리 민주주의를 해치고 중앙의 정쟁을 지방으로 확대재생산할지도 모른다는 우려가 여전히 남아있고 기존의 정당정치에서 소외되었던 여성정치인들에게 이것은 불리한 제도라는 의견이 지배적이었다. 또한 유급제 역시 한편으로는 유능한 여성들이 정치에 참여하게 하는 동인이 될 수도 있다는 의견과 더불어 다른 한편으로 여전히 정치적으로 소수이고 신인인 여성들에게 유급제는 불리할 수 있다는 분석도 나왔었다. 반면 기초의회의 비례대표 신설과 기초의회 선거구의 중선거구화는 여성에게 유리할 수도 있다고 생각되었다. 또한 지난 17대 총선에 이어서 몇몇 여성정치인이 단체장 후보에 공천되면서 여성정치의 새로운 기대가 전개되기도 했다. 한편으로 한국 정치 상황을 놓고 볼 때 국민들로부터 지지를 상실하고 있는 열린우리당에 대한 심판이 지방선거에 나타나서 지방들이 가지고 있는 당장의 문제해결보다는 중앙정치의 연장에서 투표가 이루어질 수 있어 지방정치가 실종될 수도 있다는 분석도 있었다. 제도적인 변화와 한국의 정치 상황, 그리고 여성정치의 발전이라는 세 가지 측면에서의 분석이 2006년 선거의 중요한 분석 포인트였다. 이 세 가지 측면은 각각 자신의 문제군을 포함하고 있을 뿐만이 아니라 세 가지 측면이 서로 연결되어 있었기 때문에 모두 중요하게 분석되어야겠지만 2006년 선거의 가장 두드러진 특징은 열린우리당에 대한 국민들의 지지철회가 아닐까 생각한다. 현재의 정권에 대한 평가가 지방선거에서 가장 중요한 변수가 되는 것은 비단 우리나라의 선거에서 뿐만이 아니라 다른 국가에서도 보이지만(Jerome, Lewis-Beck 1999) 2006년 선거에서 보이는 것은 그 정도의 심함일 것이다. 서울의 전 구청장에 한나라당이 당선되었고 서울시 광역의회의 경우 비례대표를 제외하고는 모두 한나라당이 당선되었다. 전국적으로도 전남과 전북 그리고 제주도를 제외하고는 대부분의 시군구에서 한나라당이 당선됨으로써 말 그대로 한나라당의 압승을 가져왔다. 이에 대한 분석은 다른 기회에 이루어져야하겠지만 여성정치의 관점에서 볼 때 한나라당이라는 변수가 선거에서 가장 중요하였기 때문에 다른 변수들은 2006년 선거에서 큰 의미를 가지지 못했다. 메니페스토 운동에도 불구하고 정책선거의 면모는 찾아볼 수가 없었고 각 당의 공약들도 대동소이하여 별다른 차별화를 찾기가 어려웠다.

이를 전제로 하여 2006년 선거를 여성의 입장에서 좀 더 자세히 분석해보고자 한다. 우선 여성후보들의 개인적 특징, 사회경제적 배경에 대해서 살펴보면서 여성후보들의 성향에 변화가 있는지를 살펴보고 서울시의회에 출마한 지역구 여성후보들의 특징을 보다 자세히 살펴보고자 한다. 여성후보들의 개인적 특징, 사회경제적 배경의 변화는 앞으로의 한국 정치를 전망하는데 중요한 변수가 될 수 있다. 여성정치발전을 어렵게 하는 요인 가운데 가장 중요한 것이 여성정치인의 풀이 적다는 것이었고 여성정치를 활성화하기 위해서 여성정치인의 풀을 확대해야 한다는 주장이 지속적으로 전개되었다. 이러한 점에서 2006년 선거에서는 어떤 여성들이 후보로 출마하였는지를 분석함으로써 여성정치인의 풀의 변화를 추적해보고 싶었다. 두 번째로 여성후보들의 공약을 남성후보들의 공약과 비교해보았다. 이것은 여성들은 남성과 다른 정치적 정향을 가지고 있다고 논의되었었고 이러한 논의가 여성의 정치 참여가 확대되어야 한다는 주장의 근거로 사용되었다. 따라서 여성후보들은 남성후보들과 다른 공약을 가지고 있는지 검증할 필요가 있다. 물론 공약에 있어서 가장 큰 변수는 정당이겠지만 같은 정당 내에서도 남녀후보 사이에 어떤 다른 공약을 가지고 있는지 알고 싶었다. 세 번째는 여성후보들의 당선 변수이다. 여성후보들 중에서 당선된 후보들은 무슨 이유로 당선되었는지 알고 싶었다. 이를 분석함으로써 장기적으로 보다 많은 여성들이 정치에 진입하기 위해서 전략적으로 무엇이 필요한지 알고 싶었기 때문이다. 이 부분은 서울시에 출마한 22명의 여성후보들을 비교하면서 나름대로 살펴보았다.

Ⅱ. 2006년 지방선거의 여성후보자는 누구인가

1. 여성후보 비율의 증가

2006년 지방선거는 선거전의 기대에는 미치지 못했지만 여성후보자의 수 및 여성당선자의 수, 그리고 여성단체장 수의 증가 등 여러 면에서 여성의 진출이 늘었다. 우선 전체 후보자 수에 있어서 1,411명의 여성이 입후보하였는데 전체 12,213명 가운데 11.6%로서 1991년 1.4%, 1995년 1.81%, 1998년 1.81%, 2002년 3.62%에 비해서 크게 증가한 비율이다. 여성후보가 이렇게 증가할 수 있었던 것은 역시 광역의회에 이어 기초의회에도 비례대표가 도입되었고 이 비례대표의 50%를 여성에게 공천하기로 강제한 선거법 덕택이 크다고 할 수 있다. 2006년 선거에서 광역과 기초의회 비례대표 부분의 여성후보 비율은 각각 64.5%, 73.2%로서 특히 지난번 선거의 기초의회의 경우 비례가 도입되기 이전이었는데 당시 여성후보가 2.9%인 것을 비교하면 확실히 2006년 선거에서 여성후보의 증가는 비례대표의 도입과 밀접한 관련이 있다. 그러나 다른 한편으로 보면 비례대표 부분을 제외하고 지역구만을 비교하더라도 여성후보의 숫자가 증가한 것을 알 수 있다. 광역과 기초의회의 지역구 부분은 각각 5.2%와 4.9%로서 지난번 선거의 3.2%와 2.9%에 비해서 늘어나고 있다. 프랑스 시의회 선거에서도 동수공천법이 적용되면서 동수공천법이 적용된 선거의 경우에도 여성이 증가했지만 동수법이 적용되지 않는 선거에도 여성후보 수가 증가하였던 것과 비슷한 현상이라고 할 수 있다(김민정 2006). 비례대표 부분의 할당이 지역구에도 그 효과가 전이되어 여성들의 참여를 활성화하고 있다고 보인다. 이것은 여성할당이라는 제도가 할당을 시행하는 부분뿐만이 아니라 할당을 하지 않는 부분에 있어서도 여성의 참여를 당연한 것으로 받아들여 여성의 참여를 적극적으로 진작하고 있다고 할 수 있다.

특히 관심을 끄는 부분은 광역단체장 부분인데 여성후보가 처음으로 4명이나 공천을 받아서 경쟁했다. 광역단체장이 가지는 중요성과 정치적인 성격을 고려할 때 한 명도 당선되지는 못했지만 이들은 선전은 정치권에 신선한 충격일 수 있었고 또한 많은 유권자들에게도 여성정치의 또 다른 가능성을 보게 하는 좋은 시도였다고 보인다. 기초단체장에는 모두 23명의 여성이 입후보하여 3명이 당선되었다. 특히 서울시 구청장에 송파구의 김영순 후보와 양천구에 유선목 후보가 공천됨으로써 서울시 구청장에 여성이 처음으로 공천을 받았다. 지난 지방선거에서 8명이었던 구청장 후보가 2006년에는 23명으로 크게 늘어났다. 비율로도 보면 1%에서 2.7%로 증가하여 아직 만족할만한 비율은 아니지만 증가하고 있음을 알 수 있다.

표 7-1_ 지방선거 여성후보자 및 당선자 수의 변화

구분		여성후보자 수 (괄호 안은 총 후보자 수)	여성후보 비율	여성당선자 수 (괄호 안은 총 당선자 수)	여성당선자 비율
1991	계	186명(13,044명)	1.4%	48명(5,161명)	0.9%
	광역의회의원	63명(2,885명)	2.1%	8명(858명)	0.9%
	기초의회의원	123명(10,159명)	1.2%	40명(4,303명)	0.9%
1995	계	252명(10,168명)	1.81%	128명(5,756명)	2.2%
	광역자치단체장	2명(56명)	3.5%	0명(15명)	0%
	기초자치단체장	4명(943명)	4.2%	1명(230명)	0.4%
	광역의회의원	40명(2,449명)	1.63%	13명(690명)	5.76%
	기초의회의원	206명(11,970명)	1.72%	72명(4,541명)	1.58%

1998	계		185명(10,168명)	1.81%	97명(4,450명)	2.17%
	광역자치단체장		0명(40명)	0%	0명(40명)	0%
	기초자치단체장		8명(677명)	1.18%	0명(230명)	0%
	광역의 회의원	지역구	37명(1,571명)	2.35%	14명(602명)	2.3%
		비례대표	54명(180명)	3%	27명(47명)	57.4%
	광역의회 합계		91명(1,751명)	5.2%	41명(649명)	5.9%
	기초의회의원		140명(7,754명)	1.80%	56명(3,490명)	1.60%
2002	계		394(10,870)명	3.62%	142(4,439)명	3.19%
	광역자치단체장		0(40)명	0%	0명	0%
	기초자치단체장		8(750)명	1%	2(232)명	0.86%
	광역의 회의원	지역구	48(1,531)명	3.2%	14(609)명	2.29%
		비례대표	116(209)명	55.5%	49(73)명	67.1%
	광역의회 합계		164(1,740)명	9.4%	63(682)명	9.2%
	기초의회의원		222(7,450)명	2.9%	77(2,485)명	2.2%
2006	계		1,411(12,213)명	11.6%	529(3,867)명	13.7%
	광역자치단체장		4(66)명	6.1%	0(16)명	0%
	기초자치단체장		23(848)명	2.7%	3(230)명	1.3%
	광역 의회 의원	지역구	107(2,068)명	5.2%	32(655)명	4.9%
		비례대표	136(211)명	64.5%	57(78)명	73.1%
	광역의회 합계		243(2,279)명	10.7%	89(733)명	12.1%
	기초 의회 의원	지역구	391(7,995)명	4.9%	110(2,513)명	4.4%
		비례대표	750(1,025)명	73.2%	327(375)명	87.2%
	기초의회 합계		1,141(9,020)명	12.6%	437(888)명	49.2%

2. 여성후보자의 개인적 특징, 사회경제적 배경

2006년 선거에 입후보한 여성후보들의 개인적 특징 및 사회경제적 배경을 살펴보자. 2006년 선거에 출마한 여성들은 40대가 지배적으로 많았다. 평균 나이가 52세인 광역단체장의 경우에도 40대가 3명, 50대가 1명으로 40대가 지배적으로 많았다. 그러나 20대의 출마비율이 높아진 것도 중요한 변화 중의 하나이다. 2006년 선거에서 기초의원의 경우 3.6%가 20대였으며 광역의원의 경우에도 2.8%를 차지하고 있다.

한편 학력을 보면 대졸 이상이 전체적으로 가장 많았다. 광역의원의 경우 대졸 이상 77.6%를 차지하였고 기초단체장의 경우에는 95.6%가 대졸 이상이었다. 일반적으로 학력이 낮다고 알려진 기초의원의 경우에도 72.3%가 대졸 이상으로 나타나 여성후보들의 학력이 무척 높다고 할 수 있다. 이것은 기초의회까지 의원유급제가 받아들여지면서 고학력 여성들이 의원직을 직업으로 택하고 있다고 해석할 수 있다.

직업을 살펴보면 기초단체장을 제외한 모든 선거에서 정치인이 우위를 차지했다. 광역단체장의 50%, 광역의원의 47.7%, 광역비례의 41.9%, 기초비례의 30.6%, 기초의원의 39.5%가 정치인 출신으로, 정치인 출신이 가장 높은 비율을 차지하고 있다. 다음으로 많은 직업이 전문직으로 기초를 제외하고 20% 정도가 전문직 출신이다. 이렇게 볼 때 중앙정치에 참여하는 여성정치인들은 주로 시민단체 출신, 전문직 출신이 많은데 비해 지방선거의 경우에는 정치인이 많다는 것을 알 수 있다. 중앙정치는 지방보다 더욱 경쟁이 치열하기 때문에 정당 내 여성들을 공천하지 않고 당 밖에서 영입하여 공천하는 형태로 이루어졌다. 반면 정당 내의 여성들은 지방에 보다 많이 도전하고 있는 것으로 보인다. 이는 국회와 정부에서 많은 여성들이 참여하고 있고 북유럽이나 대부분의 유럽 국가와 비슷한 형태이다. 북유럽이나 유럽 대부분의 국가에서는 지방에 많은 여성들이 도전하고 여기에서 선거를 훈련하고 정치적 감각을 키우고 이어서 중앙정치에 도전하는 것으로 나타났다. 이렇게 볼 때 한국도 시간이 지나면서 점차 지방에서 훈련을 쌓은 여성들이 중앙에 진출할 것을 기대할 수 있을 것이다.

2006년 선거에 출마한 전형적인 여성후보는 따라서 40대 정당인 출신의 대졸 이상의 여성임을 알 수 있다.

표 7-2_ 여성후보의 사회경제적 배경

		광역단체장	광역의원	광역비례	기초단체장	기초비례	기초의원
총인원		4	107	136	23	746	390
나이	20대	0(0%)	3(2.80%)	3(2.2%)	0(0%)	14(1.9%)	14(3.6%)
	30대	0(0%)	21(19.6%)	28(20.6)	1(4.4%)	127(17.0%)	118(30.3%)
	40대	3(75%)	43(40.2%)	59(43.4)	12(52.2%)	278(37.3%)	137(35.1%)
	50대	1(25%)	27(25.2%)	33(24.3)	7(30.4%)	250(33.5%)	104(26.7%)
	60대 이상	0(0%)	13(12.2%)	11(8.1)	3(13.0%)	77(10.3%)	17(4.4%)
	나이 평균	52.25	46.79439	46.42647	49.34783	48	44.35641
학력	고졸	0(0%)	16(15.0%)	18(13.2)	1(4.4%)	218(29.2%)	76(19.5%)
	대졸	3(75%)	45(42.1%)	59(43.4)	13(56.5%)	321(43.0%)	215(55.1%)
	대학원졸	1(25%)	38(35.5%)	50(36.8)	9(39.1%)	79(10.6%)	67(17.2%)
	기타	0(0%)	8(7.5%)	9(6.6)	0(0%)	128(17.2%)	32(8.2%)
직업	정치인	2(50%)	51(47.7%)	57(41.9)	1(4.4%)	228(30.6%)	154(39.5%)
	공무원	0(0%)	0(0%)	1(0.7)	2(8.7%)	3(0.4%)	0(0%)
	시민단체	1(25%)	9(8.4%)	7(5.2)	3(13.0%)	46(6.2%)	38(9.7%)
	전문직	1(25%)	19(17.8%)	15(11.0)	6(26.1%)	49(6.6%)	25(6.4%)

직	자영업	0(0%)	16(15.0%)	16(11.8)	1(4.4%)	150(20.1%)	58(14.9%)
	기타	0(0%)	12(11.2%)	40(29.4)	1(4.4%)	270(36.2%)	115(29.5%)

	여성당선자	전체당선자
20대	2%	0.3%
30대	12%	6.5%
40대	37%	13.4%
50대	36%	39.7%
60대 이상	13%	40.1%

3. 서울시의회 여성후보자[20]

(1) 개인적 특징 및 사회경제적 배경

2006년 선거에서 서울시의회에는 모두 22명의 여성후보자가 지역구에 출마했다. 한나라당과 열린우리당에서 각각 7명씩 공천되었고 민주노동당과 민주당에서 1명씩, 그리고 무소속으로 출마한 후보가 6명이었다. 각 정당에서는 지역구에 30%를 공천하기로 하였으나 당초의 예상에는 크게 미치지 못했다. 정당에서 많은 여성을 공천하려는 노력을 게을리 한 측면도 있지만 다른 한편으로 현재의 경선제도가 여성들에게 불리하다는 지적도

20 이 절에서 사용된 표는 후보들을 직접 면담한 결과와 각 후보의 홈페이지에서 나타난 내용을 표로 작성한 것이다. 안희옥 후보와 김정숙 후보는 면담에 응하지 않아 일부 내용이 포함되어 있지 않다.

상당히 많다. 대부분의 정당이 어렵게 발굴한 여성후보들이 후보 경선 과정에서 10-25%의 가산점에도 불구하고 남성후보들에게 져서 탈락된 경우가 상당히 있었다. 무소속으로 출마한 허명화 후보는 원래 한나라당에서 현역 시의원이었음에도 불구하고 당내 경선에서 탈락하여 무소속으로 출마했다. 허태열 한나라당 사무총장은 "공천을 신청한 여성이 200여 명(비례대표 제외) 밖에 되지 않았고 이들을 다 공천해도 전체의 10% 정도밖에 되지 않는다."고 공천을 신청한 여성이 적었음을 지적하면서 인재풀을 확대할 필요를 역설했다(한겨레 2006년 5월 6일자). 그러나 여성들을 적극적으로 공천하기 위해서 정당에서는 지속적으로 인재의 풀을 확대하기 위해 교육 및 발굴 사업을 펼쳐야 하며 발굴된 인재의 공천을 위해서는 경선제도만을 고집하지 말고 전략공천 및 다양한 방안들을 고려해야 할 것이다. 다음은 서울시의회 출마자 명단이다.

표 7-3_ 서울시의회 여성후보자

연번	정당	지역구	이름	당락여부
1	열린우리당	서대문구	박경난	X
2		관악구	임현주	X
3		은평구	김미경	X
4		중랑구	윤명화	X
5		강동구	이용근	X
6		광진구	신향숙	X
7		종로구	박선영	X
8	한나라당	광진구	김분란	당선
9		성북유럽	안희옥	당선
10		서대문구1	김정재	당선

11	한나라당	마포구	김혜원	당선
12		서초구	이지현	당선
13		강남구	서정숙	당선
14		강동구	이국희	당선
15	민주노동당	구로구2선거구	임윤희	X
16	민주당	관악구3선거구	박영단	X
17	무소속	양천제1선거구	이한순	X
18		서초구1선거구	허명화	X
19		서초구4선거구	최한오	X
20		성북유럽1선거구	김정숙	X
21		서초구4선거구	최윤희	X
22		강남구2선거구	박갑순	X

이들의 사회경제적 배경을 보면 다음과 같다. 22명의 여성후보 가운데 대졸 이상의 후보가 모두 20명이어서 두 명을 제외하고는 모두 대졸 이상의 학력을 소지하고 있었다. 광역의원 출마자 전체의 77.2%가 대졸 이상의 학력 소지자인데 비해서 서울시의회 여성후보의 경우에는 91%가 대졸 이상자로서 학력이 상당히 높게 나타났다. 더구나 박사학위자도 1명이 있었고 박사과정 중 혹은 박사과정 수료자도 3명이나 있었다. 이것은 지방의원이 유급화되면서 유능한 고학력의 여성들이 진출할 수 있는 길을 열어줄 것이라는 선거전의 기대가 어느 정도 맞았다고 할 수 있다.

표 7-4_ 서울시 광역의회 여성후보자들의 사회경제적 배경

나이		교육		직업	
20대	1명	고졸 이하	2명	정당인	7명
30대	3명	대졸	11명	공무원	1명
40대	9명	대학원졸 이상	9명	시민단체	3명
50대	5명			전문직	8명
60대	4명			자영업	3명

다음으로 이들의 직업을 살펴보면 이전과 많이 달라지고 있음을 알 수 있다. 우선 전문직 여성이 9명으로 전체 22명 가운데 가장 높은 비율을 가지고 있다. 이전 2002년에는 11명의 후보 가운데 8명이 정당인이었고 정당인이 아닌 3명도 모두 지구당 여성위원장이나 구의원, 노동조합위원장 등의 경력을 가지고 있어서 사실상 모두 정치적 경력의 소유자였다(김민정, 김경미, 최정원 2002). 이렇게 볼 때 서울시만을 보면 광역의회 여성후보들은 4년 사이에 정치인에서 전문직으로 그 직업이 크게 바뀌고 있음을 알 수 있다. 2006년 선거 출마 여성 가운데 정치인 혹은 정당인으로 대답한 경우는 모두 7명으로 나타났다. 그리고 시민단체가 2명, 자영업(사업)이 3명, 공무원 1명으로 나타났다. 여성정치인의 유형을 분류할 때 내부자형, 대리형, 전문가형으로 나누는데 15, 16, 17대 여성국회의원들의 직업을 분석해볼 때 정치적 경험을 바탕으로 하는 정당 및 정치인이 총 52명 가운데 20명으로 가장 많았는데(오미연, 김기정, 김민정, 2005) 서울시의회의원의 직업을 놓고 볼 때는 전문가가 이보다 훨씬 많아서 앞으로 여성정치인의 유형도 변화될 것으로 보인다.

연령별 분포는 40대가 9명으로 가장 많았고 50대가 5명으로 그다음을 차지하고 있으며 60대가 4명, 30대가 3명, 20대도 1명이 포함되어 있었다. 2002년과 마찬가지로 서울시의회의 경우에는 40－50대가 가장 많이 진출하고 있으며 젊을 세대에서 출마하는 출마자의 수도 늘고 있음을 알 수 있다.

(2) 출마 동기 및 출마 방법

2006년에는 여성후보자들의 출마 동기가 무엇이며 어떠한 경로를 통해서 입후보하게 되었는지 살펴보았다. 8명의 여성이 지역사회봉사 및 지방정치의 활성화를 출마 동기로 꼽았고 10명은 정치적 동기를 들었다. 2002년 선거에 비해서 보다 많은 여성들이 정치에 뜻을 가지고 있으며 정치에 참여하는 한 방법으로 지방선거를 택하고 있음을 알 수 있다. 2002년 선거보다는 보다 많은 여성들이 정치 자체에 관심을 두고 있으며 이러한 관심이 지역으로 표출되었다고 할 수 있다.

표 7-5_ 여성후보들의 출마 동기 및 출마 방법

후보자	출마 동기	출마 방법
김분란	- 광진구 도시국장으로서 재직 시 추진했었던 구민의 숙원 사업을 마무리 짓고, 그 작업들을 완성하는데 보탬이 되기 위해서	한나라당 공천
안희옥		
김정재	- 공식적으로는 지역위원장의 권유 - 대선캠프에 참가경험을 바탕으로 전공을(이화여대 정외과 학사, 석사)살려 현실정치에 참여하고픈 욕구	한나라당 추대
김혜원	- 여성의 정치 참여 확대 - 전공을 살려 지역 일을 잘 해나고 싶은 포부 - 한나라당 중앙당 사무처 10년간 활동	한나라당 공천
이지현	- 정치인이 되기 위해 오래전부터 준비 - 시의회가 주민과 가장 가까운 현장정치라는 점에서 매력을 느낌	한나라당 공천

서정숙	- 사회에 봉사할 수 있는 직접적인 방법이라고 생각 - 사회 공동의 이익과 선을 추구하기 위해서 - 정당 선배들의 추천	한나라당 공천
이국희	- 소외된 국민들과 더불어 잘살 수 있다는 희망의 불씨를 살리기 위해서	한나라당 공천
박경난	- 부모봉양, 자녀양육에서 느낀 문제를 해결 위해	열린우리당 추대 (전략공천이라 표현함)
김미경	- 구의원 활동 시 느꼈던 문제점 해결을 위해	열린우리당 추대
윤명화	- 중랑구의 교육환경 개선 - 리더십센터에서의 자연스러운 출마분위기 조성	열린우리당 공천
이용근	- 서울시민과 강동구민의 삶의 질을 높이기 위해 - 차세대 인재양성을 위해	열린우리당 공천
신향숙	- 10여 년 간의 경영생활을 바탕으로 새롭고 깨끗한 시정활동의 본보기가 되기 위해	열린우리당 공천
박선영	- 열린우리당 창당(개혁당)정신 재현 - 대통령 혼자 세상을 변화시키기 어려움 - 서울시의회에서 시민입장으로 참여정치 구현	열린우리당 경선통과
임윤희	- 교육환경 개선 - 한나라당 독주로 불투명하고 비민주적으로 운영된 구조 개혁	민주노동당 공천(단독출마)
박영단	- 20년 이상 정당 생활 - 지역에 대한 봉사, 지역 발전	민주당 공천
임현주	- 구의원 3선으로 11년 동안 활동하여 지역구에서 할 수 있는 일은 다했고 구의원으로서의 한계를 깨닫고 시의원으로 출마	열린우리당 공천(단독후보)
허명화	- 현 시의원으로서 숙원사업을 마무리 짓기 위해서	한나라당 경선 탈락, 무소속 출마
최한오	- 전도를 위해서	무소속 출마
최윤희	- 정치문화의 변화 주도	당을 통한 경선 거부, 무소속 출마

박갑순	- 공무원과 시민들(특히 남성)의 여성의 정치 참여에 대한 부정적 의식을 개혁하기 위해서	열린우리당 구의원 경선 탈락, 무소속으로 시의원 출마
김정숙		
이한순	- 중앙정치 외면했다가 우리살림에 우리가 참여해야 한다는 정신으로 출마 - 1974년 은행 내 여성차별 바꾼 경험	무소속 출마(출마 뒤 환경운동연합 선정 후보가 됨)

출마 방법을 보면 정당공천을 받은 경우가 모두 16명이고 6명이 무소속으로 출마했다. 정당의 공천을 받아 출마한 후보 가운데에는 6명이 단독출마 혹은 추대 형식으로 출마하여 여성출마자들의 대부분이 경선을 거쳐 출마하고 있음을 알 수 있다.

(3) 선거운동

대부분의 여성후보들은 자비로 선거운동을 했다. 열린우리당과 한나라당 후보의 경우에는 정당의 지원금 및 여성정치발전기금을 사용한 경우도 있지만 대부분의 경우가 자비로 선거운동을 하였고 한나라당의 경우에 각 후보별로 4,000만 원 내지는 5,000만 원 정도의 선거비용을 사용하고 있었다. 후원금을 선거운동비용으로 사용한 경우에는 극히 예외적이어서 여성들의 정치 참여를 어렵게 하는 요인으로 지적되는 선거자금의 문제가 현실임을 알 수 있다. 현행 선거법의 경우 지방의회의 정당 후원회 행사 외에는 후원회의 구성 및 특정 단체로부터의 후원을 불법으로 간주하기 있기 때문에 특별히 지방선거에 출마하는 경우에는 여성들에게 경제적으로 큰 부담이 될 수밖에 없다. 4,000만 원에서 5,000만 원 정도의 비용은 보통의 여성들은 상상할 수 없는 비용이기 때문에 어떠한 형태로든지 정당에서 지원해

주든지 아니면 여성정치발전기금에 의한 지원의 폭이 확대되지 않으면 여성정치의 발전은 요원할 수밖에 없다.

지원해주는 시민단체 혹은 여성단체에 관한 질문에서 응답자 20명 중 2명이 시민단체의 지원을 받았다고 응답하였는데 그 중 하나는 본인이 운영하는 시민단체였다. 이렇게 볼 때 실질적으로 대다수의 여성후보들은 정당이 아니면 별다른 지원단체 없이 선거를 치루고 있었다. 외국의 경우 다양한 시민단체와 여성단체들이 여성후보들을 재정적으로 지원하고 실질적으로도 지원하여 이들의 당선에 막대한 영향을 미치고 있으며 한국의 연구에서도 여성단체들의 지원이 당선에 상당히 유리하게 작용했다는 주장도 있는 것을 비추어볼 때(손봉숙 2000, 220) 이러한 현상은 상당히 실망스럽다. 여성들이 자신을 지원해주는 아무런 단체도 없이 선거운동을 하는 것은 그만큼 어려우며 자원봉사자도 없이 자신과 가족중심으로 선거운동을 전개하는 과정에서 가족은 큰 부담을 가질 수밖에 없어서 장기적으로 여성정치인들에게 큰 어려움이 될 수밖에 없다. 이러한 점에서 시민단체와 여성단체들과의 연대가 필요할 것으로 보인다.

선거운동방법을 보면 후보자들이 가장 적극적으로 활용한 선거운동방법은 가두선전, 연설, 전화홍보, 유세차량, 명함 돌리기이다. 2006년 선거에서 각 후보자들이 활용한 선거운동방법은 우선순위 면에서 지난 선거와 차이가 나타나는데, 우편물 발송, 전단 배포, 전화홍보가 감소한 반면, 가두선전 및 연설이 증가했다. 이는 우편물 발송, 전단 배포 등 대체로 익명의 대중을 상대로 하는 비개인적인 방법들은 선거운동에서 실효성이 없는 것으로 나타났기 때문이며, 합동유세 역시 후보자 전원이 모두 열심히 참여하는 방법이기 때문에 후보자 간 차별성을 갖기가 힘들기 때문이다. 반면에 다수의 유권자를 개인적으로 접촉하는 방법들이 당락에 더 큰 영향을 주는 선거운동방법이다. 같은 장소에서 지속적으로 인사하고 선거운동을 전개한 것이 효과가 있었다는 한 여성후보자의 말은 이를 입증해 주는 사례이다.

선거운동방법에 있어서 의정보고서를 돌리는 것은 현직 의원이 갖는 이점이다. 현직 의원의 경우, 선거출마 경험뿐만 아니라 의정 경험까지 갖추었으므로 추진력이나 자신감, 특히 노하우 등에 있어서 무경험자와는 큰 차이를 보이는 것이 일반적이다. 또한, 다른 후보자에 비하여 지역 내 인지도가 높을 것이므로 당선 가능성도 높을 것이라 예상할 수 있다.

표 7-6_ 여성후보들의 선거자금 출처 및 지원단체

	자비 외 선거비용 출처			지원단체		
	당 지원	여성발전기금	후원금	정당	시민단체	없다
인원	7	4	2	2	5	13

Ⅲ. 여성후보들의 공약

2006년 선거는 전반적으로 정책선거나 인물선거라기보다는 정당이 가장 중요한 변수였다고 할 수 있다. 전국적으로 한나라당이 압승을 거두었기 때문에 어떠한 정책이나 공약을 내세웠느냐, 인물은 어떠했느냐보다는 어느 당이냐가 가장 중요한 변수였다고 할 수 있다. 이러한 점에서 공약을 살펴보는 것은 당선 여부에는 큰 의미가 없다. 하지만 여성들은 일반적으로 남성과는 다른 정치적 정향을 가지고 있다고 알려져 있다는 점에서 여성후보들의 공약과 남성후보들의 공약에는 어떠한 차이가 있는지 비교해 볼 필요가 있다.

서울시의회에 출마한 22명의 여성후보를 비교해보면 주거환경 개선 및 지역의 발전을 목표로 하는 공약을 내세운 후보는 모두 11명이었고 교육을 내세운 후보는 6명이었다. 시의회이기 때문에 해당 시의 주거환경 및 지역 발전을 목표로 하는 공약이 많은 것은 당연한 일이다. 그러나 2002년의 선거 및 다른 선거들과 비교해 볼 때 여성후보라고 특별히 친여성적인 공약이나 복지정책에 많은 비중을 두고 있지는 않았다. 우리가 흔히 생각하듯이 여성후보들은 친여성적인 공약이나 여성들의 주요 관심사인 청소년 교육문제나 탁아문제 그리고 여성과 서민의 복지문제 등을 강조할 것이라는 생각은 2006년 선거에서는 맞지 않았다. 앞에서 여성후보들의 출마 동기에서도 보았듯이 남성후보들과 큰 차이를 보이고 있지 않았듯이 공약에 있어서도 큰 차이를 보이지 않는다.

표 7-7_ 후보들의 공약

후보자	선거전략 및 공약
김분란	① 강남이 부럽지 않은 주거환경 ② 구민의 편의를 고려한 지역사회 건설 ③ 자부심이 될 수 있는 생활여건 ④ 생활편의 중심의 교통 환경 개선
안희옥	① 성북유럽 뉴타운개발 ② 평생학습도시 조성 ③ 깨끗하고 소음 없는 성북유럽
김정재	실제 투표하는 층을 주로 공략, 20대는 신경 쓰지 않음, 취약지구 공략(호남 출신이 다수인 지역구 특징, 호남 출신 유권자 외), 이미지가 아닌 구체적이고 현실적인 공약제시, 젊은 이미지 강조 ① 신촌 상권 활성화 ② 서대문 고가도로 철거 ③ 극동아파트 앞 상가 도시계획 추진
김혜원	인지도 높이는 것이 최우선, 지역유지·토호들 많이 찾아다님, 한나라당 최연소 후보여서 언론에서 많이 주목하여 언론도 활용 마포의 새로운 엔진, 행동하는 마포일꾼, 도시전체계획과 주거환경 개선에 맞춰 재건축·재개발 추진, 청소년·보육정책에 적극 투자

이지현	주민의 관심 극대화에 역점(경력과 참신한 이미지 부각)/글로벌 서울 ① 특화된 동북아국제금융센터 및 국제업무거점지역 육성 ② 지역단위 영유아시설 및 국공립 보육시설 확충 ③ 친환경 대중교통수단 확대, 주말시간제 차 없는 거리 확대 ④ 동아시아를 비롯한 세계도시와 교류확대, 국제청소년 교류체계구축 ⑤ 공공시설·대중교통에 외국어 안내판 설치 확대
서정숙	평소 쌓아온 성실, 청렴의 이미지 부각/건강한 서울, 아름다운 강남 ① 첨단직업전문학교 설립, 청소년국제교류센터 건립(선진교육타운) ② 노후아파트재건축 규제폐지 ③ 이중과세의 시정 ④ 육아보육시설의 선진화 ⑤ 노후복지정책마련
이국희	① 교육환경 및 시설개선 ② 교통 환경개선 ③ 환경보호 ④ 문화수준향상 ⑤ 복지향상 ⑥ 지역경제 활성화
박경난	주거환경학 전공을 살려 서대문구 개발 ① 뉴타운개발 이익을 원주민에게 ② 노인의료복지개선 ③ 방과 후 아카데미 설립 ④ 안산순환산책로 정비 ⑤ 서대문 교통문제 해결
임현주	선거공약 플랜 알리는 것을 타 후보와 차별화, 가까이에서 유권자들 많이 만남 신림역에서 서울대까지 이팝나무길 조성, 신림뉴타운(2, 6, 9, 10동)조기 착공 뉴타운 제외지역 주택 재정비 촉진법으로 도시계획 재정비
김미경	구의원활동을 지역구민에게 어필 ① 교육재정확충 ② 은평구 개발에 대한 주민 컨설팅
윤명화	① 중랑을 영어마을로 ② 방과 후 학교의 활성화 ③ 중랑구를 교육투자우선지역으로 ④ 보육시설의 증가 ⑤ 노인 정책 ⑥ 대학생 멘토링 제도 ⑦ 중랑 인재뱅크 구축 ⑧ 문화예술학교 설립.
이용근	① 둔촌 아파트 재개발 및 둔촌·성내지역 글로벌 종합 문화, 체육, 복지, 교육 주거마을 조성 ② 사회복지 시설 확충 및 사회보장 제도의 정착 ③ 교육제도의 개혁 및 교육 시설의 확충
신향숙	① 지역경제의 활성화 ② 교육시설의 증설 ③ 누구나 편안한 삶을 누리자
박선영	노년층 직접 대면방법(전체 주민 중 유권자 80%),단순하게 알기 쉽게 ① 교육예산확충 ② 보육시설 확충 ③ 노인복지
임윤희	지역기반 마련에 중점을 둠(선거를 통해서 민주노동당 지역기반 마련하는 것이 2차적 목표) 역교부세 도입으로 구로구 재정 확충/육아■교육복지 실현/주거■교통■환경개선/공공부문부터 비정규직 축소/여성■노인■저소득층 복지확충

박영단	강한 추진력과 실천력, 배짱 좋은 관악구의 희망 난곡로 경전철 사업 추진/도림천 주변 생태공원 조성/서울시 도시발전 계획안 유치
허명화	주민에게 확인받고 보고하는 시정활동 ① 경원초등학교 건립 ② 유치원과 어린이집 사립과 공립의 수임료 차이 해소 ③ 중기 인력의 합리적 계획으로 행정조직을 축소 ④ 예산의 효율성 재고 ⑤ 남산 1, 3호 터널 혼잡통행료 폐지
최한오	봉사정치, 희망정치 ①노후건축물 재건축(쾌적한 주택환경 가꾸기) ② 고속도로 투명덮개공사 ③ 문화프로그램 확충 및 동사무소 시설 개선
최윤희	선진 국가 벤치마킹(싱가포르)/정직하게 최선의 노력을 다함 ① 상문고 도로포장 ② 노인복지·육아문제 보완 ③ 뉴타운 재개발
박갑순	주민들의 투표율 상승유도, 인지도 상승에 역점/① 치매병원 설립 ② 언주로 고가도로 설치 ③ 강남 가족공원 조성 ④ silver세대의 일자리 확보
김정숙	① 자립형 사립고 유치 ② 학교 안전 확보 ③ 경로당과 문화프로그램 연계 ④ 사교육비개선
이한순	삶의 질 바꾸는 것은 여성이 낫다(여성으로서 잘 할 수 있는 부분 강조) 불도저식 뉴타운 아닌 선진국형 웰빙타운 건설, 과밀학급 해소, 여성 일자리 창출

Ⅳ. 여성후보들의 당선 변수

2006년에 당선된 여성당선자는 전체적으로 13.7%로서 이전 선거보다 상당히 많이 증가했다. 2002년 선거의 3.2%에 비해서 4배 이상 증가한 숫자이다.

이들의 연령별 분포는 남성에 비해서 젊다고 할 수 있다. 남성 당선자는 50대와 60대가 80%를 차지하는데 비해서 여성들의 경우에는 40대, 50대가 73%를 차지하고 있어서 남성 당선자보다 젊다고 할 수 있다.

그림 5_ 역대 지방선거 여성당선자 추이

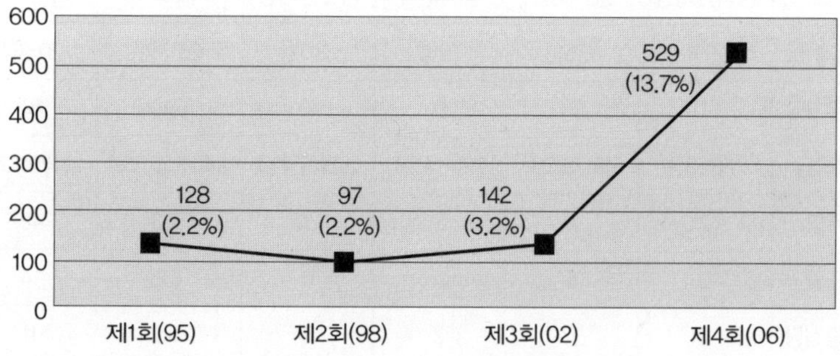

1. 정당요인

여성후보들의 당선에 가장 큰 영향을 미친 요인이 무엇인지 알아보았다. 이것은 앞으로 여성정치인들이 보다 많이 정치에 진입하기 위해서 어떠한 경쟁력을 갖추는 것이 필요한지를 알아보는 전략적인 측면에서도 중요한 것이다. 국회의원 여성후보들의 경우에는 주요 정당의 공천이 당선에 있어서 중요한 변수였다고 알려졌다(황아란 2002). 일반적으로 여성들은 남성들보다 당선경쟁력이 없다고 인식되어서 정당들은 여성들을 공천하는 것을 꺼리는 것으로 알려졌지만 위의 연구에서는 여성은 남성과 마찬가지로 주요 정당으로부터 공천을 받으면 당선 가능성이 높아진다는 연구결과가 있었다.

각 선거 결과를 정당별로 살펴보면 아래와 같다. 모든 선거에서 한나라당이 압승을 거두었다. 각 선거별로 작게는 41%에서 많게는 81.3%에 이르는 점유율을 보여서 거의 한나라당이 장악했다고 해도 과언은 아니다.

표 7-8_ 2006 지방선거의 정당별 당선자

	광역단체장	광역의회	광역비례	기초단체장	기초의회	기초비례
합계	16명	655명	78명	230명	2513명	375명
열린우리당	1	39	17	19	549	81
한나라당	13(81.3%)	519(79.2%)	32(41.0%)	155(67.4%)	1,401(55.8%)	213(56.8%)
민주당	2	71	8	20	233	43
민노당	0	5	9	0	52	14
국민중심당	0	13	2	7	56	11
무소속	1	14	0	29	228	362

다른 어떤 요인보다도 정당이라는 요인이 유권자들의 선택에 있어서 가장 중요한 요인이었음을 알 수 있다. 여성당선자의 정당별 분포도 이와 유사하다. 광역의회의 경우 여성당선자의 90%가 한나라당 소속이며 기초단체장은 3명 모두가 한나라당 소속이다. 기초의회의 경우에도 지역구와 비례를 모두 합쳐서 57% 정도의 점유율을 보여주었다. 그렇기 때문에 여성이 당선되었다면 다른 변수도 있었겠지만 정당이라는 요인이 가장 중요했다고 생각할 수 있다.

표 7-9_ 여성당선자의 정당별 분포

	광역단체장	광역의회	광역비례	기초단체장	기초의회	기초비례
합계	0	32	57	3	110	327
열린우리당	0	0	15	0	21	85
한나라당	0	29(90.6%)	23(40.3%)	3(100%)	62(56.4%)	187(57.2%)
민주당	0	1	7	0	8	30
민노당	0	1	10	0	15	14
국민중심당	0	1	2	0	1	9

서울시의회의 여성후보자들을 면담한 내용을 보아도 정당이 당락에 중요한 변수가 될 것이라고 후보들은 생각하고 있었다. 서울시의회 여성후보들의 경우에도 정당이 당선의 가장 중요한 변수가 될 것이라고 언급한 후보가 7명이나 되었고 그중 5명은 한나라당 소속 후보였다(별첨 참조). 이미 선거운동 과정에서 정당이 중요한 변수임을 그들은 알고 있었던 것이다. 한나라당 소속 후보(김정재)를 포함한 많은 후보들은(박경난, 박선영·열우당) 한나라당의 당세와 관련한 질문에 모두 한나라당 후보가 당세에 힘입어 선거에서 많은 이득을 볼 것이라고 답변했다. 이렇게 볼 때 2006년 선거에서 여성들의 당선에 있어서 가장 중요한 변수는 정당이었다고 해도 과언은 아니다.

2. 여성이라는 요인

일반적으로 여성후보들은 여성이라는 요인이 당선에 장애가 될 것이라는 생각하는 경향이 있다. 또한 정당들도 역시 여성이기 때문에 유권자들이 찍지 않을 것이라고 생각하기 때문에 공천을 꺼리는 경향이 있다. 그러나 최근에 들어와서 몇 번의 선거를 통하여 유권자들이 여성이기 때문에 안 찍는다는 정설은 잘못된 추측이었음이 밝혀지고 있다. 지난 2004년 17대 총선에서도 여성이라는 요인은 지지후보를 결정하는데 부정적이지 않다는 연구결과가 나와 있다(김민정 2005). 2006년 선거의 경우 여성후보자들은 자신의 경쟁력을 무엇이라고 생각하는지 알아봄으로써 여성이라는 요인이 그들의 단점이 되는지 아닌지를 한번 알아보고 싶었다. 이것은 후보자들이 느끼는 민심과 관련이 있으며 정당의 태도와도 관련이 있을 것이라고 추측된다. 즉 정당에서 여성후보자의 여성이라는 요인이 부정적이라는 인상을 가지고 있으면 후보자도 역시 자신이 여성이라는 요인이 부정적이라고 생각할 수 있다.

설문을 통해서 알아본 바에 의하면 서울시 여성후보 가운데 여성이라는 요인을 자신의 강점으로 평가하고 있는 여성후보는 모두 10명이었다. 반면 부정적으로 생각하는 후보는 6명으로 나타났다. 여성이라는 요인이 장점과 단점이 모두라고 지적한 후보도 있었다. 더 나아가 여성이라는 요인이 후보 본인이 생각하는 당락의 주요 변수라고 생각하는 후보도 세 명이나 되었기 때문에 적어도 서울시의 경우에는 여성이라는 요인을 후보들이 그렇게 부정적인 것으로만 보고 있지 않다고 할 수 있다. 한 지역구에 여성이 두 명 출마한 경우도 있었는데 이 경우 그 지역에 여성에 대한 거부감이 없었던 것으로 나타났다. 서대문구 1선거구가 이에 해당하는데 한나라당 소속의 김정재 후보와 열린우리당 소속의 박경란 후보가 출마한 지역구민들도 여성후보 출마에 대한 거부감은 없었다.

표 7-10_ 여성후보가 말하는 자신의 장단점

	자신의 장점				자신의 단점			
요인	여성	전문성	지역기반	기타	여성	지역기반	경험부족	기타
명	7	7	5	3	5	7	4	2

본인이 여성인 점이 선거에 어떠한 영향을 줄 것이라고 생각하느냐는 질문에 대다수의 후보자들이 여성으로서 유리한 점도 있고 불리한 점도 있다고 대답했다. 이한순 후보는 한명숙 총리와 강금실 장관 등 여성들이 활발한 활동을 펼치고 있는 지금 상황이 유리하기도 하지만 한편으로 "노년층에서 여성들이 다 해먹으려고 한다."는 이야기를 듣는다며 이러한 측면에서는 불리하게 작용할 수 있다고 대답했다. 김혜원 후보도 본인이 여성인 점을 강점으로 내세웠지만 반대로 약점도 여성인 점을 꼽았다.

이러한 상반된 시각이 있는 가운데, 대부분의 후보들은 선거 전략으로 여성으로서 깨끗하고 잘 할 수 있는 부분을 강조하고 강점으로 내세웠는데 임윤희 후보는 특별히 여성후보인 점을 강조하지 않았다. 여성후보가 강점일 수는 있지만 선거 전략의 기조가 될 수 없다고 이야기 했다. 박영단 후보와 같은 경우에는 주민들이 여성으로 바꿔줘야 한다는 인식이 있으며 여성으로서 일을 잘 할 것이라고 생각하기 때문에 자신이 여성이기 때문에 당선될 가능성이 높다고 확신했다. 임현주 후보는 다른 후보들과 달리 여성후보인 점을 강조하지 않았고 자신의 약점을 여성후보인 점으로 꼽았다. 전체적으로 여성이라는 점을 바꿀 수 없는 이상, 여성적 이미지를 적극 활용하여 여성으로서의 장애를 극복하려는 전략을 세우고 있다. 실제로 유권자가 후보의 이름을 인지하는 것이 여성의 경우에 더 용이하여 유리하다는 주장(Darcy et al. 1987, 110)과 함께 여성적 이미지를 깨끗하고 정의로운 전문가의 이미지로 정착시키려는 노력을 강하게 볼 수 있었다.

여성후보의 장단점을 평가한다면 다음과 같다

표 7-11_ 여성후보가 느끼는 여성후보로서의 장단점

유리한 점	불리한 점
- 기존 정치인이 대부분 남성이어서 유권자의 관심을 끌 수 있다(거리 유세에서 호응이 좋음) - 깨끗하고 청렴한 이미지 부각에 용이 - 섬세함, 남성에 비해 꼼꼼하고, 유권자들이 관심 많이 가져 줌 - 유권자와의 접근성이 높음 - 주민의 요구를 잘 들어 줄 수 있음 - 성실함, 관용의 이미지 - 호응이 좋고, 도와주려는 사람이 많다.	- 유세 도중 신변의 위협을 가끔 느낌(박근혜 대표 습격 사건 이후) - 남성에 비해 조직 생활과 다양한 사회 활동 경력이 부족(로비 부족) - 사회(특히 공무원사회)의 남성우월주의. 여성을 비하하는 시각이 많음

이를 볼 때 여성후보들은 여성이라는 요인에서 불리한 점보다는 유리

한 점을 더 많이 찾고 있고 또 실제 선거운동에서 주민들의 호응이 좋고 도와주려는 사람이 많다고 느끼고 있어서 지난 선거에 비해서 변화된 모습을 볼 수 있었다.

3. 인지도: 지역의 평판

2006년 선거의 경우 전체적으로 후보들에 대한 인지도가 상당히 낮았다고 보인다. 여성후보가 출마한 선거구에서 후보 개인에 대한 논의나 평가보다는 정당에 대한 평가가 훨씬 지배적이었다.

시의회에 출마한 여성후보가 있는 지역구에서 지역구민들과 면담해보면서 느낀 것은 전반적으로 지역구민들이 시의원 후보에게 관심이 별로 없다는 것이다. 그 이유로 첫째는 몇몇 의원들은(김정재, 박선영 후보의 경우) 지역구에 대한 연고가 거의 없어서 중앙당에서 현 지역구로 전략 공천한 케이스이기 때문에 지역구민들의 인지도가 현저히 떨어졌으며, 둘째는 현 정치상황이 인물보다는 당에 대한 지지로 쏠리는 경향 때문에 더욱 이러한 상황으로 부추긴 것으로 보인다. 결정적으로 시의원 정도의 레벨에서 인물에 대한 관심이 부족하고 당을 보고 투표하겠다는 의견이 지배적이었다.

출마한 여성후보 22명 중 면담이 이루어진 20명의 후보들 가운데에서 5명 정도만이 스스로 인지도가 높다고 평가했고 다른 후보들은 인지도에 있어서 자신이 없는 답을 했다. 이것은 그만큼 많은 여성후보들이 지역구의 인지도에서 낮다고 판단하고 있다.

표 7-12_ 여성후보의 지역 내 평판

후보자	지역의 평판
후보1	중년 이후 노년층에서는 너무 젊다는 우려도 있었으나, 타 후보자들에 비해 상대적으로 인지도가 높고, 경력과 한나라당 소속이라는 점에서 긍정적인 평가가 주를 이룸. 젊은 층에서는 젊은 여성이라는 면이 오히려 긍정적으로 작용함.
후보2	인지도가 높지 못했고, 한나라당 후보라는 점에서는 긍정적이었으나. 여성후보라 부정적으로 생각하는 경우가 많았음.
후보3	서초구 4선 의원, 현 서울시의원의 경력으로 인지도 높음. 특히, 30-40대 주부(학부모)들에게 인지도가 높았으며, 그동안의 활동에 대해 긍정적인 평가가 많았음. 그러나 중년 이후의 남성층에서는 인지도가 상대적으로 낮았을 뿐 아니라 한나라당 후보가 아니라 관심 없다는 답변이 많았음(여성후보라서 갖는 편견은 없다고 함).
후보4	후보자 혼자 선거운동(명함 돌리기)을 하기 때문에 인지도가 낮음. 주소지를 벗어난 지역에서는 거의 몰랐음. 주소지에서는 성실하고, 활발한 봉사활동 등으로 주민 관심이 많았음. 여성후보자에 대해 갖는 주민들의 반감은 없었음.
후보5	출마가 늦어서 인지도가 매우 낮음(벽보 부착도 못함). 주민들이 여성후보자에 대해 갖는 반감과 편견은 없었음.
후보6	구의원 경험으로 인지도는 높았으나, 개인적인 인물 역량이 부족하다는 부정적 견해가 많았음(후보자가 성당의 지원을 많이 받고 있다고 했지만, 성당 내에서도 부정적인 평가가 많다고 함). 여성후보자라서 갖는 반감은 없었음.
후보7	후보에 대한 인지도 부족, 여성도 상관없다는 의견, 인물에 관계없이 소속당(열우당)에 대한 반감이 작용한다고 함.
후보8	
후보9	똑똑해 보인다(법학박사라서)는 평가가 다수, 인지도 부족, 상대적으로 어린 나이를 참신하다고 해석하는 경향. 여성이라서 좋다는 의견.
후보10	전반적인 인지도 부족, 일 잘하고 똑똑하다는 평판, (전) 구의회 의원활동에 대해 우호적인 의견.
후보11	독해 보이는 이미지(부정적), 홍보물에서 외모가 너무 어려 보인다는 의견, 홍보 부족으로 지역구민에게 어필 못한다고 함. 여성이라는 점에선 반감 없음. 여자가 일 더 잘해서 호감.
후보12	
신향숙	여성기업인은 다를 거라는 기대, 좋은 분이라고 생각, 초선이라 선거운동에 있어서 미숙한 점 발견.

김분란	능력 있는 후보, 공직자로서 행한 정책들에 대한 좋은 평가, 지역을 위해 열심히 일할 것이라는 기대감.
이국희	현역 시의원으로서 의정활동에서 좋은 모습을 보였음, 교육자 출신이기 때문에 교육문제를 잘 해결할 것이라는 기대, 푸근한 인상에서 오는 안정감.
후보13	선거운동에 있어서 열심히 하는 모습이 보임, 장애인 학교 교장 출신이므로 소외된 사람들에 대한 관심을 더 많이 갖고 있다는 점에 대해 호감을 가짐.
후보14	교육문제에 대해 보다 실질적인 접근(교육자원봉사자로서 활동하기 때문이라고 생각됨), 가족적인 분위기의 선거운동, 거리유세 때 친절한 이미지, 대체적으로 좋은 이미지를 보유.
후보15	지역사람이 아니고 당의 공천으로 온 것이기 때문에 잘 모르지만 젊고 여성이라는 점 어필.
후보16	구의원 경험 많아 인지도 있고 평판 좋음, 시의원 후보 가운데 당선이 유력할 것으로 봄.
후보17	지역구에서 자라서 지역사정을 잘 알 것으로 여김, 30-40대 주부들에게 평판이 좋음.
후보18	지역에 오래 살아서 일을 잘 할 것으로 봄, 정직하고 성실하다는 평가, 남자 못지않은 추진력 있음.
후보19	인지도 낮지만 여성이고 무소속이라는 점은 확실히 각인됨, 아는 사람들에게는 일 잘한다는 평가받고 평판이 좋음.

Ⅳ. 결론

2006년 선거는 여성당선자가 전체의 13.7%를 차지함으로써 2002년의 선거에 비해서 여성당선자가 4배 가까운 증가를 보여주었다. 이러한 증가는 상당 부분 광역비례대표와 기초비례대표에서의 여성의 증가에 기인한다고 할 수 있다. 이런 점에서 2006년 선거는 여성들에게 큰 도전의 기회였으면서도 다른 한편으로 앞으로 나아가야 할 길에 중요한 과제들을 남겨주었다.

첫째 여성의 정치 참여 확대에 있어서 현재의 한국 상황은 아직 할당제와 같은 제도를 필요로 한다는 사실을 다시 한 번 확인시켜주었다. 2006년 선거에서 할당에 적용되었던 광역비례대표와 기초비례대표 부분은 전체 당선자중 73.1%, 그리고 87.2%가 각각 여성이었다. 즉 과반수를 훨씬 넘기는 비율로 여성의원이 당선되었다. 그러나 할당이 적용되지 않았던 다른 선거에서는 여성의 비율은 5%에도 미치지 못하는 낮은 비율로 큰 차이를 보여주었다. 이렇게 볼 때 한국 상황은 아직 할당이 없이는 5%에도 미치지 못하는 여성이 당선될 수밖에 없는 현실이라는 것을 알 수 있다. 이로부터 당분간은 할당이 필요하며 30%에 이를 때까지 할당은 확대될 필요가 있다.

두 번째 여성의 정치 참여 확대를 위해서는 여성후보자의 확대가 무엇보다도 시급하다. 그러나 비례대표 부분을 제외하고는 여전히 광역자치단체의 경우 6%, 기초단체장 2.7%, 광역지역구 5.2%, 기초지역구 4.9%의 낮은 후보 비율을 보여주었다. 일단 출마한 여성후보들의 당선율은 30% 정도이다. 광역의회의 경우에는 30%였고 기초의회의 경우에는 28.2%였다. 이 비율은 남성후보의 당선율에 뒤지지 않았다. 남성후보의 당선율은 광역에서 31.7%, 기초에서 31.6%였다. 따라서 일단 입후보한 여성후보들은 남성과 비슷한 정도의 당선율을 보여주었지만 출마 비율에서 여성이 남성에 훨씬 뒤지기 때문에 여성당선자의 비율이 낮았다. 이러한 점에서 여성의 정치 참여를 확대하기 위해서는 여성후보의 풀을 확대하는 것이 무엇보다도 시급하다. 각 정당들은 선거가 임박하여 후보들을 찾고 있지만 미리미리 잠재적인 여성풀을 준비하여 훈련시키고 준비하여 다음 선거에 대비하는 것이 필요하다. 영국의 노동당은 당 차원에서 여성 예비명단을 가지고 있으며 이를 가지고 지역별 공천에 사용한다. 이와는 별도로 당에서는 잠재적 후보 훈련 프로그램을 가동하여 가장 기초적인 단계에서부터 맞춤형 교육에 이르기까지 다양하게 여성 잠재후보를 훈련시키고 있다. 이러한 교육이 효과를 나타내고 있기 때문에 당내 30% 공천의 원칙을 지킬 수 있었고 분구 및 은퇴한 남성후보의 선거구에는 반드시 여성후보를 공천하는 원칙을 지켜낼 수 있었던 것이다. 각 정당은 사회에서 교육시킨 여성자원을 가져와서 활용하려고만 하지 말고 스스로 발굴하여 교육시키고 당의 자원으로 확대 재생산해야만 다음 선거에서는 보다 많은 후보를 낼 수 있다.

세 번째는 정당에서 여성을 공천하기 위해서 노력을 아끼지 말아야 한다. 2006년 선거는 약간 예외적인 상황이기는 하지만 황아란 교수의 논문에서도 지적되었듯이 당선의 가장 중요한 변수 가운데 하나는 정당이다. 결국 여성의 참여가 저조한 것은 중요 정당에서 여성을 공천하지 않기 때문이다. 프랑스 여성의 정치 참여가 저조한 이유 가운데 하나도 역시 중요한 정당에서 여성을 공천하지 않기 때문이다. 남녀후보동수제가 적용되는 프랑스의 경우에도 공산당·녹색당과 같이 소수 정당에서는 여성을 50% 늘 공천하고 있지만 정당의 지지율이 낮기 때문에 자연히 여성당선율도 저조하다. 반면 지지율이 높은 사회당과 UMP는 20%에도 미치지 않는 비율로 여성을 공천하고 있기 때문에 결국 의회에 입성하는 여성은 적을 수밖에 없다. 결국 여성수를 늘리기 위해서는 중요 정당이 여성을 많이 공천해야 한다. 그러나 중요 정당에는 언제나 많은 남성들은 공천을 위해 준비하고 있으며 최근의 경선으로 인해서 더욱 신인 여성들은 이러한 벽을 뚫기가 어렵다는 것이 증명되었다. 경선이 장기적으로 바람직하다고 하더라도 가는 과정에서는 여성과 같은 기반이 약한 후보들이 정치에 진입할 수 있는 방안이 마련되지 않으면 여성의 정치 참여 확대는 불가능하다. 경선이라는 제도는 기본적으로 보수적일 수밖에 없는 것이 현 상황에서의 세력관계를 그대로 반영하는 제도이기 때문이다. 현상의 변화, 현재 정치의 변화를 꾀하기 위해서는 새로운 룰이 필요하다. 그래서 균등한 세력관계가 형성된 이후에 경선을 적용하면 그대로 균등한 게임이 되겠지만 왜곡된 상황에서 경선만을 고집하게 되면 균등한 게임과는 거리가 멀게 된다. 이러한 점에서 정당들은 여성의 정치 참여가 확대되는 것이 당연하고 이에 동의한다면 경선과 더불어 여성들에게 특별한 조치들을 통해서 정치에 진입할 수 있는 길을 열어주어야 한다. 그것이 전략공천일 수 있겠고 여성에 대한 경선에서의 프리미엄일 수도 있다. 2006년 기초단체장에 당선한 3명의 여성단체장당선자는 모두 전략공천으로 선거에 출마하게 되었고 그 결과 결국 단체장에 당선되었다. 사실 전략공천이나 가산점 제도 같은 당내 남성후보들의 반발을 가져올 수 있다. 그렇기 때문에 정당은 당내의 여러 교육들과 당 지도부의 확고한 의지를 통해서 이들을 설득시키고 당내에서 합의를 얻어나가는 작업이 무엇보다도 선행되어야 한다. 2006년 선거에도 곳곳에서 여성에게 전략공천을 했지만 당내의 반대를 취소되는 사태가 발생하였고 이에 대해서 여성들의 좌절감이 극심한 경우가 있었는데 이러한 사태를 방지하고 당내에서 적극적으로 여성공천을 확대할 수 있도록 당내의 합의를 마련하는 것이 전제되어야 할 것이다.

네 번째는 여성후보들의 특징이다. 대부분의 여성후보들이 정당인으로 나타났다. 각 선거에서 50% 정도에 해당하는 여성들의 직업이 정당인으로 나타났다. 이는 긍정적인 측면과 부정적인 측면을 모두 가지고 있다. 긍정적인 측면은 여성들도 정당이 한국 정치의 중요한 행위자임을 깨닫고 정당을 통해서 활동하기 시작했다는 것을 의미하며 더 나아가서 한국 정치에서 정당정치를 안정시키는 중요한 요인이 될 것으로 생각한다. 그러나 다른 한편으로 아직 한국 정당이 한국 정치의 민주화, 특히 성 평등적인 문화를 창출하기에는 역부족인 상황에서 정당인들이 정치에 많이 들어오게 됨으로써 새로운 정치를 할 가능성이 오히려 낮아질 수 있다는 점도 간과해서는 안 될 것이다. 정당은 여전히 남성 중심적인 문화를 가지고 있고 심심치 않게 성불평등적인 발언을 서슴지 않는 남성 정치인들에 의해서 움직여지고 있다. 이러한 상황에서 대다수의 여성정당인들이 정치에 진입하게 된다면 한국 정치의 새로운 변화를 기대하기 어려울 수도 있다. 당 밖에서 풀뿌리 민주주의를 실천하며 생활정치현장에서 활동하던 많은 활동가들이 정당 공천제를 2006년 선거의 구도로 인해서 공천을 받지 못해서 자칫하면 기초의회에서까지 중앙의 정쟁에 매몰될 가능성이 있다. 이러한 점에서 기초의회에서의 정당공천제의 개선도 논의해야겠지만 무엇보다도 정당이 공천을 할 때는 후보의 풀을 다양화하여 이러한 생활정치를 실현할 수 있는 여성들을 많이 공천하였으면 하는 바람을 지울 수가 없다. 결국 이것은 정당의 몫이 될 것이다.

별첨 1: 서울시의회 여성후보가 말하는 자신의 강점과 약점 그리고 본인이 예상하는 당락변수

후보자	본인의 강점	본인의 약점	경쟁자에 대한 평가	타후보의 선거전략 평가	본인이 예상하는 당락의 변수
김분란	전문적 지식, 공직에서의 검증된 능력, 여성의 섬세함, 강직한 성격	확고한 신념으로 인한 반대세력 존재 가능(타협이 힘들다)	민주당 기존시의원의 지역인지도, 능력 있는 분	주민선택을 받은 분이나, 선거 지원인원이 많고, 지역색 발언, 상대후보에 대한 비방	당) 박근혜 대표 피습사건 낙) 지역에서 한나라당 당선된 적 없음.
안희옥					
김정재	여성, 전문가 이미지, 지구당 지원(조직), 참신함	경험과 경륜 부족, 경상도 출신, 지역연고 기반 없음	지역구특성상(전라도 성향) 민주당 유리, 열우당 후보도 전문가적 이미지	소속당 우세 상황에서 관심 없음	당) 한나라당 지지율 낙) 타 후보의 전문성과 인물이 더 어필되는 경우
김혜원	전문성, 유일한 여성후보(여성후보로서 깨끗하고 섬세하다는 인식) 나이가 젊음	여성, 젊은 나이, 미혼	열-정치신인으로 참신함 무-한나라당 탈당한 사람, 16년 동안 지역일 하여 경험 풍부	열-비방 안 하고 자기의 강점을 내세움 한-정치생활 오래해서 구태스러운 부분 있음(비방)	당) 한나라당이 대안, 박근혜 대표 영향, 여성으로서 참신함 낙) 무소속 후보 변수(한나라당 표 분산)
이지현	여성, 능력, 젊음	경쟁자에 비해 지역 기반이 미약	지역적 기반이 튼튼함(현 시의원)/이주해온 지 얼마 되지 않음(여당 후보)	상호 비방 없는 각자의 공약과 정책을 앞세운 선의의 경쟁	당) 한나라당 소속, 본인의 능력
서정숙	전문성과 통합성을 갖춘 여성리더, 오랜 봉사활동	유연성의 부족, 배짱이 부족	상대후보에 상관하지 않음	디지털화된 선거운동 방법의 도입 미진	당) 한나라당 소속, 자신의 이미지
이국희	현역의원으로서 인지도가 높다. 의정보고서 작성으로 여론조성 가능, 여성	없음	열린우리당 남 후보는 구의원 3번 당선된 분으로 훌륭한 분.	선거일정에 따른 활동	없음

박경난	전공(주거환경학) 관련해 개발 시 이점	여성, 지역사회와의 연계성	법률전문가로써 뉴타운 문제에 있어 이해관계 조정할 수 있다는 어필 가능	구청장 선거운동과 연계하여 시너지효과를 노림	당)개인적, 인물중심 투표 낙) 열우당 최근 지지율하락
임현주	풍부한 의정 경험, 이해찬 총리 보좌관, 정책적 부분 능력에서 타 후보에 비해 분명히 앞섬	여성후보	당지지도 때문에 한나라당후보 경쟁자로 생각, 의정활동 경험이 일천함(학원 오랫동안 운영)	네거티브 선거(비방)	당) 구의회에서 일 잘한다는 능력 검증되었음
김미경	구의원활동을 바탕으로 한 주민신뢰, 지역사회와의 연계성	여성	열성적인 분	당세 이용	당) 능력 인정, 인물 위주 선거 낙) 당세 하락
윤명화	긍정적 생각, 좌절하지 않는다.	열린 우리당의 지지도 하락	한나라당 후보는 당에 대한 국민들의 우호적 평가가 선거를 도울 것이다.	조직적 홍보	당에 대한 지지도
이용근					
신향숙	지역토박이, 여성	초선이라 조직적이지 못함	한나라 공천자 등록일 1달 전 이사, 무소속인 기존 시의원의 지역인지도.	조직적으로 효과적인 선거홍보	낙) 상대방의 불법선거운동 당) 서로 정정당당한 승부
박선영	시민활동가 출신, 참신함, 도덕성, 전문성	여성, 지역사회와의 연계성 부족, 조직 불리	경륜/스캔들 많음, 철새 정치인	구태의연한 방법, 당세 이용	당) 여성 인정 분위기, 능력 낙) 조직불리, 열우당 지지율 하락
임윤희	여성후보, 30-40대 주부들에 어필을 많이 함, 학교에 관련된 일 많이 함(학교급식조례 부결시킴)	지역 활동기반이 약함	개인 능력보다는 당 출신 때문에 한나라당 후보를 경쟁자로 생각, 지역 개발 부추기는 개발론자	이미 지지기반 완성되어 있어서 선거운동 많이 안 함(어깨띠도 매지 않음), 지역개발을 강조 부자들 지지 얻으려고 함	열린우리당 지지층의 이탈 2등은 가능하나 1등은 어려울 것으로 봄-이미 한나라당 지지가 50% 넘음

박영단	인지도 높다(30년 동안 지역 활동) 여성후보지만 남자들보다 앞설 수 있는 자기 능력에 대한 자신감	없음 당 지지도 낮지만 자신의 지역구에서는 상승세(관악구 민주당 상승세)	열-인격은 존경하나 당지지도가 약함 한-당 지지도는 월등하나 능력 부족	별다른 전략 없음, 잘 모름	당) 여성후보 (주민들이 여성으로 바꿔줘야 일을 잘 할 것이라고 생각)
이한순	정치색에 물들지 않음, 풍부한 경험, 여성후보	낮은 지명도(중앙에서 일하고 지역에서 일하지 않음) 지역 활동 기반 약함	경쟁자는 정당에 소속된 모든 후보들 한나라당 뉴타운 개발 공약 무책임(상세 기한 없음)	뉴타운 개발 내세움, 한나라당 원희룡 보좌관 출신임 강조	주민들의 의식수준
허명화	용기와 청렴, 현역 의원의 경험과 노하우	유연성 부족	능력보다는 인맥을 중시, 전문성 결여	당에 기댄 안일한 선거운동 당과의 연계만 강조	당) 현 의정활동 낙) 한나라당 공천 받지 못함
최한오	신앙적 믿음 깨끗한 이미지	조직 면에서 열세	정보 부족 (개의치 않음)	주변에 소음, 출·퇴근길 방해	당, 낙) 하나님의 뜻
최윤희	여성의 섬세함 정직, 청렴, 경력	없음	정보 부족 (신경 쓰지 않음)	각자 여건에 맞게 잘 하고 있음	당) 참신함, 유권자 의 기존 정치에 대한 심판
박갑순	주민의식 파악, 2선 구의원 경험 노하우	나이가 많음, 여성	전문성 결여, 성실하지 못함	한나라당의 정당 효과에 기댄 선거전략 무	투표율이 관건 당) 투표율이 50% 이상 낙)투표율이 40% 이하
김정숙					

별첨 2: 여성후보들의 선거자금 출처 및 그들의 지원단체, 선거운동방법

후보자	비용출처	지원단체	지원인원	선거운동방법
김분란	자비		공식적인 인원은 10명 정도. 그 외 자원봉사자 5-6명	차량을 이용한 거리유세, 명함 돌리기, 전화홍보
안희옥				
김정재	자비, 여성정치발전기금(당 지원, 선거후 반납)		유급인원 10, 자원봉사자 3, 사무장, 회계 2	전화/가두/연설/명함
김혜원	자비, 여성발전기금+중앙당 지원금 1천만 원(여성후보 지원) 총 비용 4천만 원 예상	중앙당	사무원+자원봉사(대학생) 모두 15명	상가순방/가두/전화홍보/유세차량/명함/인터넷 블로그 활용
이지현	- 자비(남편의 지원) - 당의 여성후보자 지원금 - 총 5,500~6,000만 원 예상	한나라당 차세대 여성위원회에서 지원	남편 외 친·인척, 친구, 교회 지인, 선거운동원 5명, 유세차량	명함 돌리기/홈페이지/전화(부수적)/가두유세 (역점)/연설
서정숙	- 자비(융자) - 당의 여성후보자 지원금: 500만 원 - 총 5,300만 원 내에서 활동	약사회에서 관심(실질적 도움은 없음)	가족, 유세차량 선거운동원 9명, 자원봉사자 9명, (당원, 지인)	명함 돌리기/핸드폰 문자메시지/전화/가두연설
이국희	자비(4,500정도 사용)	직능관변단체 시민단체(본인 운영)	법정운동원 14명(후보 포함) 그 외 자원봉사자	현역의원 시기 의정보고서 배포, 예비후보 등록 후 명함 돌리기, 후보 공천된 후 거리유세시작
박경난	후원금, 자비		유급인원 10, 자원봉사자 2, 사무장, 회계 2	전화/편지/가두/연설/명함/e-mail
임현주	자비(중앙당지원 극히 일부분)	없음	남편, 자원봉사 15명, 지인들	유세차량/가두/명함/전화홍보/인터넷(도움은 미비)
김미경	자비		유급인원 10, 사무장, 회계 2, 자원봉사자 2	가두/명함/편지/연설

윤명화	대부분 자비, 중앙당 보조금	리더십센터에서 관심	가족 및 자원봉사자 포함 25명	전화홍보, 거리유세, 유권자와 직접 접촉
이용근	자비			
신향숙	자비		남편 및 가족, 자원봉사자 포함 16명	거리유세, 명함 돌리기, 전화홍보, 주변분들에게 권유
박선영	개인재산(가족명의-어머니, 본인), 빚, 여성정치발전기금 700만 원		유급인원 10, (파트타임) 자원봉사자 5~7	가두/연설/편지/명함
임윤희	중앙당 지원금 200만 원 당원지원 400만 원 나머지 자비 총 비용 1,700만 원 예상	없음	남편, 시어머니 자원봉사자 포함 15명	전화홍보/가두/명함/인터넷
박영단	자비, 동생지원 (여성발전기금, 당 지원금 없음)	없음	남편, 남동생 2 큰조카 등 자원봉사자 없이 지인들	전화/가두/명함
허명화	- 자비 - 총 4,000만 원 이내	성모회	남편 외 가족, 자원봉사자 1명 (지인) 선서운동원 10명, 유세차량, 벽보차량	명함 돌리기/가두연설/의정활동 영상물/전화
최한오	- 자비 - 총 1,000만 원 이내		단독	명함 돌리기/플랜카드
최윤희	- 자비 - 지인들의 후원		가족	케이블 방송(서초, 남구)/ 인터넷/현수막
박갑순	- 자비 - 총 1,000만 원 이내		유세차량 자원봉사자(부산여고 동창생)	명함 돌리기(역점)/가두/ 전화
김정숙				
이한순	자비 3,000만 원	환경운동연합 (풀뿌리 초록정치 네트워크 5·31공동행동 추천후보)	아들, 자원봉사 포함 15명	가두/전화(상담)/명함

별첨 3: 서울시의회 여성후보의 사회경제적 배경

후보자	나이	학력	직업	경력
김분란	60세	서울시립대학교 도시과학대학원 (도시계획학과) 수료	푸른미래도시 광진연구소장	푸른미래도시광진연구장 광진구도시관리국장
안희옥	67	서울대 법학과 졸업	(사)한국청소년 한마음연맹 회장	서울시 가정복지 국장 성북 청소년 수련원 관장
김정재	41	Franklin Pierce Law Center 졸업(법학박사)	연구원	법률사무소 홍윤 상임연구원 북아현 뉴타운추진자문단 자문위원
김혜원	28세	충북대 정치외교학과 졸업	정당인	한나라당 마포을 당원협의회 디지털 지회장
이지현	30세	- 연세대학교 일반대학원 정치학과 박사과정 (현재) - 미 조지워싱턴대학교 동아시아학 석사 - 미 조지워싱턴대학교 국제관계학졸	정당인	- 한나라당 중앙차세대여성위원회 부 위원장 - 대외경제정책연구원(KIEP) 연구원
서정숙	53세	이화여자대학교 약학대학 약학과 졸업	약사	-서울시 여성위원회 부위원장
이국희	51세	숙명여자대학교 경영대학원 졸업(경영학석사)	서울시의원	서울시의회(현 의원) 한나라당 중앙위 교육분과위원장
박경난	43	연세대 주거환경학과 졸업	대학 강사/ 연구원	연세대 생활과학대학 강사 경실련 도시개혁센터 주거안정위원장
임현주	42세	이화여대 경영학과 졸업	〈SOS〉 기금 회장	이화여대 총학생회장 관악구 3선 의원
김미경	42	방통대 행정학과 재학	정당인	은평구의회 의원(전) 민주평통자문회의 자문위원
윤명화	46세	상명대학원 불문학과 박사과정 수료	자원봉사자	주한 벨기에대사관 어시스턴트 상명대 강사
이용근	53세	단국대학교 대학원 특수교육학과 정신지체아교육 박사과정 수료	교수	장안대학 사회복지학과 전임교수 덕성여대 교육대학원 외래강사

신향숙	37세	서울여자대학교 사회과학대학 경제학과 졸업	㈜ 에스엔피오 대표이사	작은 사랑 실천운동 시민연합 광진 지회장 한국IT벤처기업연합회 총괄이사
박선영	49	덕성여대 의상학과 졸업	정당인	열린우리당 종로지구당 창당준비위원장
임윤희	34세	동광상업고등학교 졸업 (현 서서울 생활과학고)	시민운동가	구로 여성회 부회장 민주노동당 지방자치위원
박영단	53세	나주대학 중퇴	정당인	관악 지구당 여성특위원장 관악 지구당 신림8협의회장
허명화	58세	숙명여자대학교 정책대학원 지방자치전공 1년 수료	서울시의원	- 현 서울시의회 의원
최한오	42세	전남대학교 생물학과 졸업	주부 작가	- 서초명예교통행정과장 - 서초동명예문화공보과장 - 한나라당 서초 부 선대위원 - step by step 상담센터원장 - 사회 교육원 강사
최윤희	41세	단국대학교 서반아어학과 졸업	기내식, 유통업체 입점 납품 소개(프리랜서)	-서울올림픽 외교사절 -주한 멕시코 상무관실 비서관
박갑순	62세	한국외국어 대학교 노어과 졸업	다음 고시원 원장	- 강남구 의회 의원
김정숙	44	가톨릭대 사회복지대학원 졸업	사회복지사	한성여자중·고 졸업 학사모정책위 사무국장
이한순	60세	이화여대 불어불문학과 졸업 연세대 교육대학원 일반사회교육학 석사	(사) 여성자원 금고 이사	조흥은행 31년 근무 서울시 서부여성발전센터 소장

8장

2010년 지방선거와 여성의 정치 참여 확대

Ⅰ. 서론

6.2 지방선거는 여섯 번째 치러진 지방선거(지방 동시 선거로는 5회)로서 한국 정치에 있어서 여러 가지 중요한 의미를 남겼다. 우선 2010년 지방선거는 외형적으로 볼 때 지역대결 구도가 상당히 완화된 모습을 보여주었다. 강원도나 경상남도와 같이 비교적 지역색, 정`당색이 강한 지역에서 이변을 일으킨 도지사가 당선되었고 이러한 이변은 일정 부분 세대 간 투표 성향이 뚜렷해졌기 때문이라는 평가가 나오고 있다. 즉 20-30대 젊은 층과 50-60대의 장년층이 상반된 투표 성향을 드러냈다고 할 수 있다. 그래서 2010년 선거의 가장 큰 특징 중 하나는 20-30대의 적극적인 선거 참여로서 이들이 지역별 대결구도를 약화시키고 투표율을 높이는데 기여했다는 주장도 나오고 있다.

2010년 지방선거 투표율이 54.5%로 잠정 집계돼 15년 만에 최고치를 기록했다. 첫 지방선거가 열린 1995년 이래 가장 높은 투표율이자 역대 두 번째다. 중앙선관위는 지방선거 투표 마감 결과, 전체 유권자 38,851,159명 가운데 21,166,894명이 참가해 투표율이 54.5%로 잠정 집계됐다고 밝혔다. 지방선거 투표는 1995년 제1회에서 68.4%를 기록했으나, 1998년 제2회 52.7%, 2002년 제3회 48.9%로 낮아졌고, 2006년 제4회에선 51.6%로 반짝 상승했다. 투표율 상승은 초박빙 접전지역이 견인했다. 여·야 각 당의 지지층이 세 결집에 적극 나서면서 전체적인 투표율이 올라간 것으로 풀이된다. 지역별 투표율은 무소속 현명관, 우근민 후보가 접전을 벌인 제주가 65.1%로 1위를 기록했고 전남이 64.3%로 뒤를 이었다. 한나라당 이계진 후보와 민주당 이광재 후보가 맞붙은 강원도가 62.3%, 한나라당 이달곤 후보와 무소속 김두관 후보가 박빙 승부를 펼친 경남이 61.9%였다. 아울러 한나라당-민주당-자유선진당이 '중원 혈투'를 벌인 충청지역도 높은 투표율을 나타냈다. 충남은 56.5%, 충북은 58.8%로 전체 평균치를 웃돌았다. 지방선거 최대 승부처인 수도권도 50%를 넘었다. 서울이 53.8%로 가장 높았고 경기 51.8%, 인천 51.0% 순이었다. 투표율이 가장 낮은 지역은 대구로 46.0%였다. 이 밖에 부산 49.5%, 광주 49.8%, 대전 52.8%, 울산 55.1%였고 전북과 경북이 나란히 59.4%를 기록했다. 투표율이 이렇게 높아진 것은 선거 막바지에 경합 선거구가 많이 늘어났고, 교육감 선거와 교육의원 선거가 추가된 8가지 선거를 동시에 치르면서 관심계층의 폭이 한층 넓어진 것, 그리고 20-30대의 투표율이 높아진 것이 아닐까 추측할 수 있다(서울신문 2010. 6. 7).

이변을 일으킨 지역에서의 경우 특히 20-30대 유권자들의 지지성향이 뚜렷하게 장년층과 차이를 보였는데 출구조사에 의하면 강원도 도지사 당선자의 경우 20대는 68.0%의 지지를, 30대에서는 71.8%의 지지를 받은 것으로 나타났지만 50대에서는 48.2%, 60대에서는 30%의 지지를 받은 것으로 나타나서 20-30대와 50-60대의 지지율은 큰 차이가 나는 것으로 나타났다. 또한 서울의 오세훈 당선자의 경우 20대에서는 32%, 30대에서는 28.2%의 지지를 받았지만 50대에서는 57.6%, 60대에서는 71.8%의 지지를 받았고 그의 경쟁자였던 한명숙 후보의 경우에는 20대에서 56.7%, 30대에서 64.2%였지만 50대에서는 38.8%, 60대에서는 26%의 지지를 받은 것으로 나타나 세대 간의 격명한 차이가 있었음을 알 수 있다. 이 같은 현상은 인천시장, 경기도 도지사의 경우에도 유사하게 나타났다.

2010년 선거의 이러한 특징들 즉 지역구도의 쇠퇴, 세대 간의 뚜렷하게 다른 투표 행태, 비교적 높아진 투표율, 20-30대의 참여 증대 등이 여성정치에는 어떠한 영향을 주는 것일까?

여성의 정치 참여 확대가 정치 이슈가 되기 시작한 이래로 몇 번의 제도적 개선이 있어왔다. 2010년 선거 이전에도 보다 많은 여성들이 정치에 참여할 수 있도록 여성의무공천제가 도입되면서 그 제도의 실효성 논란이 있었고 보다 진전된 제도적 노력이 필요하다는 주장이 있어왔다. 이에 이번 장에서는 2010년 선거의 특징이 여성의 정치 참여라고 하는 부분에서는 어떠한 영향이 있었는지, 새로 도입된 여성의무공천제가 얼마나 실효성이 있는지, 어떠한 제도적 개선이 필요한지에 대해서 논의하면서 2010년 선거를 여성의 시각에서 검토해보고자 한다.

Ⅱ. 지방정치와 여성의 참여

왜 여성들이 지방정치에 참여해야 하는가에 대한 정당성의 근거를 살펴보면 대개 다음과 같이 요약될 수 있다. 우선은 여성의 권익증진을 꼽을 수 있다. 중앙뿐만 아니라 지방의회는 갖가지 삶과 연결된 문제들이 다루어지는데 여성대표들이 부족해 여성과 관련된 의제들은 잘 상정되지 않는다. 소수이긴 하지만 지방의회의 여성의원들에 의해 보육이나 교육여건에 대한 주제들이 적극적으로 다루어지고 그 개선을 통한 여성의 권익을 증대하는 데 적지 않은 기여를 하고 있다는 사실로 여성들의 참여가 여성들의 권익증진을 위해 중요하다는 것을 알 수 있다. 두 번째는 지방정치에서의 여성의 과소대표성을 꼽을 수 있다. 이는 중앙정치에서 여성들이 참여해야 하는 이유이기도 하지만 지방정치의 경우 지역의 다양한 삶과 관련된 문제들을 다루고 이에 지역의 주체라 할 수 있는 여성들이 제대로 대표되지 않는다면 내실 있는 정치가 이루어질 수 없기 때문이다. 또한 이는 현재 많은 논란이 되고 있는 지방정부의 정통성을 제대로 세워주는 방안이기도 하다. 세 번째는 지역의 인력자원을 효율적으로 활용하자는 것이다. 여성이 정치에 참여하는 것은 정치적 자원의 개발과 효율적인 활용의 측면에서 의미를 갖는다. 여성의 정치 참여는 공직에 대한 경쟁을 증대시키고 궁극적으로 보다 나은 대표를 선출할 수 있는 가능성을 증대시킨다. 이는 여성의 개발뿐만 아니라, 사회적으로도 유용한 자원의 개발과 활용이라는 측면에서 이익이 될 수 있다. 현실적으로 지방의원의 자질 시비가 끊이지 않고, 일부 지방의원들이 각종 비리에 연루되거나 구속되는 사태가 지방의회 무용론까지 나올 정도로 심각하다. 또 후보자가 없어 무투표 당선되는 지방의원의 숫자가 수백 명에 달한다. 지역에서 활동하는 여성인력들이 지방의회에서 제대로 활용될 때 국가적 효율성뿐만 아니라 지역에서의 효율성도 올릴 수 있다. 끝으로 여성의 지방정치 참여가 중앙정치에 대한 참여에 비해 상대적으로 용이하고, 이는 여성의 정치 참여를 위한 교육적 기능도 할 수 있다는 점이다. 특히 기초의원 선거의 경우, 유권자의 수가 적고 그다지 많은 선거비용을 투여하지 않아도 당선 가능성이 있기 때문에 여성의 참여에 대한 효능감이 상대적으로 높다.

현재 기초의원의 여성비율이 가장 낮지만 지역구 선거로 당선된 숫자는 국회나 광역의회에 비해 많다. 물론 전체 의원 숫자에 비하면 그다지 많은 숫자는 아니지만, 여성정치 지도자의 양성이라는 측면에서도 기초의회의 여성 진출은 필요하다. 의회의 존립 이유나 운영원리, 그리고 다루는 사안과 정책결정의 과정은 국회나 지방의회에 큰 차이가 없다. 또 지방의원의 경험이 있는 여성의 경우 상위 수준의 정치직 진출에 상당한 자신감을 보여주고 있고, 이러한 과정을 거쳐 중앙정치에 진입하는 사례들이 종종 발견되고 있다.[21]

위와 같은 이유에서 여성의 지방정치 참여는 여성의 발전뿐만 아니라 지방정치의 발전을 위하고 나아가서는 전반적인 정치와 사회발전을 위해 매우 중요하다.

Ⅲ. 한국 지방의회에의 여성참여

한국의 지방의회에서 여성이 차지하는 비율을 각 지방의회별로 구체적으로 살펴보면 다음과 같다.

〈표 8-1〉에서 볼 수 있듯이 1991년 1기 지방의회의 광역과 기초의회에

---

21 17대에 국회에 진입한 열린우리당의 유승희 의원, 홍미영 의원, 민주노동당의 최순영 의원 등을 대표적인 예로 들 수 있다.

서 여성이 차지하는 비율은 1%에도 미치지 못하며 1995년, 1998년 선거에서도 기초의회는 1-2%의 비율을 보여주고 있다. 그나마 광역의회가 비례대표직의 설치로 5%대를 유지하면서 증가했다.

1998년의 선거를 자세히 보면 광역의회에서 지역구에 14명, 비례대표에 27명의 여성이 당선되고 기초의원 56명이 당선되면서 여성의 비율이 약간 늘기는 하였으나 그다지 만족스런 결과라고 보기는 어렵다.

비례대표 광역의원이 대폭 늘어난 것은 여성계의 주장과 취지를 정당이 상당 부분 반영한 것으로 긍정적으로 평가할 만하나, 지역구 후보로서 여성은 여전히 선호되고 있지 않음을 알 수 있다. 뿐만 아니라 여성의 입후보율에 비해 당선율이 낮다는 것은 여성의 당선율이 남성의 당선율에 비해 떨어진다는 것을 의미하는데, 아직도 여성의 정치적 경쟁력이 그다지 높지 않음을 알 수 있다.

2002년의 지방선거 현황을 좀 자세히 보면 먼저 광역단체장에 출마한 여성은 한 명도 없으며, 기초단체장에는 750명 중 8명, 지역구 광역의원은 1,483명 중 48명, 비례대표 광역의원은 209명 중 116명, 그리고 기초의원은 8,373명 가운데 222명이 여성이다. 당선자를 보면 기초단체장 232명 가운데 2명, 지역구 광역의원 609명 가운데 14명, 비례대표 광역의원 73명 가운데 49명, 그리고 기초의원 3,485명 가운데 77명이 여성이다. 2006년에는 기초의회에서의 비례대표가 신설되었고 이 비례대표 정당 명부에서 여성이 50% 되도록 강제하였기 때문에 기초의회의 여성의원 비율이 증가했다. 그래서 2002년 2.2%에 그쳤던 기초의회 여성의원의 비율이 15.1%로 증가했다. 기초단체장의 경우에도 여성이 3명이 당선되었고 광역의원의 경우에도 지역구도 두 배 증가한 4.9%였으며 비례대표 부분은 여전히 상당히 많은 여성의원이 당선되었다. 전체적으로 2002년 3.9%에 그쳤던 여성비율은 2006년에 오면서 13.7%로 증가했다. 그러나 여전히 광역자치단체장 16명 가운데 여성은 한명도 당선되지 못했고 기초단체장의 경우에도 1.3%의 아주 낮은 비율을 보여서 여전히 갈 길이 멀다는 것을 보여주었다. 위의 통계로 볼 때 여성지방의원이 증가 추세에 있기는 하지만 전체적인 비율은 유권자의 과반수를 넘는 여성의 인구비와 견주어 볼 때 너무도 미미하다. 지방의회의 여성 진출 비율은 현재 프랑스가 47%로 가장 높으며(김민정 2001), 스웨덴이 41.3%, 노르웨이, 핀란드, 오스트리아 등은 30-40% 수준이고 오스트레일리아, 벨기에, 캐나다 등은 10-20%를 여성이 차지하고 있다(한겨레신문 2001-10-02).

표 8-1_ 2010년 지방의회의 여성후보 및 여성의원 현황

구분			여성후보자 수 (총 후보자 수)	여성후보 비율	여성당선자 수 (총 당선자 수)	여성 비율
2010	계		1,655(9,912)	16.7%	747(3,991)	18.7%
	광역자치단체장		3(55)	5.5%	0(16)	0.0%
	기초자치단체장		26(749)	3.5%	6(228)	2.6%
	광역의 회의원	지역구	154(1,764)	8.7%	55(680)	8.1%
		비례대표	179(266)	67.3%	58(81)	71.6%
	광역의회 합계		333(2030)	16.4%	113(761)	14.8%
	기초의 회의원	지역구	552(5,823)	9.5%	274(2,512)	10.9%
		비례대표	729(912)	79.9%	352(376)	93.6%
	기초의회 합계		1,281(6,735)	18.9%	626(2,888)	21.6%
	교육감		5(74)	6.8%	1(16)	6.3%
	교육위원		7(269)	16.7%	1(82)	1.2%

2010년 2010년 선거에서는 전체적으로 여성후보도 증가했다. 1998년 전체 후보 가운데 1.8%, 2002년 3.6%였던 여성후보 비율이 2006년 11.6%로 증가하였고 2010년 선거에서는 다시 5% 가까이 증가하여 16.7%에 이르는 여성들이 출마했다. 처음 실시된 교육감 선거에서도 6.8%의 여성후보

비율을 보였고 이중에 한명이 당선되었다. 교육위원 후보는 16.7%를 보이면서 여성들의 교육에의 관심을 보여주었다.

두 번째는 제도의 문제이다. 소선거구제를 중심으로 하는 한국의 선거제도는 여성의 정치 참여에 걸림돌로 작용하며 특히 기초의회의 경우 비례대표제도 병행되지 않아 제도적 보완책이 전무하다. 소선거구제의 경우 가장 표준적인 후보를 선정하게 되어 여성이나 신인 등 주변부에 있는 후보들이 당선될 수 있는 가능성은 희박하기 때문이다.

또 돈과 조직을 중심으로 하는 선거문화도 문제인데 지역으로 내려올수록 정책이나 공약보다는 후보자와의 친근 관계를 더 따지기 때문에 연고에 약한 여성들의 경우 어려움을 겪게 된다.

세 번째는 정당 내 여성이 적고 여성의 지위도 낮다는 점이다. 여성의 정치 참여에 있어 정당의 역할은 매우 중요하다. 광역의원의 경우 정당의 공천이 결정적인 역할을 하며 소선거구제의 경우는 더욱 그러하다. 하지만 정당의 결정적 지위 대부분을 남성이 차지하고 있고, 정당의 공천권을 가진 사람들이 여성에 대해 우호적이지 않으며, 공천 절차 자체가 여성에게 불리하게 되어 있다면 여성의 정치 참여는 더욱 어려워진다.

결국 여성의 정치 참여 확대를 위해서 가장 중요한 역할을 하는 것은 정당일 수밖에 없는데 정당공천이 상당히 미약하기 때문에 당선된 여성은 적을 수밖에 없다. 여성의원의 수를 늘리기 위해서는 보다 많은 여성을 공천하는 것이 필요하다. 그러나 정당의 입장에서는 당선 가능성과 정당에 대한 기여도라는 판단 기준을 가지고 공천을 하고 있는데 여성이 과연 당선 가능성이 있는지, 그리고 충분히 해당 정당에 대한 기여가 있는지를 판단하고 공천을 하는 과정에서 여성은 적게 공천을 받을 수밖에 없다. 그러면 여성들이 과연 당선 가능성이 있는지 한번 알아보자.

Ⅳ. 주요 정당의 후보 공천과 여성의 대표성

제5회 전국동시지방선거 결과, 여성당선인 현황은 기초자치단체장 6명(2.6%), 광역의회 의원 113명(14.8%), 기초의회 의원 626명(21.7%), 교육감 1명(6.3%), 교육의원 1명(1.2%)의 당선으로 나타났다. 총 3,991명의 당선인 중 여성이 747명으로 18.7%를 차지한다. 이는 당초 여성계가 요구한 지방자치단체장 20%, 지방의회 여성의원 50%라는 목표에 도달하지는 못했지만, 2006년 지방선거에 비하여 약진한 모습을 보여준다. 5대 선거에서 두드러진 점은 광역의원의 경우 지역구 후보자 중 여성이 차지하는 비율이 8.7%에 달하고, 제4회 지방선거와 비교 시 약 3.6%가 증가한 것으로 나타났다는 것이다. 기초의원의 경우도 전회 대비 약 4.6% 상승했으며, 총 후보자 중 여성비율이 9.5%를 차지했다. 제1회 지방선거 이후 여성후보자 비율 증가 추세를 살펴보면, 제1회에서 제3회까지는 소폭 상승한 모습을 보이다가 제4회에서 조금 큰 폭의 상승의 모습을 보였고, 2010년 선거에 들어서는 광역-기초의원 모두 2배에 가까운 증가폭을 보여주고 있다. 이는 2010년 선거에 지역구 '여성공천의무할당제'가 도입되면서, 각 당이 이에 대응한 노력의 흔적이라 해석할 수 있다.

여기에서는 각 정당이 어떻게 여성을 공천하고 있는지 공천 방법을 살펴보면서 여성의원 증가에 정당공천 방식이 무엇이 좋은지 생각해보겠다.

1. 정당별 여성당선 비율

(1) 정당의 지역구 의회(광역-기초) 여성후보 공천 및 지방의회 진출

제5회 지방선거시 지역구에서 선출하는 선거구 및 의원정수는 광역의회가 680개소 680명이고, 기초의회가 1,039개소 2,512명이다. 2010년 선거에서는 광역의회에서 여성이 총 154명 입후보하여 55명이 당선되었고, 기초의회에서 552명을 공천하여 274명이 당선되었다. 이 중에서 무소속을 제외하면, 광역과 기초의회에서 정당이 각각 130명과 484명을 공천하여, 각각 54명과 265명을 당선시켰다.

정당별로 여성당선율을 살펴보면, 광역의회에서는 2010년 선거에서 약진한 민주당이 63.4%라는 여성후보 당선율을 보였으며, 한나라당이 37.7%, 민주노동당이 36.8%의 당선율을 보였다. 이는 총 여성후보자 당선율인 35.7%를 상회하는 수치이다. 기초의회의 경우도 민주당이 75.2%의 당선율을 보였으며, 한나라당이 60.2%, 민주노동당은 33.8%의 당선율을 보였다. 기초의회의 총 여성후보자 당선율은 49.6%이다.

총 여성후보자 당선율을 남성후보자 당선율과 비교해보면 그리 큰 차이를 보이고 있지 않으며, 오히려 기초의회의 경우는 여성(49.6%)이 남성(42.5%)보다 당선율이 더 높음을 볼 수 있다.

표 8-2_ 정당별 지역구 의회 여성후보 공천 및 당선 현황

정당	광역의회			기초의회		
	공천자수	당선자수	당선율(%)	공천자수	당선자수	당선율(%)
한나라당	53	20	37.7	191	115	60.2
민주당	41	26	63.4	149	112	75.2
자유선진당	3	0	0.0	12	5	41.7

민주노동당	19	7	36.8	77	26	33.8
창조한국당	0	0	0.0	1	1	100.0
진보신당	5	1	20.0	25	5	20.0
국민중심연합	1	0	0.0	2	0	0.0
국민 참여당	3	0	0.0	12	0	0.0
미래연합	3	0	0.0	9	0	0.0
사회당	0	0	0.0	1	0	0.0
친박연합	1	0	0.0	3	1	33.3
평화민주당	1	0	0.0	2	0	0.0
무소속	24	1	4.2	68	9	13.2
합계(여성)	154	55	35.7	552	274	49.6
남성	1,610	615	38.2	5,271	2,238	42.5

출처: 중앙선거관리위원회 역대선거정보시스템, "6·2 지방선거정보".

정당별 공천자수를 살펴보면, 광역의회의 경우 한나라당이 가장 많은 수(53명)의 여성후보자를 공천했으며, 그 다음이 민주당(41명)이다. 당규에 여성후보를 일정 비율 공천하게 한 민주노동당과 진보신당의 경우, 각각 19명과 5명을 입후보자로 내세웠다. 총 572명의 공천자를 선정한 한나라당의 경우, 여성후보자가 9.2%의 비율을 차지했고, 민주당의 경우도 비슷하게 총 450명 공천자 중 9.1%를 여성후보자로 선정했다. 민주노동당의 경우는 총 73명을 공천하였고, 이 중 26%에 해당하는 19명의 여성을 추천하였으며, 진보신당의 경우도 총 26명을 공천한 가운데 5명(19.2%)을 여성으로 선정했다. 기초의회의 경우도 광역의회와 비슷한 양상을 보여준다. 수적으로는 한나라당(191명), 민주당(149명), 민주노동당(77명), 진보신당(25명) 순을 보여주는 데 비해, 총 여성후보자의 비율은 민주노동당이 34.4%로 가장 높고, 진보신당이 28.4%, 민주당 11.6%, 한나라당 10.0% 순으로 여성후보자를 추천했다.

표 8-3_ 정당별 지역구 여성후보 공천 비율

정당	광역의회			기초의회		
	전체	여성	비율	전체	여성	비율
한나라당	572	53	9.3	1,902	191	10.0
민주당	450	41	9.1	1,285	149	11.6
자유선진당	78	3	3.8	241	12	5.0
민주노동당	73	19	26.0	224	77	34.4
창조한국당	5	0	0.0	6	1	16.7
진보신당	26	5	19.2	88	25	28.4
국민중심연합	14	1	7.1	32	2	6.3
국민 참여당	47	3	6.4	140	12	8.6
미래연합	37	3	8.1	87	9	10.3
친박연합	17	1	5.9	47	3	6.4
평화민주당	11	1	9.1	27	2	7.4
무소속	432	24	5.6	1,737	68	3.9

출처 : 중앙선거관리위원회 역대선거정보시스템, "6·2 지방선거정보".

지역별-정당별 분포를 살펴보면 다음과 같다. 먼저 광역의회 지역구 선출에서, 가장 많은 후보자를 낸 경기지방의 경우, 한나라당이 15명을 공천하여 3명을 당선시켰고, 민주당이 14명을 공천하여 7명을 당선시켰다. 경기지방에서 당선된 총 12명의 여성 중 두 당에서 10명의 당선자를 배출했으며, 민주노동당과 진보신당이 각각 1명씩의 당선인을 배출했다. 경기지방 다음으로 많은 후보자를 낸 서울지역의 경우, 민주당이 14명을 공천하여 10명의 당선인을 배출했고, 한나라당이 10명을 공천하여 3명의 당선인을 배출했다. 서울지역 총 당선인 13명 모두 민주당과 한나라당에서 나왔다.

기초의회의 경우 서울지역에서 가장 많은 후보자를 냈는데, 한나라당이 47명을 공천하여 34명을 당선시켰고, 민주당이 41명을 공천하여 30명을 당선시켰다. 서울지역에서 당선된 총 68명의 여성 중 두 당에서 64명의 당선자를 배출했으며, 진보신당이 2명, 민주노동당이 1명, 무소속이 1명의 당선인을 배출했다. 서울지역 다음으로 많은 후보자를 낸 경기지방의 경우, 한나라당이 41명을 공천하여 25명의 당선인을 배출했고, 민주당이 38명을 공천하여 30명의 당선인을 배출했다. 경기지방 총 당선인 64명 중, 두 당에서 55명의 당선인을 배출하였고, 민주노동당에서 6명, 진보신당이 1명, 창조한국당 1명, 무소속 1명이 당선인을 배출했다.

(2) 정당의 비례대표(광역-기초) 여성후보 공천 및 지방의회 진출

제5회 지방선거 결과, 광역비례대표 총 81명의 당선인 중 58명의 여성이 당선되었으며, 71.6%의 비율을 차지했다. 이는 제4회와 비교 시, 수적으로는 1명 증가하였고, 비율은 1.5% 감소한 수치이다. 총 179명의 여성후보자 중, 한나라당이 가장 많은 47명의 후보자를 선정하였고, 다음으로 민주당 31명, 민주노동당 22명 등을 선정했다. 총 58명의 여성당선인 중, 한나라당이 26명, 민주당이 20명, 민주노동당이 6명 등의 당선인을 배출했다(〈Ⅲ-8〉 참조).

광역의회에 이어 2006년 처음 도입한 기초의회에서의 정당 명부식 비례대표제는 여성의원의 증가에 부분적으로 도움을 주었다고 평가받았다. 기초의회 비례대표제 첫 시행 선거였던 제4회 지방선거에서는 총 375명의 당선인 중, 여성당선인이 327명으로 87.2%를 차지했다. 2010년 제5회 지방선거에서는 총 376명의 당선인 중 352명의 여성이 당선되었으며, 93.6%의 비율을 차지했다. 수적으로는 25명이 증가하였고, 6.4% 증가했다.

제일 많은 기초의회 여성 비례대표 의원을 배출한 한나라당은 총 311명의 여성후보자를 선정하여 150명의 여성당선인을 배출했다. 지역별로 살펴보면, 경기지방에 52명, 서울지역이 40명, 경북과 경남에 각각 38명 등의 여성후보자를 선정했으며, 경기지방에서 22명, 서울지역에서 24명, 경북에서 24명, 경남에서 21명 등의 여성당선인을 배출했다. 다음으로 142명의 여성당선인을 배출한 민주당은 총 203명의 여성후보자를 선정했다. 서울지역에 36명, 경기지역에 31명, 전남에 29명, 전북에 22명 등의 여성후보자를 선정했으며, 서울지역에서 27명, 전남에서 23명, 경기지방에서 21명, 전북에서 14명 등 총 142명의 여성당선인을 배출했다. 75명의 여성후보자를 선정했던 민주노동당은 25명의 당선인을 배출하였고, 47명의 여성후보자를 선정했던 자유선진당은 21명의 당선인을 배출했다.

표 8-4_ 광역의회 선거 비례 대표 여성후보자 및 정당별 당선자 수

정당		여성후보 및 당선자 수
한나라당	후보	47
	당선	26
민주당	후보	31
	당선	20
자유선진당	후보	9
	당선	2
민주노동당	후보	22
	당선	6
진보신당	후보	16
	당선	
국민 참여당	후보	18
	당선	2
미래연합	후보	7
	당선	
사회당	후보	16
	당선	
친박연합	후보	5
	당선	2

평화민주당	후보	8
	당선	
합계	후보	179
	당선	58

표 8-5_ 기초의회 비례대표 여성후보 당선자 정당별 숫자

정당		여성후보 및 당선자 숫자
한나라당	후보	311
	당선	150
민주당	후보	203
	당선	142
자유선진당	후보	47
	당선	21
민주노동당	후보	75
	당선	25
창조한국당	후보	1
	당선	
진보신당	후보	22
	당선	
국민 참여당	후보	1
	당선	
미래연합	후보	39
	당선	7
사회당	후보	14
	당선	1
친박연합	후보	10
	당선	6
평화민주당	후보	6
	당선	
합계	후보	729
	당선	352

그러나 93.6%에 이르는 여성 비례대표 의원의 당선율이 기초의회 전체 의원에서 여성의 비율을 급증시키지는 않는다는 점을 유의해야 한다. 기초의회에서 비례대표 의원이 차지하는 비율이 13%에 불과하기 때문이다. 제5회 지방선거에서 기초의회 여성의원은 지역구와 비례대표를 합하여 21.7%를 차지했다.

Ⅴ. 주요 정당의 공천제도[22]

1. 한나라당

(1) 공천심사 기준

한나라당은 제5회 전국동시지방선거를 앞두고, '계파공천'을 불식시키고 '공정하고 깨끗한 공천'을 추진한다는 입장을 세웠다. 3월 10일 중앙당 공천심사위원회 인선을 마무리하고(위원장 정병국), 3월 16일 제3차 전체회의에서 공천심사기준으로 '도덕성', '전문성', '지역 유권자 신뢰도', '당 및 사회기여도', '당선 가능성' 등 5가지를 확정했다. 이 중에서도 '도덕성'을 가장 중요한 항목으로 선정하여, '깨끗한 정치'의 이미지를 강조했다. 한나라당 공천심사기준을 자세히 살펴보면 다음과 같다.

---

22 각 당의 당헌 당규를 참조했다.

① 도덕성

한나라당은 '도덕성(청렴성)'을 기준으로 내세우고, 범죄경력조회서, 세금납부(체납)증명서, 병적증명서, 재산보유현황서 등을 점검하여, 성범죄, 뇌물, 불법정치자금 수수, 경선 부정행위 등 4대 범죄는 벌금형 이상이면 공천을 배제한다는 원칙을 제시했다. 특히 최근 사회문제가 된 성범죄는 사면·복권 및 형이 실효가 되더라도 공천에서 배제한다는 방침을 밝혔다. 또한 당규(공직후보자 추천 규정) 제9조의 부적격 기준을 엄격하게 적용하여, 강력범죄, 횡령·배임, 사기, 공갈 등과 같은 파렴치 범죄와 공천 관련 금품 수수, 직권남용 등 부정부패 관련 범죄는 원칙적으로 공천을 배제한다는 방침을 세웠다. 기타 범죄라도 상습적·누적적·복합적 벌금 전과자는 원칙적으로 공천에서 배제한다는 방침을 세웠으며, 후보자의 배우자를 대상으로도 벌금형 이상의 경력이 기재된 '범죄경력·수사경력 조회 보고서'를 후보자 개인별로 제출받기로 했다.

② 전문성

'전문성(매니페스토)' 기준으로는 정책 및 비전 제시 등 행정능력과 의정활동 능력을 보유하였는가를 검증한다. 특히 공약 실천도 등 매니페스토 지수를 명확히 반영하여 후보자가 지방의회 의정활동 능력을 보유하였는가를 검증한다.

③ 유권자 신뢰도

'유권자 신뢰도' 기준은 지역 평판도, 인지도 및 호감도, 지역 현안 수행능력 등을 고려하며, 도덕성과의 연관관계에서 사회적 물의, 무분별한 예산낭비(지방재정 파탄자) 사례 등을 검증한다.

④ 당 및 사회기여도

'당 및 사회기여도' 기준은 당규(공직후보자추천규정) 제8조 6항에 규정된 사항으로, 모범 당원 표창 등 수상 및 공적 사항의 유무, 시민단체(봉사단체) 등 사회활동 경력 및 실적 고려, 당비 납부실적 확인 등을 통해 검증한다.

⑤ 당선 가능성

'당선 가능성(본선경쟁력)' 기준은 타당 후보와의 경쟁력 평가 등을 통해 검증한다.

중앙당 및 시·도당 공심위는 후보자 자격 심사 시 도덕성을 기준으로 위 다섯 가지 기준을 종합 심사한다고 밝혔다. 그리고 비례대표후보 공천심사기준으로는 '도덕성(청렴성)', '직능대표성', '지역 유권자 신뢰도', '당 및 사회기여도'를 제시했다.

(2) 광역-기초 의원(지역구/비례대표) 후보 공천 절차

제5회 전국동시지방선거시 한나라당의 광역-기초의원 후보 공천은 대체로 다음과 같은 절차를 거치게 된다.

▶ 1단계: 후보자 공모

▶ 2단계: 중앙당 또는 시·도당 공천심사위원회(비례대표공천심사위원회 포함)의 자격 심사

- 기본서류심사 및 부적격(공천 배제)자 심사

- 원칙적 면접 실시: 출마의 변, 정견발표 능력, 지역 현안 이해도, 선거전략 등
- 현지실태조사 및 여론조사

  : 조직·지역기반, 지역 활동 평가 검증

  : 일반 유권자 상대 인지도, 호감도, 지지도 등 업무수행평가 및 능력 검증

  : (필요시) 타당 유력 후보와의 가상대결 평가 등 후보경쟁력 검증

▶ 3단계: 국민 참여 지방의회의원 선거구선거인단 대회(경선) 또는 후보자추천위원회 투표

- 공심위가 당협위원장과의 협의 등을 통해 해당 지역 선정
- 광역 기초의원의 경우, 국민 참여 지방의회의원 선거구선거인단대회와 여론조사 혹은 후보자추천위원회 방식으로 선정

  : 당헌당규에 의해 당원선거인단 70%, 여론조사 30% 반영

  : 당원선거인단 구성 – 여성 50% 이상, 청년 45세 이하 시 단위 30%/군 단위 20%

  : 여론조사 관련 지침은 별도로 정함
- 후보자추천위원회

  : 시·도당 공천심사위원회는 지방의회의원 후보자 추천방식으로 별도의 후보자추천위원회를 둘 수 있으며, 이를 국민 참여선거인단 경선에 갈음할 수 있음.

  : 구성 – 후보자추천위원회는 시·도당 선관위의 의결에 따라, 국회의원선거구별(복합 또는 분할된 국회의원선거구의 경우 자치구·시·군별)로, 해당 국회의원선거구에 거주하는 유권자의 0.1% 또는 100명 이상의 당내외인사로 구성

- 여성 40% 이상, 청년 45세 이하, 시 단위 10% 이상

▶ 4단계 : 중앙당 또는 시·도당 공천심사위원회(비례대표공천심사위원회 포함)는 당협위원장과의 협의 등을 통해 자질을 검증하여 후보자 선정

- 참조. 국민공천배심원단(중앙당 국민공천배심원단, 시·도당 국민공천배심원단)

  : 국민공천배심원단은 공천심사위원회에서 결정한 후보자 중 전략지역 및 비례대표 후보자의 적격여부를 심사하고, 부적격하다고 판단할 경우 재적 2/3 이상의 의결로 최고위원회에 재의를 요구할 수 있음.

- 시·도당 국민공천배심원단은 시·도의회의원 및 자치구·시·군 의회의원 후보자 중 전략지역 및 비례대표 후보자의 적격여부를 심사
- 중앙당 국민공천배심원단은 광역·기초단체장 중 전략지역 후보자 심사

▶ 5단계: 최종 후보자 확정(최고위원회의의 확정 의결)

비례대표 지방의회의원 후보자는 시·도당 공천심사위원회('비례대표공천심사위원회' 포함)의 심사 및 추천, 시·도당 국민공천배심원단이 심의, 시·도당 운영위원회의 의결 및 최고위원회의의 의결이라는 절차를 거쳐 후보자로 확정된다.

간략히 정리하면 다음과 같다. 한나라당의 공직후보자 추천 대상자는 모두 공직선거법에 의하여 피선거권이 있고, 후보자 등록신청일 현재 책임당원이어야 한다.[23] 이들 후보자에 대한 자격심사는 먼저 부적격자를 가려내어 공천에서 배제하고, 다음으로 기본서류를 통해 도덕성과 당 및 사회기

여도를 심사하며, 후보자가 여성, 청년, 장애인, 소외계층 대변자, 정치신인 및 사무처 당직자일 경우 가산평가(권장사항)하며, 마지막으로 원칙적 면접 심사 그리고 현지실태조사 및 여론조사를 통해 종합 심사한다. 그리고 필요할 경우 경선을 실시하며, 그 방법으로는 국민 참여 지방의회의원 선거구선거인단 대회 또는 후보자추천위원회 투표 혹은 여론조사 경선 등이 있다. 이 밖에도 국민공천배심원단이라는 또 하나의 검증과정의 도입을 통해 비례대표 후보자와 전략지역의 단수후보에 대한 자격을 검증한다고 밝혔으며, 이를 통해 클린공천·개혁공천을 실현하고자 한다는 점을 강조했다.

(3) 후보 공천 관련 기구의 구성 및 기능

한나라당의 제5회 전국동시지방선거 후보 공천과 관련된 기구는 공직후보자추천심사위원회(중앙당, 시·도당, 당헌 제48조, 제49조), 국민공천배심원단(당헌 제95조), 인재영입위원회(당헌 제51조), 최고위원회의이다.

① 공직후보자추천심사위원회

공직후보자추천심사위원회(공심위)는 중앙당 공천심사위원회, 시·도당 공천심사위원회로 구분된다. 지역구 공심위와 비례대표공심위는 겸임할 수 없다. 크게 보아 중앙당 공심위는 후보자 자격 심사기준을 의결하고, 중앙당 및 시·도당 공심위는 이에 따라 후보자 자격을 심사한다. 구체적으로는 중앙당 및 시·도당 공심위는 ① 공직후보자의 추천 전반 관리·감독, ② 전

23 단, 인재영입위원회에서 영입된 인재는 당원이 아니어도 각종 선거 공직후보자추천, 당직 및 당원협의회 구성에 있어 제한을 받지 않는다(당헌 제51조 4항).

략지역 선정(시·도의회 및 자치구·시·군 의회 선거의 경우, 시·도당 공천심사위원회가 하고, 최고위원회의의 의결을 통해 확정), ③ 후보자 자격 심사기준 의결, ④ 후보자 자격 심사, ⑤ 단수 후보자 선정, ⑥ 최고위원회의가 재의를 요구한 사항에 대하여 재심사(제10조) 권한을 가진다.

중앙당 공심위는 후보자 공모일과 기간을 정하는 등 공모와 관련된 사무를 담당하지만, 동시에 16개 광역단체장 후보 선정과 전략지역 선정에 영향력을 행사할 수 있으며, 후보자 자격심사 기준 의결 등 공천 룰을 정하는 역할을 하므로 중요하다. 시·도당 공심위는 원칙적으로 후보자의 추천방식 및 후보자 자격심사와 관련하여 관할 당원협의회 운영위원장과 협의하여야 하며, 시·도당 위원장은 중앙당 공천심사위원회의 시·도 후보자 최종 선정 회의에 참석하여 의견을 개진할 수 있는 권한을 가진다. 한나라당의 지방선거 공천권은 당헌·당규상 16개 시·도당 공심위에 거의 넘어가 있다고 봐도 무방하다.

② 국민공천배심원단

국민공천배심원단은 2010년 선거에서 클린공천 및 개혁공천을 기치로 새롭게 도입된 제도로, 중앙당 국민공천배심원단과 시·도당 국민공천배심원단으로 구분된다. 시·도 의회의원 및 자치구·시·군 의회의원 후보자 관련 업무는 시·도당 국민공천배심원단이 맡는다. 이 기구는 당헌 제95조에 따라 시·도당에 사회 각 분야 전문가 및 대표성을 띠는 인사 30인 이상으로 구성되며, 당원협의회 운영위원장은 배제된다. 이 기구는 전략지역과 비례대표 후보자를 심의하여 적격여부를 판단하며, 이를 통해 부적격자를 걸러내는 역할을 한다. 국민공천배심원단은 위원장이 필요하다고 인정한 때 또는 해당 공천심사위원회(비례대표공천심사위원회 포함)에서 요청한 때 소집되며, 재적 과반수 출석과 출석 과반수의 찬성으로 의결한다. 또한 국민공천배심원단 2/3 이상이 후보자가 부적격하다고 판단하면, 당 최고위원회에 해당 후보에 대한 재의결을 요청할 수 있다. 그런데 이 재의결 사항이 중앙당 및 시·도당 공심위원 2/3의 재의결이 있을 경우에는 배심원단의 재의요구권이 무시된다. 따라서 일종의 공천 검증제도인 국민공천배심원단 제도는 한정된 심의 대상 및 구속력 없는 의결권 등으로 인해 그 성과 및 실효성에 의문이 제기되고 있다.

③ 인재영입위원회

인재영입위원회(위원장 남경필)는 공직후보자 발굴과 인재영입과 관련된 업무를 수행한다. 인재영입위원회는 최고위원회의의 의결을 거쳐 대표최고위원이 임명하는 25인 이내의 위원으로 구성되며, 인재영입위원장은 중앙당 및 시·도당 공천심사위원회에 참석하여 의견을 개진할 수 있는 권한을 가진다. 제5회 전국동시지방선거와 관련하여 위원장 포함 총 19명의 위원들이 활동하였으며, 이 중 남성은 16명이고 여성은 3명(진수희 의원, 김금래 의원, 손숙미 의원)이었다. 인재영입위는 영입인사 선발기준으로 '능력과 경륜을 인정받은 전문 관료 출신 인사', '경제계에서 능력을 검증받은 CEO 출신 인사', '능력 있고 참신한 여성인사', '다문화가정·비정규직 근로자·중소기업 노조 출신·도시빈민운동가 등 사회적 소외계층과 한나라당 취약계층 인사 영입' 등을 제시했다. 그러나 공천권이 없기 때문에, 인재영입위원회와 시·도당 공천심사위원회 간 의견 조율이 되지 않으면 인재영입위에서 영입한 인사에 대한 후보추천 역시 수포로 돌아간다는 한계가 있다.

④ 최고위원회의

최고위원회의는 이상의 모든 과정에서 나온 사항에 대해 의결을 통해 후보자 추천을 확정하는 기능을 한다.

2. 민주당

(1) 공천심사 기준

민주당은 2010년 제5회 지방선거에 대비하여 2010년 2월에 당헌을 개정하였고, 2010년 2월과 4월에 걸쳐 당규를 제·개정했다[24]. 개정된 당헌에 의하면 공천심사항목은 '정체성', '기여도', '의정활동 능력', '도덕성', '당선 가능성' 등이 있다(당헌 제94조(심사기준)). 〈공직선거후보자추천규정〉에 의하면 각 심사 항목의 내용은 다음과 같다.

① 정체성: 당이 지향하는 가치와 비전, 철학을 가진 자

② 기여도: 당, 국가, 지역사회에 기여했거나 기여할 능력이 있는 자

③ 의정활동 능력: 의정활동을 잘 수행했거나 충분히 수행할 능력이 있는 자

④ 도덕성: 사회지도층으로서의 도덕적 품성을 갖춘 자

⑤ 당선 가능성: 당선 가능성이 높은 자

지역구 후보자와 비례대표 후보자에 대한 공천심사 기준은 다소 차이

---

24 공직선거후보자추천규정〔개정 2010.3.2.〕,
제5회 전국동시지방선거후보자추천을 위한 시행세칙
〔제정 2010.2.17, 개정 2010.3.1〕,
제5회 전국동시지방선거후보자추천을 위한 시민공천배심원경선시행세칙
〔제정 2010.2.19. 개정 2010.3.7〕,
제5회 전국동시지방선거후보자추천을 위한 국민 참여경선시행세칙
〔제정 2010.2.19. 개정 2010.4.1〕

가 있다. 제5회 지방선거에서는 정체성, 기여도, 의정활동 능력, 도덕성, 면접심사는 동일하였고 지역구 후보자의 경우 '당선 가능성'이, 비례대표 후보자의 경우 '대표성'이 심사항목에 추가되었다.

지역구 후보자의 경우 여성, 청년, 장애인, 사무직당직자 및 당에 특별한 공로가 있는 자에 대하여 심사결과의 10% 이상~20% 이하의 범위에서 가산하고, 최근 2년간의 당비 체납 및 윤리위원회 징계 등에 대하여 심사결과의 10% 이하의 범위에서 감산한다.

비례대표후보자의 심사는 다양한 계층과 지역의 이해를 대변하고 전문적 능력의 발휘를 통해 당과 국가에 기여할 수 있는 자를 기준으로 한다. 당에 대한 기여도가 높은 자를 우대하여 지역구 후보자의 기여도 배점이 10점인 것에 비해 비례대표 후보자는 20점의 배점 기준이 적용되며, 기여도는 다음과 같은 기준에 의해 평가된다.

① 입당 시기 및 당비 납부 기간 등으로 볼 때 지속적으로 당 활동에 참여한 자

② 조직 강화 등 지속적으로 당 발전에 기여한 자

③ 당의 위상 강화 등 당에 특별한 공로가 있는 자

심사방법으로는 공천심사위원들이 위의 심사 항목과 배점을 기준으로 각 후보자를 평가하고, 이렇게 평가된 점수들에서 최고점과 최저점을 제외한 후 평균점수를 도출하여 각 후보자에 대한 최종 점수가 매겨진다.

이 외에도 공심위는 후보자의 적합성을 판단하는데 참고하기 위하여 중앙당 또는 공신력 있는 외부기관에 의뢰하여 여론조사를 실시할 수 있으며, 현직 국회의원, 자치구·시·군의 장 또는 지방의회의원의 경우에는 별도의 평가기준을 마련하여 교체 여부를 판단할 수 있다.

(2) 광역-기초 의원(지역구/비례대표) 후보 공천 절차

민주당의 제5회 지방선거 후보자 공천 절차와 일정은 다음과 같다.

▶ 1단계: 후보자 공모

담당 기구: 중앙당공심위, 시·도당공심위

▶ 2단계: 예비후보자 자격심사

담당 기구 : 예비후보자 자격심사위원회

예비후보자 자격심사위원회는 예비후보자의 피선거권 여부, 당적보유 여부, 학력 및 경력의 허위기재 여부, 해당행위 전력 등을 심사한 후, 후보자로 적합하다고 인정하는 때에는 관할선거구 선거관리위원회에 예비후보자로 등록할 자격을 부여한다.

▶ 3단계: 후보자 심사 및 선정

담당 기구

- 광역단체장: 중앙당 공직선거 후보자 추천심사위원회
- 지역구 후보자: 시·도당 공직선거 후보자 추천심사위원회
- 비례대표 후보자: 시·도당 비례대표 후보자 추천심사위원회

▶ 4단계: 후보자 인준 및 확정

담당 기구: 최고위원회, 당무위원회

시·도당 공직선거 후보자 추천심사위원회와 시·도당 비례대표 후보자 추천심사위원회에서 결정된 지역구 후보자와 비례대표 후보자는 최고위원회의 의결을 거쳐 당무위원회의 인준을 받아 후보자로 최종 확정된다.

(3) 후보 공천 관련 기구의 구성과 기능

① 인재영입기구

인재영입위원회는 각급 공직선거 후보자의 발굴 및 인재영입에 관한 사항을 담당한다. 인재영입위원회는 위원장을 포함하여 15인 이하의 위원으로 구성하며, 필요시 외부 인사를 위원으로 위촉할 수 있다. 인재영입위원회의 위원장과 위원은 최고위원회의 의결을 거쳐 당대표가 임명한다.

② 예비후보자 자격심사위원회

예비후보자 자격심사위원회는 각급 공직선거 출마 후보자 자격을 심사한다. 중앙당 예비후보자 자격심사위는 시·도지사선거 예비후보자의 자격을 심사하고 시·도당 예비후보자자격심사위는 자치구·시·군의 장 선거 및 지방의회 의원선거 예비후보자의 자격을 심사한다. 다만, 인재영입위원회를 통하여 영입하였거나 최고위원회 또는 시·도당 상무위원회가 의결한 인사는 심사 대상에 포함하지 않는다. 예비후보자 자격심사위원회는 위원장을 포함하여 9인 이하의 위원으로 구성하며, 위원장과 위원은 시·도당 운영위원회의 심의를 거쳐 시·도당 위원장이 최고위원회에 추천하고, 최고위원회의 심의·의결을 거쳐 당대표가 임명한다.

③ 공직선거후보자 추천심사위원회

공직선거후보자 추천심사위원회는 실질적으로 각급 공직선거 후보자를 공천하는 권한을 갖고 있다. 중앙당 공심위는 시·도지사 후보자 공천심사 및 시민공천배심원제 도입 지역 결정하고 시·도당 공심위는 시민공천 배심원제를 도입하지 않는 자치구·시·군의 장 후보자 및 광역·기초의원 공천심사 담당한다.

중앙당 공심위와 시·도당 공심위는 위원장을 포함하여 15인 이하의 위원으로 구성하며, 필요시 외부 인사를 위원으로 위촉할 수 있다. 이 경우 여성위원이 위원회 정원의 30% 이상[25]이 되도록 구성하여야 한다. 제5회 지방선거에서는 여성 30%, 외부인사 20%의 강제할당제를 실시했다.

제5회 지방선거에서 민주당은 중앙당 공심위 구성에 있어 위원장 포함한 15명 중 5명을 여성위원으로 구성했다. 이미경 사무총장이 공심위원장을 맡았으며 신낙균 국회 여성위원회 위원장, 김상희 당 중앙여성위원회 위원장, 박선숙 의원 등 당내 인사와 외부 인사로는 장하진 전 여성부 장관이 참여했다. 당헌당규에서 정한 공심위원 여성 30% 할당 규정을 지켰다.

특히 시·도당 공심위의 경우 현직 지역위원장이 위원회 정원의 50% 이하가 되도록 규정하고 있다. 시·도당 공심위는 주로 시도 위원장이 공천심사위원장을 맡고 구성원의 대다수가 국회의원 또는 주요 당직자로 이루어진다(황아란 2007).

④ 시·도당 비례대표후보자 추천심사위원회

시·도당 비례대표후보자 추천심사위원회(비례대표 공심위)는 비례대표후보자의 심사와 추천에 관한 업무를 수행한다. 위원장 포함 15인 이하의 위원으로 구성되고 여성 관련 할당 규정은 없으며, 외부 인사 할당 규정이 20% 이상이 있다. 그리고 현직 지역위원장이 위원회 정원의 50% 이하가 되도록 하고 있다.

---

25 2010.2.5 개정

⑤ 공직선거후보자 추천재심위원회

공심위 및 비례대표 공심위 결정에 불복하는 경우, 재심위에 재심을 신청할 수 있다. 재심위는 위원장 포함 15인 이하의 위원으로 구성된다. 신속한 처리를 위해 재심신청일로부터 2일 이내에 위원장이 소집한다.

⑥ 선거관리위원회

선거관리위원회는 중앙당선거관리위원회와 시·도당선거관리위원회, 지역선거관리위원회가 있다. 중앙당선거관리위원회는 지방자치단체의 장 선거후보자의 추천을 위한 경선의 업무 전반 및 시민공천배심원 경선의 실시를 총괄 관리한다. 산하에 국민경선분과위원회, 국민참여경선분과위원회, 시민공천배심원경선분과위원회 및 여론조사분과위원회 등을 둔다.

시·도당 선거관리위원회는 지방의회의원 선거후보자의 추천을 위한 경선의 업무전반을 총괄 관리한다. 위원장 1인과 부위원장 3인을 포함하여 15인 이하의 위원으로 구성하며, 이 경우 여성위원이 위원회 정원의 20% 이상이 되도록 구성한다.

지방의회의원 선거후보자의 추천을 위한 경선업무를 원활하게 수행하기 위하여 시·도당 선거관리위원회 산하에 지역위원회별로 지역선거관리위원회를 설치할 수 있다. 지역선거관리위원회는 위원장 1인과 부위원장을 포함하여 9인 이하의 위원으로 구성하며, 시·도당 선거관리위원장의 지휘를 받아 투표 및 개표 관리, 당선인 결정 및 선포 등의 업무를 수행한다.

⑦ 시민공천배심원제

시민공천배심원단은 현지배심원 100명과 전문배심원 100명으로 구성된다. 현지배심원단은 민주당지지 의사를 밝히거나 지지하는 정당이 없다고 응답하는 해당 선거구의 유권자를 대상으로 공모하고, 성별·연령별·지역별(해당 기초의원선거구 단위별)로 할당하여 구성한다. 전문배심원단 모집단은 직능·시민·사회단체, 학계, 언론계, 전문가집단 등에서 추천받은 전문가를 대상으로 전문배심원 참여의사를 확인하여 구성하되, 공정하고 객관적인 심사가 가능하도록 1,000명 이상으로 구성한다. 이 때 여성이 20% 이상 포함되도록 한다.

3. 주요 정당의 여성후보 공천 확대 노력

(1) 한나라당

1) 개정된 선거법 내용을 당헌 당규로 명문화 및 준수 강화

2010년 3월 12일 개정된 공직선거법 내용인 '국회의원 지역구별 광역 기초의원 후보 1명 이상 여성 추천'을 한나라당 공직후보자 추천규정 제37조에 명문화했다. '비례대표 광역·기초의원후보 홀수 순위 여성배정, 50% 이상 여성 추천' 규정 내용(2006년 개정) 역시 한나라당 당헌 제99조 3항에 이미 명문화되어 있다. 이 규정은 2006년보다 2010년 선거에서 더욱 잘 준수되었는데, 특히 비례대표 홀수 순위 여성배정 원칙을 광역과 기초의원 모두에서 준수되었다. 기초의원 비례의 경우 총 당선자 160명 중 150명이 여성이었으며, 광역의원 비례의 경우도 총 당선자 36명 중 26명이 여성이었다.

2) 공천관련 기구 구성 시 여성 30% 포함

한나라당은 당헌 제6조 6항 3호에 의거 공천심사위원회 구성 시 여성을 30% 포함시킨다는 원칙을 실행하기로 결의했다. 이는 공심위에 여성이 많이 배정되고 그들이 회의에 직접 참여함으로써 여성후보를 강력 추천할 수 있다는 것과 여성후보의 문제제기를 적극적으로 수용하여 개진할 수 있다는 기대를 반영한 것이다. 결과적으로 한나라당은 중앙당 공심위와 16개 시·도당 공심위 구성에 있어 전국적으로 여성위원을 59명(29.4%, 총수 201명) 배정했다.

또한 공심위 구성에 여성을 일정 비율 포함한 것과 같은 이유로, 국민공천배심원단 구성 시에도 여성을 30% 포함토록 했다. 총 630명의 배심원단 중 여성이 236명으로 전체 37.5%의 비율을 차지했다. 마찬가지 이유로 인재영입위에도 총 19명의 위원 중 여성이 3명(진수희 의원, 김금래 의원, 손숙미 의원) 배정되었으며, 15.8%의 비율을 차지했다.

3) 공천심사 시 여성에 가산평가

한나라당은 당규 제8조 제6항에 "위원회는 각종 공직후보자 추천 시 여성·장애인 등 정치적 소수자 및 유능한 정치신인과 사무처 당직자 중 당 기여도가 높은 인사 등을 우선적으로 고려하여 추천한다."고 규정하고 있다. 이에 따라 위원회는 3월 10일 중앙당 공천심사위원회 1차 회의에서 당헌 당규에 따라 여성후보에 대한 자격 심사 시 가산 평가할 것을 의결하였고, 이를 지킬 것을 각 시·도당 공심위에 권장했다.

4) 일부 여성기초단체장 지역을 전략지역으로 선정

기초단체장 공천권은 시·도당 공천심사위원회가 갖고 있으나 전략지역으로 선정될 경우 중앙당이 공천권을 행사할 수 있어, 여성에게 유리하게 작용할 수 있다. 여성기초단체장 후보 8명 중, 서울시 동작구 이재순 후보, 서울시 강남구 신연희 후보, 서울시 송파구 박춘희 후보, 부산시 사상구 송숙희 후보 등 여성 4명이 전략지역 선정을 통해 공천되었고, 이들 중 3명(신연희, 박춘희, 송숙희)이 당선되었다. 특히 부산시 사상구 송숙희 후보의 경우 부산시당 공천심사위원회가 남성후보를 추천했으나 중앙당에서 사상을 전략지역으로 선정, 송숙희 후보로 최종 결정된 사례이다.

5) 소결 및 평가

2010년 6·2 지방선거를 앞두고 한나라당은 여성의 정치 참여 확대를 위해 여성공천 30% 할당제, 국회의원선거구 광역기초의원 중 1인 이상 여성공천의무화, 여성기초단체장 전략공천지역 20곳 지정 등을 추진하겠다고 선언했다. 결과적으로 한나라당은 기초단체장 후보를 포함하여 총 615명의 여성후보를 공천하였으며, 광역·기초의원 지역구 후보로 각각 54명(9.4%)과 192명(10.1%)의 여성을 공천했다. 그리고 기초의원 여성공천자 수가 전체 선거구(1,039개)의 18.5%인 192명으로 정당 가운데 유일하게 15%를 넘겨 여성 추천 보조금의 50%인 13억 376만 원을 지급받게 되었다. 이 밖에도 광역의원 비례대표 47명과 기초의회 비례대표 312명을 추천했다.

그러나 공천을 앞두고 지역에서 시·도당 공심위가 현역 국회의원, 당협위원장의 의견을 존중한다며 현역 여성지방의원들의 공천을 미루는 일이 일어났으며, 시·도당 공심위와의 조율에 실패하여 애초의 여성기초단체장 20명 이상 공천 의무화 추진 계획이 실현되지 못하고, 8명의 후보 공천에 그쳤다. 또한 여성후보 의무공천제 도입으로 인해 "복수 후보를 추천하는 기초의원 여성후보에게 끼워 넣기 식으로 '나', '다'를 배정하면서 생색내기"에 그치고 있는 등, 여성공천이 결코 쉽지 않았음을 보여주었다. 실제 '나', '다', '라' 번호를 배정받은 여성후보는 총 58명으로 총 여성후보 190명 중 30.53%를 차지했다.

각 기호별 당선율을 살펴보면, '나', '다', '라'를 배정받은 여성후보의 당선율이 매우 낮음을 알 수 있다.[26] 의무공천제 도입 취지에 합당하기 위해서 여성에게 유리한 기호 배정을 해야 하는 근거로 볼 수 있을 것이다.

(2) 민주당

민주당은 여성의 정계 진출 장벽을 낮추고 여성정치인을 육성하기 위해 공천심사, 투표용지 게재 순위 배정, 경선, 전략지역 선정, 후보자 추천 기구 및 절차 등에서 여성 관련 특별 규정을 두고 있다.

1) 여성후보자 공천심사 시 가산 평가

민주당은 공천심사에서 여성, 청년, 장애인, 사무직당직자 및 당에 특별한 공로가 있는 자에 대하여 심사결과의 10% 이상 20% 이하의 범위에서 가산한다. 제5회 지방선거에서는 여성과 장애인은 15% 가산하고 청년 사무직 당직자, 1급 포상자에게는 10% 가산점을 주었다.

2) 여성에게 단수 혹은 가번 배정 권고

2인 선거구엔 여성에게 단수 또는 가번 배정을 3인 선거구에도 가번 배정을 권고한다. 경선을 실시하지 않는 지역구 기초의원 후보자의 경우 투표용지 게재 순위를 지역상무위원회의 투표 또는 후보자 간 추첨을 통해 정하게 되는데, 지역상무위원회의 투표로 결정할 때 여성후보자는 본인이 얻는 득표수의 20%를 가산한다.

3) 경선 참여 여성후보자에게 가산점 부여

경선에 참여한 여성후보자에게는 본인이 얻은 득표수(득표율 포함)의

---

26 1번을 배정받은 후보의 당선율이 낮은 이유는 2010년 선거에서의 전반적인 한나라당 부진을 들 수 있을 것이다.

20%를 가산한다. 다만 해당 선거구에서 본인이 신청한 공직과 동일한 공직을 수행한 여성후보자에게는 해당되지 않으며 그 외에도 선관위가 상당한 사유가 있다고 판단할 때에도 해당되지 않는다. 경선 결과 동수의 득표가 발생하는 때에는 여성후보자를 당선인으로 결정한다. 다만, 전·현직 여성의원의 경우 전·현직 경력으로 인한 이점을 고려하여 여성 특별조치를 적용하지 않는다.

4) 여성후보자 추천 전략지역 선정

경선이나 공천심사 결과와는 별도로 전략지역을 선정하여 여성후보자를 그 지역에 추천할 수 있다. 민주당은 당헌에 여성, 청년, 장애인에 대한 특별한 배려를 위하여 당대표는 시·도당위원장 및 지역위원장과의 협의를 거쳐 최고위원회의 의결로 해당 시·도의 15% 범위 내에서 선거 전략상 특별히 고려가 필요한 선거구와 후보자를 선정할 수 있다는 근거 규정을 두고 있다.

제5회 지방선거에서의 민주당 전략공천지역 선정은 당헌상에 따른 순수한 의미의 전략공천, 선거연대 목적의 전략공천, 시민공천배심원제에 의한 전략공천으로 분류된다. 순수 전략공천 지역은 첫째, 후보자의 경쟁력이 탁월하나 상대후보의 설득이 용이하지 않을 때, 둘째, 후보자가 난립하여 중앙에서 후보를 결정할 필요가 있을 때, 셋째, 1차로 결정된 후보의 자격에 문제가 있어 새로운 후보를 공천해야 하나 시간상의 문제 등으로 중앙에서 조정할 필요가 있을 때, 넷째, 당 지도부와 지역위원장이 협의하여 선거 전략상 전략공천이 필요하다고 판단할 때 선정된다. 선거연대 목적 전략공천은 야권연대를 통한 선거승리를 위해 실시했다. 시민공천배심원제 전략공천지역은 중앙당 공심위가 선거 전략상 필요에 의해 시민공천배심원지역으로 결정하여 전략공천을 실시했다.

민주당의 여성 전략공천 현황을 보면 전략공천지역 39개 지역 중 9개 지역(23.1%)에서 여성을 전략공천했다. 광역단체장의 경우 여성 전략공천이 이뤄지지 않았고, 기초단체장은 24명 중 2명, 지방의원은 12명 중 7명이 여성으로 공천되어 광역과 기초 단체장에서의 여성 전략공천율이 미비한 결과를 보인다.

5) 공천 관련 기구 구성 시 여성위원을 일정 비율 이상 포함

각종 선거 관련 기구 및 절차에서도 여성을 일정 정도 포함시키는 규정이 마련되어 있다. 후보자 선정에 있어 핵심적인 역할을 맡고 있는 공심위에 여성위원이 30% 이상 포함되도록 하고 있으며, 국민 참여경선과 당원경선의 선거인단 구성 시 여성당원이나 여성대의원이 30% 이상 포함되도록 한다. 시민공천배심원 경선의 경우 전문배심원단 1,000명 중 여성이 20% 이상이 되도록 하고 있다.

V. 결론: 여성정치발전을 위한 정당의 역할

2006년 선거는 여성당선자가 전체의 13.7%를 차지함으로써 2002년의 선거에 비해서 여성당선자가 4배 가까운 증가를 보여주었다. 이러한 증가는 상당부분 광역비례대표와 기초비례대표에서의 여성의 증가에 기인한다고 할 수 있다. 2006년 선거를 보면 여성정치 참여를 확대를 위해서 관심을 가져야할 몇 가지 부분을 알 수 있게 된다.

첫째, 여성의 정치 참여 확대에 있어서 현재의 한국 상황은 아직 할당제와 같은 제도를 필요로 한다는 사실을 다시 한 번 확인시켜주었다. 2010

년 선거에서 할당에 적용되었던 광역비례대표와 기초비례대표 부분은 전체 당선자중 73.1%, 그리고 87.2%가 각각 여성이었다. 즉 과반수를 훨씬 넘기는 비율로 여성의원이 당선되었다. 그러나 할당이 적용되지 않았던 다른 선거에서는 여성의 비율은 5%에도 미치지 못하는 낮은 비율로 큰 차이를 보여주었다. 이렇게 볼 때 한국 상황은 아직 할당이 없이는 5%에도 미치지 못하는 여성이 당선될 수밖에 없는 현실이라는 것을 알 수 있다. 이로부터 당분간은 할당이 필요하며 30%에 이를 때까지 할당은 확대될 필요가 있다.

둘째, 여성의 정치 참여 확대를 위해서는 여성후보자의 확대가 무엇보다도 시급하다. 그러나 비례대표 부분을 제외하고는 여전히 광역자치단체의 경우 6%, 기초단체장 2.7%, 광역지역구 5.2%, 기초지역구 4.9%의 낮은 후보 비율을 보여주었다. 일단 출마한 여성후보들의 당선율은 30% 정도이다. 광역의회의 경우에는 30%였고 기초의회의 경우에는 28.2%였다. 이 비율은 남성후보의 당선율에 뒤지지 않았다. 남성후보의 당선율은 광역에서 31.7%, 기초에서 31.6%였다. 따라서 일단 입후보한 여성후보들은 남성과 비슷한 정도의 당선율을 보여주었지만 출마 비율에서 여성이 남성에 훨씬 뒤지기 때문에 여성당선자의 비율이 낮았다. 이러한 점에서 여성의 정치 참여를 확대하기 위해서는 여성후보의 풀을 확대하는 것이 무엇보다도 시급하다. 각 정당들은 선거가 임박하여 후보들을 찾고 있지만 미리미리 잠재적인 여성풀을 준비하여 훈련시키고 준비하여 다음 선거에 대비하는 것이 필요하다. 영국의 노동당은 당 차원에서 여성 예비명단을 가지고 있으며 이를 가지고 지역별 공천에 사용한다. 이와는 별도로 당에서는 잠재적 후보 훈련 프로그램을 가동하여 가장 기초적인 단계에서부터 맞춤형 교육에 이르기까지 다양하게 여성 잠재후보를 훈련시키고 있다. 이러한 교육이 효과를 나타내고 있기 때문에 당내 30% 공천의 원칙을 지킬 수 있었고 분구 및 은퇴한 남성후보의 선거구에는 반드시 여성후보를 공천하는 원칙을 지켜낼 수 있었던 것이다. 각 정당은 사회에서 교육시킨 여성자원을 가져와서 활용하려고만 하지 말고 스스로 발굴하여 교육시키고 당의 자원으로 확대 재생산해야만 다음 선거에서는 보다 많은 후보를 낼 수 있다.

셋째, 정당에서 여성을 공천하기 위해서 노력을 아끼지 말아야 한다. 지방의회 선거에 있어서 당선의 가장 중요한 변수 가운데 하나는 정당이다. 결국 여성의 참여가 저조한 것은 중요 정당에서 여성을 공천하지 않기 때문이다. 프랑스 여성의 정치 참여가 저조한 이유 가운데 하나도 역시 중요한 정당에서 여성을 공천하지 않기 때문이다. 남녀후보동수제가 적용되는 프랑스의 경우에도 공산당, 녹색당과 같이 소수 정당에서는 여성을 늘 50% 공천하고 있지만 정당의 지지율이 낮기 때문에 자연히 여성당선율도 저조하다. 반면 지지율이 높은 사회당과 UMP는 여성을 20%에도 미치지 않는 비율을 공천하고 있기 때문에 결국 의회에 입성하는 여성은 적을 수밖에 없다. 결국 여성수를 늘리기 위해서는 중요 정당이 여성을 많이 공천해야 한다. 그러나 중요 정당에는 언제나 많은 남성들이 공천을 위해 준비하고 있으며 경선으로 인해서 더욱 신인 여성들은 이러한 벽을 뚫기가 어렵다는 것이 증명되었다. 경선이 장기적으로 바람직하다고 해도 그 과정에서 여성과 같이 기반이 약한 후보들이 정치에 진입할 수 있는 방안이 마련되지 않으면 여성의 정치 참여 확대는 불가능하다. 경선이라는 제도는 기본적으로 보수적일 수밖에 없는 것이 현 상황에서의 세력관계를 그대로 반영하는 제도이기 때문이다. 현상의 변화, 현재 정치의 변화를 꾀하기 위해서는 새로운 룰이 필요하다. 그래서 균등한 세력관계가 형성된 이후에 경선을 적용하면 그대로 균등한 게임이 되겠지만 왜곡되어 있는 상황에서 경선만을 고집하게 되면 균등한 게임과는 거리가 멀게 된다. 이러한 점에서 정당들은 여성의 정치 참여가 확대되는 것이 당연하고 이에 동의한다면 경선과 더불어 여성들에게 특별한 조치들을 통해서 정치에 진입할 수 있는 길을 열어주어야 한다. 그것이 전략공천일 수 있겠고 여성에 대한 경선에서의 프리미엄일 수도 있다. 지난 2006년 선거에서 기초단체장에 당선한 3명의 여성단체장 당선자는 모두 전략공천으로 선거에 출마하게 되었고 그 결과 단체장에 당선되었다. 사실 전략공천이나 가산점 제도 같은 제도는 당내 남성후보들의 반발을 가져올 수 있다. 그렇기 때문에 정당은 당내의 여러 교육들과 당 지도부의 확고한 의지를 통해서 이들을 설득시키고 당내에서 합의를 얻어나가는 작업이 무엇보다도 선행되어야 한다. 지난 선거에도 곳곳에서 여성에게 전략공천을 했지만 당내의 반대 때문에 취소되는 사태가 발생하였고 이에 대해서 여성들의 좌절감이 극심한 경우가 있었는데 이러한 사태를 방지하고 당내에서 적극적으로 여성공천을 확대할 수 있도록 당내의 합의를 마련하는 것이 전제되어야 할 것이다.

넷째, 여성후보들의 특징이다. 대부분의 여성후보들이 정당인으로 나타났다. 각 선거에서 50% 정도에 해당하는 여성들의 직업이 정당인으로 나타났다. 이는 긍정적인 측면과 부정적인 측면을 모두 가지고 있다. 긍정적인 측면은 여성들도 정당이 한국 정치의 중요한 행위자임을 깨닫고 정당을 통해서 활동하기 시작했다는 것을 의미하며 더 나아가서 한국 정치에서 정당정치를 안정시키는 중요한 요인이 될 것으로 생각한다. 그러나 다른 한편으로 아직 한국 정당이 한국 정치의 민주화, 특히 성 평등적인 문화를 창출하기에는 역부족인 상황에서 정당인들이 정치에 많이 들어오게 됨으로써 새로운 정치를 할 가능성이 오히려 낮아질 수 있다는 점도 간과해서는 안 될 것이다. 정당은 여전히 남성 중심적인 문화를 가지고 있고 심심치 않게 성 불평등적인 발언을 서슴지 않는 남성 정치인들에 의해서 움직여지고 있다. 이러한 상황에서 대다수의 여성정당인들이 정치에 진입하게 된다면 한국 정치의 새로운 변화를 기대하기 어려울 수도 있다. 당 밖에서 풀뿌리 민주주의를 실천하며 생활정치현장에서 활동하던 많은 활동가들이 공천을 받지 못해 공천되지 못하고 당 중심으로 지방정치가 전개되어 중앙의 정쟁에 매몰될 가능성이 있다. 이러한 점에서 기초의회에서의 정당공천제의 개선도 논의되어야 하겠지만 무엇보다도 정당이 공천을 할 때는 후보의 풀을 다양화하여 이러한 생활정치를 실현할 수 있는 여성들을 많이 공천하였으면 하는 바람을 지울 수가 없다. 결국 이것은 정당의 몫이 될 것이다.

이러한 점에서 2010년 선거를 앞두고 정당이 해야 할 일을 정리해보면,

우선 여성후보들을 찾아내는 한다. 지방선거나 총선 즈음해서 항상 문제가 되는 것은 정작 출마하려는 여성후보들이 없다는 것이었다. 아무리 제도 개선을 통해 여성의 할당제를 확보해도 조건이 맞는 후보가 없으면 허사로 돌아가기 마련이다. 따라서 선거가 임박해서 여성들을 찾을 것이 아니라 1년 정도의 여유를 두고 여성후보들을 준비시켜야 한다.

여성후보들을 찾아내는 가장 좋은 방법은 지역의 풀뿌리 조직을 활용하는 것이다. 지역 조직들은 지역의 문제를 잘 알고 있으며, 의정감시활동 등을 통해 의회의 활동에 대해서도 사전지식을 가지고 있다. 이러한 지역조직을 통해 경험을 쌓고 다른 한편으로는 검증을 받는 일이 여성들이 지방의회로 발돋움하는데 큰 도움이 될 수 있다. 또 이러한 조직 활동을 통해 선거운동이나 의정활동에 있어서 지원을 받는 일도 중요하다. 따라서 여성후보를 발굴하는 일은 개인적인 차원에서보다는 조직적 차원에서 이루어져야 한다.

두 번째는 후보를 발굴해 냈다면 그를 중심으로 선거운동 팀을 조직하는 일이다. 선거에는 후보자뿐만이 아니라 참모와 자원봉사자들이 필요하고 이 팀이 잘 짜였을 때 큰돈을 들이지 않고도 선거를 치룰 수 있다. 따라서 지역의 조직들을 중심으로 역할을 나누어 한 팀을 짜는 것이 중요하다. 이렇게 조직된 팀은 선거운동을 통하여 여성들의 연대의식을 높이고 선거가 끝난 후에도 후보의 지원 조직이나 지역 활동의 통로로서 매우 중요

하다.

세 번째는 제도 개선 활동이다. 2010년 선거에는 광역·기초의원 정수의 1/2 이상을 공천한 지역에서 1명 이상을 여성으로 공천토록 하고, 이를 위반한 경우 해당 선거구의 후보자 등록을 무효로 하는 공직선거법 개정안을 처리했다. 이에 따라서 일정 부분 여성후보가 늘어날 전망이지만 당선 가능성이 낮은 지역에 의무적으로 여성을 공천할 경우 결국 여성당선 비율은 낮아질 것이다. 따라서 여성의 당선을 높이기 위해서는 제도가 가진 원래의 뜻을 살려 정당이 적극적으로 여성을 공천할 필요가 있다. 또한 2010년 한 번의 선거로 끝나는 것이 아니라 앞으로 좀 더 진전된 여성의 참여가 가능하도록 정당들은 제도 개선에 힘써야 할 것이다.

- 여성후보 할당의 폭을 늘림(비례대표 확대, 지역구 할당을 늘림)
- 정당공천 및 경선제에서의 보완
- 선거공영제 실시

9장

2014년 지방선거 여성유권자는 여성후보를 지지하였는가?[27]

Ⅰ. 서론

여성의 정치 참여에 대한 논의가 활발히 전개되면서 여성의 정치 참여가 저조한 원인이 무엇인지에 대해서 많은 연구자들이 관심을 가졌다. 여성이 정치적으로 필요한 사회적 및 직업적 경험이 부족하다는 지적도 있었고 한국의 선거제도가 지나치게 경쟁적인 소선거구 다수대표제이기 때문에 자금과 조직이 부족한 여성들은 경쟁력이 없다는 것, 또는 여성들이 남성에

27 이 논문은 21세기 여성정치연합에서 실시한 6·4 지방선거 이후의 설문조사를 바탕으로 분석했다.

비해서 정치적 관심이 적기 때문에 정치를 하려고 하지 않는다는 지적도 있었다. 그중에서도 많은 연구들이 지적한 이유는 여성후보들이 선거에서 경쟁력이 낮기 때문에 보다 많은 후보를 당선시키려고 하는 정당에서 공천을 꺼리기 때문이라는 것이다. 즉 유권자들이 여성후보를 찍지 않기 때문에 선거에 나가도 여성은 당선되지 못하고, 그렇기 때문에 정당들은 여성을 공천하지 않는다는 설명이다. 이러한 주장이 상당히 설명력이 있었던 것은 정치에서 여성에 대한 전반적인 이미지가 '여성은 정치에 적합하지 않다'라든지 '여성들은 정치를 잘 못할 것 같다'라는 것으로 유권자들이 여성을 선택하기를 꺼려했었다. 더구나 일설에는 '여성의 적은 여성이다'라고 하여 여성유권자들이 더욱 여성들을 찍지 않기 때문에 정당에서는 여성을 후보로 공천하지 않았다.

이러한 주장에 대해서 2000년대에 들어오면서 많은 연구자들이 유권자들의 지지후보 선택에 있어서 후보자의 성이 중요한 영향을 미치는지에 대해서 실증적인 연구를 하기 시작했다. 그래서 선거가 끝난 이후 여론조사를 통하여 이를 검증해왔다. 16대 국회의원 선거까지만 하여도 여성유권자들은 남성유권자보다도 여성후보에게 표를 덜 던졌지만 17대가 지나면서 서서히 여성유권자들은 여성후보에 관심을 보이기 시작해서 지역별로 차이가 나타나기 시작했다. 몇몇 지역에서는 17대에 이미 여성유권자들이 남성유권자보다 여성후보를 더 많이 지지하는 것으로 나타났다(오유석 2004). 선거가 거듭되고 2004년 17대 총선부터 비례대표 부분에 여성할당제가 도입되면서 여성국회의원 수도 늘어났다. 또한 2006년부터는 지방선거에서도 비례대표가 도입되고 여성할당제가 실시되면서 지방선거에서도 여성의원의 비율이 증가했다. 여성의원의 비율 증가와 더불어 여성의원들의 의정활동이 결코 남성의원들에 뒤지지 않으며 시민단체와 언론사들의 의정활동 감시에서도 여성의원들의 활동이 뛰어나다는 것이 알려졌다. 이러한 변화와 더불어 여성후보에 대한 유권자의 인식도 변화되었다. 2012년 여성대통령이 등장하였고 6·4 지방선거에서 여성 기초단체장은 9명으로 늘어났다. 그래서 본 연구에서는 6·4 지방선거를 통하여 여성후보에 대한 유권자들의 인식을 알아보고자 한다. 이를 통하여 이제까지 2000년대 들어오면서 변화되고 있는 추이 속에서 2014년 유권자들의 투표 성향의 변화를 살펴볼 것이다. 또한 이러한 변화에 영향을 미치는 요인은 무엇인지도 함께 알아볼 것이다.

Ⅱ. 기존 연구 및 논문의 문제 제기

2000년대에 들어오면서 여성후보에 대한 유권자들의 인식을 조사한 연구들이 나타났다.

황아란(2002)은 국회의원 남녀후보들의 당선경쟁력을 비교하면서 여성후보들의 당선경쟁력이 남성후보에 비해서 뒤지지 않는다는 것을 밝혀냈다. 황아란은 13대부터 16대까지의 총선에 출마한 남녀후보들의 당선경쟁력지수[28]를 비교하였는데 남성후보의 당선경쟁력이 여성후보보다 높은 것은 사실이지만 그 차이가 점차 줄어들고 있음을 보여주었다. 황아란은 이러한 당선경쟁력의 성차가 어디에서 오는지에 대해서 살펴보면서 여성후보에 대한 편견을 첫 번째로 꼽으면서 도시보다는 농촌에서 이러한 편견이 더 심하다는 것을 보여주었다. 또한 정당공천이라는 변수도 중요하다고 주장하고 있는데 그는 남녀후보의 당선경쟁력 격차는 특히 무소속 및 군소정당에서는

28 당선경쟁력=1-[(당선자득표율-후보자득표율)/(당선자득표율+후보자 득표율)].

유의미하지만 주요 정당에서는 유의미하지 않다고 주장했다. 즉 주요정당에서 공천을 받은 후보의 경우에는 그 후보의 성은 당선에 크게 영향을 미치지 않는다는 것이다. 유권자들은 그 후보가 주요 정당의 후보일 경우 후보의 성은 크게 고려하지 않는다는 것이 그의 주장이다. 이렇게 본다면 이미 16대 총선까지에도 여성후보들이 주요 정당의 후보이기만 하다면 유권자들이 크게 부정적인 이미지를 가지지는 않았다고 할 수 있다.

김은경(2002)은 16대 총선에서 남녀 유권자들이 여성후보에 대해서 어떻게 생각하는지를 살펴보면서 여성후보 선택에 있어서 지역구 활동, 인물, 정당 등의 요인이 복합적으로 작용한다는 것을 밝혔다. 그는 여성후보를 선택한 이유는 여성후보가 주로 평소에 지역구 활동을 많이 했기 때문에, 혹은 소속 정당 때문이라고 밝혔고 반대로 여성후보를 선택하지 않은 이유는 인물이나 정치경력이 부족하기 때문에, 혹은 정당 때문이라는 의견이 많았다. 즉 여성후보가 지역구에서 활동을 활발히 하여 유권자들에게 잘 알려졌을 경우에는 그리고 정당이 자신이 지지하는 정당인 경우에는 여성이라고 특별히 불리하지 않다는 것을 밝혀냈다. 또한 이 연구에서는 이미 여성유권자가 남성유권자보다도 여성후보를 더 많이 지지한 것으로 나타나서 (54.1%: 43.9%) 여성이 여성을 찍지 않는다는 것은 잘못된 주장이라는 것을 보여주었다. 연령별로 살펴보아도 전 연령대에 걸쳐 골고루 여성유권자는 여성후보에 대해서 남성유권자보다 많은 지지를 보내고 있었다.

조금 다른 연구이지만 김민정 외(2003) 연구에서는 지지후보 결정기준에 있어서 유권자의 성별이 유의미한 차이를 보이는 지를 살펴보았는데 그 결과 지지후보 결정기준에 있어서 남녀 간의 유의미한 성차는 없는 것으로 나타났다. 즉 남녀 유권자 모두 인물/능력을 가장 중요시하여 지지후보를 결정해서[29] 남녀 간 통계적으로 유의미한 차이는 없었다.

오유석·김현희(2005)는 2004년 17대 총선에서 경기도지역을 중심으로

하여 설문조사를 하여 유권자들의 투표 성향을 분석했다. 그들의 연구에서는 남녀 유권자 모두 정책과 공약보다는 오히려 정당을 보고 투표했고 정당보다는 인물 및 능력을 고려하여 투표한 것으로 나타났는데 남녀 유권자 간의 차이는 보이지 않았다. 흔히 알려진 '여성은 남성보다는 인물을 보고 투표한다.'는 일반론은 사실이 아닌 것으로 나타났다. 여성후보에게 누가 투표했는가를 보았을 때에도 '여성이 여성을 찍지 않는다.'는 일반론은 사실이 아닌 것으로 나타났다. 남성(34.4%)유권자보다 여성(38.0%)유권자가 여성후보에게 더 많이 투표하고 있었다. 2002년에 이어 2004년에도 역시 여성유권자가 여성후보를 더 많이 선택하고 있었다. 또한 남성유권자는 여성이기 때문에 여성후보를 지지하지 않았다고 하는 결과를 보여주고 있어서 남성유권자들은 아직까지 후보자의 성이 선택에 영향을 미치고 있음을 알 수 있었다. 여성유권자들이 여성이기 때문에 여성후보를 지지했다고 응답한 비율은 높지 않지만 여성후보를 찍은 여성유권자 가운데 15.4%는 여성이기 때문에 여성후보를 선택했다고 응답하여 여성들에게 있어서 후보자의 성은 어느 정도 영향을 미치고 있음을 알 수 있다. 특히 50대 이상의 여성과 농업 등 1차 산업에 종사하는 여성들, 그리고 저소득층 여성에게서 특히 여성후보에 대한 성적인 선택이 의미가 있었다.

그러나 같은 17대 선거에 대한 김민정(2005)의 연구에서는 전국을 대상으로 한 설문조사에서 여성후보에 대해서 남성유권자는 39.8%의 지지를, 여성유권자는 39.2%의 지지를 보이고 있어서 약간의 차이를 보이고 있다. 반면 김민정의 연구에서는 여성후보에 대한 인지도에서는 남녀 유권자 모

---

29 남성유권자 57.8%, 여성유권자 58.1%) 그 이외에 정책/공약(남성유권자 24.9%, 여성유권자 23.9%), 소속 정당(남성유권자 7.8%, 여성유권자 9.8%).

두 잘 알지 못하는 것으로 나타났지만 여성유권자가 남성유권자보다 더 잘 알지 못하는 것으로 나타나서 2004년 상황만 하더라도 전체적으로 여성정치인이 적었고 2004년 17대 총선에 출마한 여성들의 경우에도 대부분이 신인이어서 여성정치인에 대한 인지도가 매우 낮았음을 시사한다.

가장 최근에 이루어진 연구인 김원홍·김혜영(2012)의 연구는 19대 총선에서 남녀 유권자가 어떻게 다르게 투표했는지를 연구했다. 이 연구에서 남녀 유권자는 여성후보에 대해서 다르게 생각하지 않고 매우 긍정적이거나(21.9%) 긍정적(48.4%)으로 생각하고 있는 것으로 나타났다. 긍정적으로 보는 이유는 ① '지역 일을 더 잘할 것' 같다 38.6%, ② '정치가 깨끗할 것 같아서' 21.9%, ③ '소통에 부담이 적을 것 같아서' 18.3%, ④ '국회 내 싸움을 덜 할 것 같아서' 11.4%이다. 여기에서도 역시 남녀 유권자 사이에서의 성차는 없었다. 그러나 아직까지도 여성후보에 대해서 부정적으로 보는 평가도 있었는데 단지 여자라는 이유만으로, 전문성이 떨어질 것 같아서, 주도적으로 일을 잘 못할 것 같아서 여성후보를 좋아하지 않는다는 응답이 있었다. 반면 여성후보에게 투표한 유권자는 ① '섬세하게 지역 일을 잘할 것 같아서' 46.2%, ② '내가 지지하는 정당 소속이어서', ③ '깨끗할 것 같아서' 라고 응답하여 여성후보에 대해서 상당히 긍정적인 시선이 많음을 알 수 있다.

이제까지의 연구들을 종합하여 보면 여성의 정치 참여 확대라는 대명제하에서 유권자들의 어떠한 투표 성향이 여성의 정치 참여에 긍정적인 영향을 주는 지 윤곽이 드러난다. 첫째 현행 한국의 선거는 대부분이 기본적으로 소선거구 다수대표제로서 한 선거구에서 한 명을 선출하고 가장 득표가 높은 후보가 당선되는 구조를 가지고 있다. 따라서 지역구 단위의 선거에서는 지역에서 잘 알려진 후보가 유리할 수밖에 없다. 따라서 정당들은 지역적 인지도에 바탕을 두고 후보를 공천하게 된다. 일반적으로 인물 본위의 투표를 할 경우 후보자가 남성인지, 여성인지는 유권자의 선택에 있어서 중요한 변수가 될 수 있다. 그러나 최근의 한국 선거에서 후보자의 성은 선택에 있어서 중요한 변수는 아닌 것으로 나타났다(최영진 2004). 두 번째 지방선거의 경우에는 광역단체장, 기초단체장, 광역의원, 기초의원, 광역비례의원, 기초비례의원, 교육감 선거를 동시에 하기 때문에 꼼꼼하게 후보의 면면을 살펴볼 기회를 가지지 못하고 정당 중심의 투표를 하는 경향이 높다. 정당이 선택의 중요한 기준이 된다면 여성후보를 선택하는 것은 후보자의 성이 아니라 후보자가 속한 정당이 된다. 그렇기 때문에 여성대표성을 증가시키기 위해서는 당선이 유력한 정당이 여성을 후보로 공천하면 된다. 인물 본위의 투표 선택을 할 경우 여성은 불리할 수도 있지만 여성이 꼼꼼하게 의정활동을 한다든지, 여성이 좀 더 청렴할 것이라는 인식이 확대된다면 여성후보를 선택할 가능성도 높아진다. 후보자 선택에 있어서 정당이 영향력이 크다는 이갑윤·이현우(2000)의 주장과는 대조적으로 김영하(2000)와 조현걸 외(2000)는 후보자 요인이 중요하다고 보았고 정성호 외(2007)와 송건섭·이곤수(2011)는 후보자의 이미지 및 자질보다 정책이슈가 중요하다는 주장도 있었다. 그러나 대부분의 연구가 성별 요인을 고려하지 않고 있고 여성후보자가 존재하는 지역구만을 대상으로 한 연구는 거의 없다. 후보자의 성별 대결의 경우 유권자는 어떠한 선택을 하는지에 대한 연구는 많지 않다. 본 연구에서는 2014년 6·4 지방선거에서 기초단체장, 광역의원, 기초의원 선거에서 여성후보들이 다수 출마한 서울의 두 선거구 서초구와 양천구를 대상으로 해서 유권자들은 여성후보에 대해서 어떠한 태도를 보이는지, 여성후보를 선택 혹은 선택하지 않은 이유는 무엇인지, 이들의 선택에 있어서 중요한 기준이 되었던 것은 무엇인지를 살펴봄으로써 여성정치참여 확대를 위해서 무엇이 필요한지에 대해 광범위하게 논의한 제안을 하고자 한다.

표 9-1_ 기존 연구에서 나타난 여성후보에 대한 유권자의 태도

	황아란	김은경	오유석·김현희	김민정	김원홍·김혜영
연구년도	13대-16대 총선	16대 총선	17대 총선 (경기도)	17대 총선 (전국)	19대 총선
중심 내용	남녀국회의원 후보의 당선경쟁력	여성이 여성을 찍는가?	여성유권자의 투표 행태	유권자의 투표 행태	유권자의 여성후보에 대한 인식
여성후보 선택 이유	정당	지역구 활동 소속 정당	정당 혹은 인물 및 능력		인물 및 능력 정당
여성이 여성후보 선택 여부		여성이 여성후보 선택함	여성이 여성후보 선택함	여성이 여성후보 덜 선택함	
기타	여성후보가 당선경쟁력 낮음 그러나 중요 정당에서는 차이 없음			여성후보에 대한 인지도가 낮음	여성후보에 대해서 남녀 유권자 모두 긍정적으로 생각하고 있음

Ⅲ. 여성후보에 대한 유권자의 인식

1. 설문조사

2014년 6·4 지방선거를 마치고 서울 서초구와 양천구에 거주하는 19세 이상 성인남녀를 대상으로 여성후보에 대한 인식 및 유권자 의식을 조사했다.[30] 이 조사는 전화면접 조사로 이루어졌으며 서초구 19세 이상 성인남녀 200명, 양천구 19세 이상 성인남녀 205명으로 대상으로 했다(신뢰수준은

± 6.9% Point, 95%, ± 6.8% Point 95%). 또한 전국적으로 709명의 19세 이상의 성인남녀를 전화면접 조사해 서울 서초구와 양천구의 설문과 비교했다. 서울 서초구와 양천구를 선택한 이유는 서울시에서 여성기초단체장이 당선된 곳이면서 동시에 구의회 및 시의회에서 여성출마자의 비율이 높고 당선자의 비율도 높은 지역이기 때문이다. 또한 이 두 지역은 지난 2010년의 지방선거에서도 광역의회 선거에서도 여성의원이 당선하였고 2006년의 지방선거에서는 광역의회 선거에서는 양천구에서 당선된 서울시의원은 서울시 여성의원 2명 가운데 하나였다. 이런 점에서 양천구와 서초구는 그동안 여성후보를 많이 겪어본 경험을 가지고 있다. 이런 점에서 전국적인 설문조사와 여성후보를 많이 경험해본 지역과의 차이를 비교해봄으로써 여성후보에 많이 노출된 경험이 여성후보에 대한 의식에 어떤 변화를 주는지 알아보고자 했다.

2. 서초구와 양천구의 선거 결과

2014년 지방선거에서 서초구와 양천구에서는 각각 여성구청장이 탄생했다. 서초구의 경우 전체 후보는 모두 5명이었는데 그중에서 여성후보는 1명이었고 새누리당 소속의 여성후보인 조은희 후보가 당선했다. 득표율은 49.89%였다. 양천구의 경우에는 총 4명의 구청장 후보가 출마하였고 여성은 새정치민주연합 소속의 김수영 후보 한 명이었다. 김수영 후보는 47.9%의 비율로 당선했다. 여성구청장 당선자의 득표율은 광역의회 비례대표에서

---

30 21세기 여성정치연합에서 실시했다.

해당 정당이 얻은 득표와 비교해볼 때 서초구에서는 약간 뒤처지지만 양천구에서는 약간 앞서있다. 서초구에서는 새누리당이 광역의회 비례대표에서 워낙 높은 지지를 받아서 조은희 당선자의 득표가 약간 뒤져있다. 이는 조은희 후보의 상당한 표는 정당 지지표라고 해석할 수 있을 것이다. 반면 양천구에서는 새정치민주연합의 광역비례 득표보다 김수영 후보가 득표가 앞선 것은 김수영 후보의 개인적인 지지가 높았던 것으로 해석한다. 김수영 후보는 전 양천구청장이었던 이제학의 아내로서 이제학 전 구청장이 선거에서 허위사실 유포죄로 당선무효가 되어 구청장직을 내놓았으나 이후에 허위사실이 아니라 사실임이 밝혀짐으로써 양천구 주민들 사이에서 이에 대한 동정표가 상당히 작용한 것으로 나타났다. 따라서 정당지지표라기보다는 개인적인 지지로서 김수영 후보의 지지가 정당의 득표보다 높았다고 해석할 수 있다.

표 9-2_ 구청장 득표율과 해당 정당 광역비례득표율

	구청장 후보 득표율	해당 지역 광역비례 정당 득표율
서초구 조은희	49.86%	55.51%
양천구 김수영	47.90%	46.76%

시의회 선거는 서초구에서는 전체 4개의 선거구에서 12명의 후보가 출마하였고 여성은 모두 7명이 출마하여 58%가 여성후보였다. 이중 4명의 후보가 당선하였는데 여성당선자는 2명으로 50%가 당선한 셈이다. 구의회 선거에서는 5개의 선거구에서 모두 25명의 후보가 출마하였고 이중 여성후보는 7명으로 28%였다. 당선자 13명 가운데 여성후보는 4명으로 30%가 여성당선자인 셈이다.

양천구에서는 구의회선거의 경우 7개의 선거구에 모두 29명의 후보가 출마하였고 여성후보는 5명으로 17%의 비율을 보였다. 한편 당선자는 모두 16명으로 여성당선자는 2명으로 12%의 비율을 보였다. 시의회 선거에서는 4개의 선거구에 13명의 후보가 출마하였고 여성후보는 2명으로 15%였으며 당선자는 4명으로 여성은 이 중 1명이 포함되어 여성의원의 비율은 25%였다.

전국적인 통계와 비교해보면 전국적으로 시의회 여성후보 비율은 11.5%이며 여성당선자 비율은 8.2%이다. 이에 비해서 양천구의 시의회 여성후보 비율은 15%이며 여성당선자 비율은 25%로 전국 평균보다 훨씬 앞서있다. 서초구 역시 58%의 여성후보에 50% 여성당선자 비율은 전국적 통계보다 훨씬 앞서있다. 구의회 선거에서도 전국 평균은 여성후보 14%에 여성당선자율 14.41%인데 비해 서초구는 출마에서는 28%, 당선에서는 30%로 전국 평균을 훨씬 웃돌고 있다. 양천구는 출마 15%, 당선 12%로 전국 통계보다 출마에서는 약간 앞서 있지만 당선자에서는 약간 뒤쳐져 있어서 양천구는 상대적으로 구의회에서는 여성의 참여가 약간 저조한 편이다. 하지만 전체적으로 서초구, 양천구 모두 전국적인 통계보다는 앞서 있어서 여성의 정치 참여가 활발한 지역이라고 할 수 있다.

표 9-3_ 6대 지방선거 여성후보 비율과 당선자 비율(지역구)

	광역의회		기초의회	
	여성후보 비율	여성당선자 비율	여성후보 비율	여성당선자 비율
전국평균	11.5%	8.2%	14.0%	14.41%
양천구	15%	25%	17%	12%
서초구	58%	50%	28%	30%

3. 지지후보 선택의 기준

첫 번째로 관심을 가지는 것은 여성후보가 출마한 지역에서 지지후보를 결정할 때 어떤 기준으로 결정했는지 하는 것이다. 전국적으로는 후보자의 경력과 능력이 가장 높은 이유였었고 소속 정당이 그 뒤를 따랐다. 그런데 서초구와 양천구에서는 소속 정당이 높은 비율을 보였다. 양천구는 서초구보다는 낮았지만 전국 평균보다는 높았고 서초구는 전국 평균에 비해서 아주 높은 비율을 보였다. 이를 통해서 앞에서도 언급했지만 서초구의 경우에는 여성 혹은 남성이라는 후보자의 성보다는 소속 정당이 중요했음을 알 수 있다. 반면 양천구의 경우에는 소속 정당이 높은 비중이기는 하지만 서초구보다는 낮아서 인물효과가 어느 정도 있음을 알 수 있었다. 기존의 연구와 비교해보면 여성후보를 선택하는 이유 중 상당한 부분이 소속 정당이었기 때문에 사실상 중요 정당의 우세 지역에 여성이 공천되면 여성의 당선 가능성은 떨어지지 않음이 서초구에서도 어느 정도 검증되었다고 할 수 있다. 반면 양천구의 경우에는 반드시 중요 정당 우세지역이 아니어도 중요정당이 가지고 있는 기본 지지표와 더불어 여성후보의 인물이 가지고 있는 득표 가능성이 당선으로 이어질 수 있음을 알 수 있다.

표 9-4_ 지역별 지지후보 선택 기준

(단위: %)

	전국 (N=570)	서초/양천 통합 (N=248)	서초구 (N=127)	양천구 (N=122)
후보자의 경력과 능력을 보고	29.6	19.2	19.4	19.1
소속 정당을 보고	28.0	46.3	59.8	32.2
후보자의 정책/공약을 보고	22.8	14.4	8.9	20.0
후보자에 대한 주변 평가를 보고	11.4	6.6	3.0	10.4
후보자의 남녀 성별을 보고	1.1	7.6	8.1	7.1

기타	1.6	2.0	0.0	4.1
모름/ 무응답	5.4	3.8	0.7	7.1

이를 좀 더 세분화하여 살펴보면 양 지역에서 지지후보를 선택한 이유가 무엇인지를 남성후보 지지자와 여성후보 지지자를 구별하여 살펴보면 지지후보 결정이유가 약간 다름을 알 수 있다. 우선 남성후보를 지지한 유권자들의 경우 지지후보 결정에 있어서 가장 큰 이유는 소속 정당이었다. 소속 정당을 보고가 41.5%로 가장 높았으며 후보자의 경력과 능력이 20%, 후보자의 정책과 공약이 16.5%로 나타났다. 여성후보를 지지한 경우에도 역시 소속 정당 때문이라고 응답한 응답자가 가장 많아 49.9%에 이르고 있다.

표 9-5_ 남녀후보 지지자의 후보 선택 기준

(단위: %)

	남성후보 지지자	여성후보 지지자
후보자의 경력과 능력을 보고	20.0%	18.6%
소속 정당을 보고	41.9%	49.9%
후보자의 정책/공약을 보고	16.5%	12.6%
후보자에 대한 주변 평가를 보고	9.5%	6.6%
여성(혹은 남성) 후보에 대한 거부감 때문에	8.9%	4.2%
기타	0.5%	3.3%
모름/ 무응답	2.6%	4.9%

이를 보면 여성후보를 지지한 경우에는 명백하게 소속 정당을 보고 찍는 경우가 많아서 거의 과반수의 여성후보 지지자는 소속 정당을 보고 여성후보를 지지했다. 반면 남성후보를 지지한 경우에도 소속 정당을 보고 지지한 경우가 많았지만 여성후보 지지자와 비교하여 보면 후보자의 경력과

능력 그리고 주변의 평가도 선택에 있어서 영향을 미치고 있음을 알 수 있었다. 이를 통해서 사실상 중요 정당에서 여성을 공천할 경우 여성의 당선 가능성은 절대 낮지 않다. 반면 여성후보는 정당효과 없이는 유권자들로부터 지지를 얻기가 어려움을 알 수 있다. 이런 이유 때문에 아직까지는 여성 정치발전을 위해서 정당의 공천이 꼭 필요하다고 할 수 있다.

4. 여성유권자가 여성후보를 찍었는가?

여성유권자가 여성후보를 찍는지에 대해서는 앞에서도 설명하였듯이 상반되는 의견이 존재한다. 여성이 오히려 여성을 찍지 않는다는 의견과 최근에 오면서 여성유권자들의 태도가 많이 바뀌어서 여성이 오히려 여성을 찍는다는 의견이다. 서초구와 양천구를 보았을 때 두 선거구에서는 상반된 결과를 보여주었다. 서초구에서는 여성응답자가 조은희 후보를 많이 지지한 반면 양천구에서는 여성응답자가 오히려 김수영 후보에게 덜 투표했다.

표 9-6_ 서초구 양천구에서 여성후보에 대한 성별 지지성향

	서초구		양천구	
	조은희(새누리당)	그 외(모른다 포함)	김수영(새정치민주연합)	그 외
여성응답자	51.5	48.5	28.0	72.0
남성 응답자	33.6	66.3	38.7	61.3

서초구의 경우 여성응답자의 51.5%는 조은희 후보에게 투표해서 여성응답자가 여성후보에게 더 많이 투표했다. 양천구의 경우에는 여성응답자의 28%가 김수영 후보에게 투표해서 여성응답자가 여성후보에게 덜 투표하였음을 알 수 있다. 서초구는 새누리당 우세지역이고 강남 3구 중 하나로서

지방선거 및 국회의원 선거에서도 늘 새누리당이 이기는 지역이다. 그렇기 때문에 새누리당의 조은희 후보에 대한 지지는 여성후보이기 때문이라기보다는 새누리당이라는 정당효과에 의한 것이라고 해석하는 것이 맞다. 그러나 양천구의 경우에는 김수영 후보의 경우에는 〈표 9-2〉에서 보았듯이 양천구의 새정치민주연합에 대한 광역비례 지지비율보다 김수영 후보는 더 많이 지지를 전체적으로 받았다. 여성응답자의 경우에는 남성 응답자보다는 10% 정도 낮게 김수영 후보를 지지하고 있어서 정당을 고려해서 지지하는 비율이 낮았고 즉 후보자의 경력 및 능력, 주변평가 등에 있어서는 남성 응답자들이 김수영 후보를 더 많이 고려하여 지지한 것으로 해석할 수 있다. 대조적인 이 두 가지 경우를 보더라도 여성이 여성을 더 찍지 않는다는 것은 더 이상 사실이 아니며 여성유권자가 지지후보를 결정할 때는 정당을, 남성유권자가 지지후보를 결정할 때는 정당 및 그 이외의 후보자의 경력 및 능력, 주변의 평가 등을 많이 고려하는 것이라고 할 수 있다. 따라서 여성후보의 경우 자신의 정당이 그 지역의 우세 정당인 경우에는 정당효과 중심의 선거운동전략이 필요하고 자신의 정당이 그 지역 우세 정당이 아닌 경우에는 개인적인 능력, 경력 등의 호소를 통한 득표 전략이 절대적으로 필요하다는 것을 알 수 있다.

5. 남녀후보의 조건이 같다면 여성후보를 지지할 것인가?

전국적인 설문에서 조건이 같다면 여성후보를 지지하겠는지를 물었더니 여성의 43.5%가 여성후보를 지지한 반면 응답 여성의 34.6%만이 남성후보를 지지했다고 응답하여 여성응답자가 여성후보를 많이 지지한 것으로 나타났다. 즉 전국적으로 사회적 지위나 경력 등이 비슷한 조건의 남녀후보가 있을 경우 여성후보를 지지하겠다는 응답자 가운데 75%가 여성으로 다수의 여성응답자는 여성후보를 지지하겠다고 응답하여 이전에 비하여 여성유권자들의 여성후보에 대한 인식이 많이 달라졌음을 알 수 있다. 이런 점들을 보았을 때 아직까지 여성유권자가 여성후보를 더 많이 지지한다고 보기는 어렵지만 여러 가지 매개변수들을 감안한다면 여성이 여성을 찍지 않는다는 기존의 주장은 잘못된 것임을 알 수 있다.

표 9-7_ 사회적 지위/경력 등 비슷한 조건일 경우 성별 후보 선호도

(단위: %)

	전국	서초/양천 통합	서초구	양천구
남성후보	41.4	28.9	29.2	28.6
여성후보	29.1	35.6	33.9	37.4
모름/무응답	29.5	35.5	37.0	34.0

남성후보를 지지하겠다는 응답자는 남성 응답자가 많았다. 남성 응답자 가운데에서는 남성후보를 지지하겠다는 응답자는 48.3%로 과반수에 이르렀고 여성후보를 지지하겠다는 남성 응답자는 14.6%에 지나지 않았다. 또한 남성후보를 지지하겠다는 응답자는 학력이 낮을수록 그리고 보수적인 성향이 강한 응답자들이었다. 그러다보니 자연히 광역비례대표에서 새누리당에 투표하였고 여성정치 참여가 부족하다는 데에 동의하지 않는다는 응답자들이 많이 있었다. 광역비례에서 새누리당 지지자 중 남성후보를 지지하겠다는 응답자는 전체의 47.1%에 이르렀고 여성후보를 지지하겠다는 응답자는 29%에 지나지 않았다. 보수적일수록 남성후보 지지성향이 높다고 할 수 있다. 학력을 기준으로 보았을 때 중졸 이하에서는 다른 학력층보다도 월등히 높게 남성후보 지지성향이 나타났다. 중졸 이하에서 전체 응답자 가운데 52.3%나 되는 응답자가 남성후보를 지지한다고 응답하였고

여성후보를 지지하겠다는 응답은 24.5%에 지나지 않았다. 전체 여성후보 지지인 29.1%에 훨씬 못 미치는 비율이었다. 학력이 낮을수록 그만큼 여성의 역할에 대한 보수적인 견해에 기반하고 있다고 할 수 있다. 반면 여성후보에게 투표하겠다는 응답자는 여성이 다수를 이루었다. 여성응답자 중 43.5%는 여성후보를 선택하겠다고 했고 남성후보를 선택하겠다는 여성은 34.6%에 그쳤다. 광역비례에서 정의당 지지자 가운데 44.9%가 여성후보를 선택하겠다고 응답하였고 중앙정당 가운데에서는 그나마 새정치민주연합 지지자가 32.2% 여성후보를 선택하겠다고 하여 전국 평균보다 조금 높은 비율을 보였다. 이렇게 본다면 성별 분류 이외에 정당 지지성향에서 새누리당 지지자들은 남성후보 선택이 높고 정의당 및 새정치민주연합 지지자들은 여성후보 선택이 비교적 높음을 알 수 있다.

서초구와 양천구를 살펴보면 전국 평균보다도 여성후보 선택이 높다. 전국적으로 조건이 같다면 여성후보를 선택하겠다는 응답자는 29.1%이지만 서초 양천구 통합으로 보았을 때 여성후보를 선택하겠다는 응답자는 전체의 35.6%로 전국적인 통계를 훨씬 웃돌았다. 서초구는 33.9%, 양천구는 37.4%로 상당히 높은 비율임을 알 수 있다. 이렇게 서초구와 양천구에서 여성후보 선택 비율이 높은 것은 여성후보가 많이 나왔고 이번 선거에서도 여성구청장 후보가 출마하였기 때문에 그만큼 여성후보에 대한 거부감이 적고 여성후보에 대한 긍정적인 이미지를 가지고 있음을 알 수 있다. 향후 여성후보가 출마한 경험을 가지고 있는 지역과 그렇지 않은 지역을 비교해보는 연구가 진행된다면 여성후보 출마 경험이 그 지역에서의 여성후보에 대한 긍정적인 태도에 영향을 미치는지를 보다 체계적으로 알 수 있을 것이다. 이번의 설문조사를 통해서 서초구와 양천구가 전국 통계보다 여성후보 선택에 있어서 긍정적인 태도를 보인 것은 역시 서초구 양천구의 여성구청장 후보의 존재와 관계가 없지 않을 것이다.

이러한 통계를 통해서 여성이 여성을 지지하지 않을 것이라는 기존의 주장은 근거가 없음을 알 수 있다. 확실히 여성응답자는 다른 어떤 변수보다도 여성후보 선택을 많이 하는 변수라고 할 수 있다.

Ⅳ. 결론

이번의 설문조사를 통해서 기존의 통념이었던 여성이 여성을 찍지 않는다는 것은 잘못된 주장임을 알 수 있다. 이번의 설문조사를 통해서 그렇다고 여성이 여성을 찍는 것은 아니지만 여성을 찍고 안 찍고의 문제는 단지 후보의 성이 문제가 아니라 여성후보의 소속 정당이 중요하다고 할 수 있다. 단지 말할 수 있는 것은 여성유권자는 후보자의 소속 정당 중심의 투표를 하고 남성유권자는 후보자의 정당뿐만이 아니라 경력 및 경험 그리고 주변의 평가 등을 고려하여 지지후보를 결정함을 알 수 있다. 이러한 평가를 통해서 더 이상 유권자는 여성후보자의 경우 후보자의 성 때문에 지지를 결정하는 것이 아니라 여성후보자가 가지고 있는 요인들 즉 정당 및 그의 경험, 경력 등이 중요한 선택 기준임을 알 수 있다. 중요 정당에서 여성후보를 공천하였을 경우 여성후보의 당선 가능성은 높아지고 여성이기 때문에 정당의 승리에 부정적인 영향을 끼치는 일은 없을 것이다.

결론

한국 여성의 정치 참여와 여성의 정치 참여 확대에 영향을 미친 요인들

Ⅰ. 서론

한국 사회는 세계 다른 어느 국가에서도 그 예를 찾아보기 힘들 만큼 단시간 내에 급격한 발전을 가져왔다. 40년이 넘는 식민지 경험과 제2차 세계대전 그리고 6·25 전쟁, 군사 정권 등의 많은 급격하고 부정적인 정치적 경험을 했지만 경제적인 발전을 첫 단계로 하여 정치적 민주화도 이루어냈고 사회적으로도 활발한 시민사회의 확대, 그리고 다양한 분야에서 한국의 국격이 단기간에 상승되어 왔다. 특히 여성의 정치 참여에 있어서는 2002년 국회의원 비례대표 부문 여성할당제의 도입으로 인해 여성국회의원 비율이 14%에 육박하게 증가하면서 상당히 발전해왔다. 그러나 그러한 성과의 뒷면에는 아직도 가야할 길이 상당히 멀다는 것을 느낀다. 우선 경제적인 발전이 급속히 이루어졌다고 하지만 다른 한편으로 비정규직과 불안정한 고용이 그 발전의 그늘에 여전히 남아서 지속적인 발전과 사회적 부의 균등한 배분이 이루어지지 못하게 하고 있다. 또한 시민사회의 확대 및 사회적 역동성은 상당히 높아졌고 아직도 합의를 도출하지 못한 이기적인 사회 참여, 지역이기주의, 직업이기주의 등이 팽배해서 사회적 역동성은 오히려 한국 사회의 문제가 되고 있다. 여성의 사회참여 부문도 가시적으로 정치부분에서 할당제의 도입으로 가시적으로 어느 정도 변화를 가져온 것은 사실이지만 이러한 변화의 뒤편에는 해결되지 않은 많은 문제들이 있다. 국회의원 비례대표 부분에서는 여성할당제가 받아들여졌지만 비례대표 부분은 전체 국회의원 가운데 20% 정도밖에 되지 않는 소수 부분이며 다수인 지역구 부분에서는 비례대표에서 해줄 만큼 해줬으니 이제 더 이상의 양보는 없다는 분위기로 지역구 부분에서는 어떠한 변화도 없고 2004년 할당제 도입 이후 아무런 진전을 보지 못하고 있다. 마찬가지로 공공부분의 변화는 전혀 움직임이 없다. 여성의 교육 확대와 더불어 여성의 사회참여가 활발해지고 있지만 아직도 경제적인 참여 부분에서 여성들은 비정규직으로 일하거나 혹은 동일노동에 대해서도 낮은 임금을 받고 있으며 일하는 분야에 있어서도 심각한 성별 분리를 보이고 있다.

사실 한국 사회의 급속한 성장의 그늘에는 성적 불평등이 놓여있었다. 1970년대 한국 사회의 급속한 경제적인 성장이 가능했던 것은 공장의 열악한 생산라인에서 값싼 노동력을 제공했던 여성근로자들이 있었기 때문이었다. 또한 가정에서 무급과 아무런 대가 없이 가사노동을 전담했던 가정주부들이 있었기 때문에 가능했던 것이다. 그러나 사회가 발전해왔지만 여성의 저임금화, 가정주부라는 인식은 변화되지 않았다. 그것은 한국 사회에서 근대화 기간 동안 굳어진 여성의 주변화, 소외화가 일종의 사회적 의식이 되었기 때문이다. 그래서 경제활동을 하는 여성들의 이미지는 값싼 경제활동자로 즉 10여 년 전에는 야쿠르트 아줌마로 대변되었고 몇 년 전까지는 보험 아줌마 등으로 인식되어왔다. 이러한 이미지는 쉽게 바뀌지 않았고 바꾸려고 노력할수록 사회적 역작용, 반발은 크게 나타났다. 다행히 정치에서의 여성할당제 도입으로 여성국회의원 수가 늘어나고 또한 지방선거에도 할당제가 도입되었고 여성지방의원 수도 늘어나고 지방자치단체장도 생겨나면서 조금씩 바뀌고는 있지만 아직도 여성들은 주부, 경제활동을 하더라도 주변화된 근로자의 이미지가 강하다. 한국 사회가 2만 달러의 GDP를 넘어 3만 달러 시대로 가기 위해서는 결국 여성들의 사회참여가 활발해져야 하는데 이러한 여성인력 이미지는 결코 한국 사회에도 바람직하지 않다. 이러한 이미지가 유지되는 한 여성들의 경제활동 비율은 결코 높아지지 않을 것이다. 여성은 주변화된 노동인력이라는 이미지의 불식이 필요하다. 이러한 이미지를 수치화한 것이 여성권한척도이다. 여성이 그 사회에서 얼마만큼 임파워먼트 되어있는가 하는 것인데 2009년 한국의 여성권한척도는 61위이다. 결국 여성의 권한척도가 높아지기 전에는 여성의 이미지는 저임금, 주변화된 근로자의 이미지로부터 벗어나기 힘들 것이다.

한 사회가 공정하고 평등한 사회라는 것은 어느 특정 집단에 대해서 주변화되거나 배제되지 않고 평등하게 구성원으로서 활동하는 사회일 것이다. 그러나 우리의 사회 모습은 아무런 문화적 인식이 없는 외계인에게는 참 이상한 사회일 것이다. 모든 남성은 사회의 중심 역할을 수행하고 있고 모든 여성들은 주변화된 역할을 수행하고 있다. 병원에서 보면 남성들은 의사이고 여성들은 간호사 혹은 보조원이다. 학교에서 남성들은 교장선생님, 부장선생님이지만 여성들은 그 수가 많다고 하더라도 일반교사이다. 회사에서 남성들은 사장이요 부장이지만 여성들은 일반 사원이다. 이러한 비정상적인 사회가 보다 조화롭고 평등한 사회로 가기 위해서 여성들의 권한척도는 향상되어야 한다는 것이 이 발제의 문제의식이다. 이를 위해서 우리는 어떻게 해야 할 것인가? 결론에서는 여성의 지위 발전을 위해서 권한척도가 좋아져야 하는데 왜 공공부문으로부터 봐야 하는지 그 이유부터 살펴보고 한국 여성의 지위, 그리고 지위 향상을 위해서 어떻게 해야 할 것인지의 순서로 논의를 전개할 것이다.

Ⅱ. 여성참여 확대가 필요한 이유

여성의 참여가 확대되어야하는 이유를 몇 가지로 살펴보자. 첫째 관료제의 대표성 때문이다. 공공부문이라고 하는 것은 국가의 정책결정 및 집행과 관련된 분야 전체를 통칭하는 말로 이 분야는 자유경쟁과 이윤창출을 목적으로 하는 사적 부문과는 달리 사회전체의 안위와 발전을 목적으로 하는 공적인 목적을 수행하는 분야이다. 이 분야는 사회 전체를 대표할 수 있도록 구성해야 한다는 것이 관료제의 대표성이다. 과거와 현재의 오랜 사회적 차별로 고통 받는 소수집단 및 계층에 대한 처우를 향상시키려는 정부 정책의 정당화의 논리 중의 하나가 '사회적 대표성'이라는 가치이고 이를 구체화한 것이 대표관료제(representative bureaucracy)라 할 수 있다. 대표관료제는 그 사회를 구성하는 모든 주요 집단으로부터 인구비례에 따라 관료를 충원하고 그들의 정부 관료제 내의 모든 직무분야와 계급에 비례적으로 배치함으로써 정부 관료제가 그 사회의 모든 계층과 집단에 공평하게 대응하도록 하는 인사제도이다(양형렬·이태영 1992, 343). 사회의 구성을 성별로 나누어본다면 여성의 문제를 대변할 수 있는 것은 여성이기 때문에 공공부문에서 여성의 이익이 대변되기 위해서는 여성이 충분히 대표되어야 한다는 것이다.

두 번째로 정책결정 및 집행의 보다 발전되고 조화로운 운영을 위해서 다양한 경험과 관심이 관료제에 의미 있는 역할을 할 수 있다. 실제로 여성과 남성이 본질적으로 다른지 같은지는 알 수 없지만 여성과 남성이 다르게 길러져왔고 다른 경험을 하면서 살아온 것은 부인할 수 없다(길리건, 허란주 역 1997). 공공부문에서 정책을 결정할 때는 사적인 영역과는 달리 자칫하면 비효율적인 정책결정이 나오기 쉽다. 막대한 자원의 배분이 따르는 공공사업의 경우 개인의 이윤동기에 따라서 움직이는 사적인 분야와는 달리 자칫하면 잘못된 판단으로 막대한 예산을 낭비할 수 있다. 이런 분야일수록 다양한 의견과 경험을 토대로 하여 정책을 결정할 때 보다 조화롭고 효율적인 정책결정에 도달할 수 있다. 따라서 여성의 공적 부문 참여 확대를 통하여 국가는 더 발전된 정책을 결정하고 시행할 수 있다.

세 번째로 양성평등 사회는 비단 불평등한 대우를 받았던 여성들에게만 도움이 되는 것은 아니다. 한 성에 대한 억압은 다른 성에 대한 억압을 동반할 수밖에 없다(존 스튜어트 밀, 서병훈 역, 2006). 즉 여성에 대한 억압사회는 남성에게도 역시 억압사회인 것이다. 여성성을 강요한다는 것은 다른 한편으로 남성에게는 남성성을 강요한다는 뜻이다. 여성들은 예쁘고 얌전하고 상냥하고 아이들을 잘 길러야하는 억압이 존재하지만 남성들은 멋있고 씩씩하며 건강해야하고 능력이 있어야 하는 억압이 존재한다. 한국 여성을 바깥활동을 하지 못하고 집에만 있도록 억압해 온 결과가 남성 40대 사망률이 세계 1위인 국가가 되도록 한 것이다. 남성이 모든 부를 창출해내야 하기 때문에 남성들에게도 부담이 심한 사회가 된 것이다. 이렇게 볼 때 양성평등 사회는 여성에게도 자신의 선택을 자유롭게 수행할 수 있는 사회이며 남성들에게도 강요된 남성성이나 부담이 줄어드는 사회가 된다. 이렇게 볼 때 양성평등 사회는 남녀 모두에게 공히 더 나은 사회가 될 것이다.

마지막으로 공공부문의 여성참여 확대정책은 민간부문에 대한 개입 이전에 공공부문이 선도적 고용주로서 모델이 된다는 점에서 그 중요성이 있다. 사적인 부문은 국가에서 강요할 수 없는 영역이다. 양성평등이 아무리 국가 중대사이고 국가 발전을 위해서 꼭 필요한 일이라고 하더라도 사적인 부문은 자신들의 논리로 움직이는 영역이기 때문에 국가권력이 개입할 여지가 적다. 그러나 공공부문에서의 양성평등적인 질서는 사적 부문에까지 확대될 수 있고 공공부문은 사적 부문을 이끄는 중요한 계기가 될 것이다.

Ⅲ. 여성의 참여 현황

우선 다양한 여성의 참여 현황을 살펴보기 전에 전체적으로 한국 여성의 권한척도의 변천을 살펴보자. 2001년 한국 여성의 권한척도는 조사대상국 가운데 61위였다. 2009년에도 61위로 조사대상국 가운데 하위에 속한다. 〈표 1〉을 보면 여성권한척도의 내용은 여성국회의원 의원 비율, 의회의원 고위임직원 관리자·전문기술직, 그리고 남성 대비의 여성의 소득비율이다.

표 1_ 한국 여성권한척도의 변화

	2002	2004	2006	2008	2009
GEM 순위	61위	63위	53위	68위	61위
여성국회의원 비율	5.9	5.9	13.4	13.7	14.0
의회의원 고위임직원 관리자	5.0	5.0	7.0	8.0	9.0
전문기술직	31.0	34.0	38.0	40.0	40.0
남성 대비 여성임금 비율	0.5	0.5	0.5	0.5	0.5

출처: gsis.kwdi.re.kr.

몇몇 여성권한척도가 높은 국가들과 비교해보면 한국 여성들이 얼마나 권한이 낮은지를 알 수 있다

표 2_ 여성권한척도 국가 비교(2009)

	GEM순위	GEM값	여성국회 의원 비율	의회의원, 고위임직원 관리자	전문기술직	남성대비 여성임금
스웨덴	1	0.909	47.0	32.0	51.0	0.7
노르웨이	2	0.906	36.0	31.0	51.0	0.8
핀란드	3	0.902	42.0	29.0	55.0	0.7
덴마크	4	0.896	38.0	28.0	52.0	0.7
네덜란드	5	0.882	39.0	28.0	50.0	0.7
벨기에	6	0.874	36.0	32.0	49.0	0.6
한국	61	0.554	14.0	9.0	40.0	0.5

출처: gsis.kwdi.re.kr.

위의 〈표 2〉에서 보면 여성권한척도가 1위인 스웨덴은 여성국회의원 비율도 높지만 고위임직원, 관리자 등 전반적인 고위직 여성들이 30% 이상이다. 한국의 경우 전문기술직 분야에서는 상당히 높아졌지만 여성국회의원 비율과 고위임직원, 관리자 비율에서 상당히 저조하다. 물론 남성 임금 대비 여성의 임금도 상당히 낮지만 특히 고위직에 있어서 여성이 비율이 낮다. 여성권한척도가 낮다는 것은 여성이 사회전반에 걸쳐서 정책을 결정할 수 있는 위치에 적다는 것을 의미하기 때문에 이 부분에 있어서의 진전이 필요하다.

1. 입법부

세계경제포럼에서 발표한 국가별 성 격차지수(Gender Gap Index)에 따르면 2015년 기준으로 우리나라는 전 세계 145개국 중 115위이다. 2014년에는 141개국 중 117위였는데 조금 상향되고 있다(http://reports.weforum.org/global-gender-gap-report-2014/economies /#economy=KOR). 성 격차지수는 '경제참여와 기회(125위)', '교육성취(102위)' '건강과 생존(79위)' '정치적 권한(101위)'의 4분야로 구성되어 있는데 이 중에서 특히 정치 분야는 매우 102위로 매우 낮은 순위이다.

표 3_ 여성국회의원 후보자 수 및 당선자 수, 비율

대	의원 정수	후보자 수			당선자 수		
		남성	여성	전체 후보자 중 여성비율(%)	남성 당선자 수	여성 당선자 수	여성의원 비율(%)
1	200	929	22	2.3	199	1	0.5
2	210	2,198	11	0.5	208	2	1.0
3	203	1,197	10	0.8	202	1	0.5
4	233	836	5	0.6	230	3	1.3
5	291	1,719	8	0.5	290	1	0.3
6	175	994	7	0.7	173	0	0
7	175	813	8	1.0	172	3	1.7
8	204	689	9	1.3	199	5	2.5
9	292	486	18	3.6	275	17	5.8
10	231	546	12	2.2	233	8	3.5
11	276	838	25	2.9	267	9	3.3
12	276	595	16	2.6	268	8	2.9
13	299	1,192	27	2.2	293	6	2.0

14	299	1,171	35	3.1	296	3	1.0
15	299	1,507	43	1.5	290	9	3.0
16	299	1,114	65	5.5	257	16	5.3
17	299	1,208	157	11.5	260	39	13
18	299	1,092	215	16.4	258	41	13.7
19	300	948	142	13.0	253	47	15.7
20	300	919	173	15.9	249	51	17.0
합계	4,860	20,072	835	4.0	4,623	219	4.5

출처: www.nec.go.kr.

한국은 1948년 건국과 함께 제정된 제헌헌법에 따라 남성과 여성이 함께 참정권을 부여받았으며, 공무담임권·정당가입권 등 피선거권도 함께 부여받았다. 그러나 〈표 2〉에서도 알 수 있듯이 정치 분야에서의 한국 여성들의 대표성은 지극히 낮다. 한국 여성들의 정치적 의사결정 구조에서의 대표성 비율을 보면 15대까지 국회에서의 여성비율은 3%대에 머물러 있었다. 2000년에 실시된 16대 선거에서는 정당법에 새롭게 규정된 비례대표직에 여성을 30% 할당하라는 할당제에 따라 5.9%로 증가하게 된다. 그리고 2004년에 실시된 17대 총선에서는 여성의원이 39명 선출되어 전체 의원 중 13%라는 대폭적인 증가를 보였다. 이는 지속적인 여성들의 정치권에 대한 압력과 후보지원 활동으로 선출직에서의 여성 입후보자가 증가하고 있으며, 제도적 보완으로 비례대표직에 여성을 50% 할당하는 할당제가 규정됨에 따른 결과이다. 최근의 4월 20대 총선에서는 여성의원의 비율이 17%로 조금 증가하였으며 후보 비율에 있어서도 15.9%로 지난 선거보다 증가했다. 물론 17대에 비해서는 후보 비율이 떨어졌지만 전체적으로 상승세에 놓여있다.

지방부분을 살펴보자. 지방부분에서는 여성의 참여가 훨씬 더디지만 근래에 들어서는 발전되고 있는 형편이다. 한국의 지방의회에서 여성이 차지하는 비율을 각 지방의회별로 구체적으로 살펴보면 다음과 같다.

표 4_ 지방선거에서 여성후보 및 당선자

<table>
<tr><th colspan="3">구분</th><th>여성후보자 수
(총 후보자 수)</th><th>여성후보
비율</th><th>여성당선자
수(총 당선자 수)</th><th>여성비율</th></tr>
<tr><td rowspan="5">1995</td><td colspan="2">계</td><td>247명(15,304명)</td><td>1.61%</td><td>85명(5,661명)</td><td>1.50%</td></tr>
<tr><td colspan="2">광역자치단체장</td><td>2명(55명)</td><td>3.6%</td><td>0명(15명)</td><td>0%</td></tr>
<tr><td colspan="2">기초자치단체장</td><td>4명(942명)</td><td>0.42%</td><td>1명(230명)</td><td>0.4%</td></tr>
<tr><td colspan="2">광역의회의원</td><td>37명(2,445명)</td><td>1.51%</td><td>12명(875명)</td><td>1.37%</td></tr>
<tr><td colspan="2">기초의회의원</td><td>204명(11,862명)</td><td>1.72%</td><td>72명(4,541명)</td><td>1.58%</td></tr>
<tr><td rowspan="7">1998</td><td colspan="2">계</td><td>184명(10,004명)</td><td>1.84%</td><td>70명(4,353명)</td><td>1.61%</td></tr>
<tr><td colspan="2">광역자치단체장</td><td>0명(40명)</td><td>0%</td><td>0명(16명)</td><td>0%</td></tr>
<tr><td colspan="2">기초자치단체장</td><td>8명(672명)</td><td>1.19%</td><td>0명(232명)</td><td>0%</td></tr>
<tr><td rowspan="2">광역의회
의원</td><td>지역구</td><td>37명(1,567명)</td><td>2.36%</td><td>14명(616명)</td><td>2.27%</td></tr>
<tr><td>비례대표</td><td></td><td></td><td></td><td></td></tr>
<tr><td colspan="2">광역의회 합계</td><td></td><td></td><td></td><td></td></tr>
<tr><td colspan="2">기초의회의원</td><td>139명(7,725명)</td><td>1.80%</td><td>56명(3,489명)</td><td>1.60%</td></tr>
<tr><td rowspan="7">2002</td><td colspan="2">계</td><td>392(10,893)명</td><td>3.60%</td><td>142(4,415)명</td><td>3.22%</td></tr>
<tr><td colspan="2">광역자치단체장</td><td>0(55)명</td><td>0%</td><td>0(16)명</td><td>0%</td></tr>
<tr><td colspan="2">기초자치단체장</td><td>8(749)명</td><td>1.07%</td><td>2(232)명</td><td>0.86%</td></tr>
<tr><td rowspan="2">광역의회
의원</td><td>지역구</td><td>48(1,528)명</td><td>3.14%</td><td>14(609)명</td><td>2.29%</td></tr>
<tr><td>비례대표</td><td>115(208)명</td><td>55.29%</td><td>49(73)명</td><td>67.1%</td></tr>
<tr><td colspan="2">광역의회 합계</td><td>163(1,736)명</td><td>9.39%</td><td>63(682)명</td><td>9.2%</td></tr>
<tr><td colspan="2">기초의회의원</td><td>221(8,353)명</td><td>2.65%</td><td>77(3,485)명</td><td>2.2%</td></tr>
<tr><td rowspan="6">2006</td><td colspan="2">계</td><td>1,405(12,163)명</td><td>11.55%</td><td>529(3,867)명</td><td>13.7%</td></tr>
<tr><td colspan="2">광역자치단체장</td><td>4(66)명</td><td>6.1%</td><td>0(16)명</td><td>0%</td></tr>
<tr><td colspan="2">기초자치단체장</td><td>23(839)명</td><td>2.7%</td><td>3(230)명</td><td>1.3%</td></tr>
<tr><td rowspan="2">광역의
회의원</td><td>지역구</td><td>107(2,062)명</td><td>5.2%</td><td>32(655)명</td><td>4.9%</td></tr>
<tr><td>비례대표</td><td>136(211)명</td><td>64.5%</td><td>57(78)명</td><td>73.1%</td></tr>
<tr><td colspan="2">광역의회 합계</td><td>243(2,273)명</td><td>10.7%</td><td>89(733)명</td><td>12.1%</td></tr>
</table>

2006	기초의 회의원	지역구	390(7,968)명	4.9%	110(2,513)명	4.4%
		비례대표	745(1,017)명	73.2%	327(375)명	87.2%
	기초의회 합계		1,135(8,985)명	12.6%	437(2,888)명	15.1%
2010	계		1,652(9,908)명	16.6%	747(3,991)명	18.7%
	광역자치단체장		3(55)명	5.5%	0(16)명	0.0%
	기초자치단체장		26(749)명	3.5%	6(228)명	2.6%
	광역의 회의원	지역구	154(1,764)명	8.7%	55(680)명	8.1%
		비례대표	179(266)명	67.3%	58(81)명	71.6%
	광역의회 합계		333(2,030)명	16.4%	113(761)명	14.8%
	기초의 회의원	지역구	551(5,822)명	9.5%	274(2,512)명	10.9%
		비례대표	727(909)명	79.9%	352(376)명	93.6%
	기초의회 합계		1,278(6,731)명	18.9%	626(2,888)명	21.6%
	교육감		5(74)명	6.8%	1(16)명	6.3%
	교육위원		7(269)명	16.7%	1(82)명	1.2%
2014	계		1,827(8,898)명	20.5%	854(3,952)명	21.6%
	광역자치단체장		1(57)명	1.7%	0(17)명	0%
	기초자치단체장		40(694)명	5.7%	9(226)명	3.9%
	광역의 회의원	지역구	198(1,719)명	11.5%	58(705)명	8.2%
		비례대표	161(228)명	70.6%	55(84)명	65.4%
	광역의회 합계		359(1,947)명	18.4%	113(789)명	14.3%
	기초의 회의원	지역구	757(5,377)명	14.0%	369(2,519)명	14.6%
		비례대표	668(742)명	90.0%	363(379)명	95.7%
	기초의회 합계		1,425(6,119)명	23.2%	732(2,898)명	25.2%
	교육감		2(71)명	2.8%	0(17)명	0%
	교육위원		0(10)명	0%	0(5)명	0%

출처: www.nec.go.kr.

〈표 4〉에서 볼 수 있듯이 1991년 1기 지방의회의 광역과 기초의회에서 여성이 차지하는 비율은 채 1%에도 못 미치고 있으며 1995년, 1998년 선거에서도 기초의회는 1-2%의 비율을 보여주고 있다. 그나마 광역의회가

비례대표직의 설치로 5%대를 유지하면서 증가했다. 1998년의 선거를 자세히 보면 광역의회에서 지역구에 14명, 비례대표에 27명의 여성이 당선하고 기초의원 56명이 당선되면서 여성의 비율이 약간 늘기는 하였으나 그다지 만족스런 결과라고 보기는 어렵다. 비례대표 광역의원이 대폭 늘어난 것은 여성계의 주장과 취지를 정당이 상당 부분 반영한 것으로 긍정적으로 평가할 만하나, 지역구 후보로서 여성은 여전히 선호되고 있지 않음을 알 수 있다. 뿐만 아니라 여성의 입후보율에 비해 당선율이 낮다는 것은 여성의 당선율이 남성의 당선율에 비해 떨어진다는 것을 의미하는데, 이는 아직도 여성의 정치적 경쟁력이 그다지 높지 않음을 알 수 있게 한다. 2002년의 지방선거 현황을 좀 자세히 보면 먼저 광역단체장에 출마한 여성은 한 명도 없으며, 기초단체장에는 750명 중 8명, 지역구 광역의원은 1,483명 중 48명, 비례대표 광역의원은 209명 중 116명, 그리고 기초의원은 8,373명 가운데 222명이 여성이다. 당선자를 보면 기초단체장 232명 가운데 2명, 지역구 광역의원 609명 가운데 14명, 비례대표 광역의원 73명 가운데 49명, 그리고 기초의원 3,485명 가운데 77명이 여성이다. 2006년에는 기초의회에서의 비례대표가 신설되었고 이 비례대표 정당 명부에서 여성이 50%되도록 강제하였기 때문에 기초의회의 여성의원 비율이 증가했다. 그래서 2002년 2.2%에 그쳤던 기초의회 여성의원의 비율이 15.1%로 증가했다. 기초단체장의 경우에도 여성이 3명이 당선되었고 광역의원의 경우에도 지역구도 두 배 증가한 4.9%였으며 비례대표 부분은 여전히 상당히 많은 여성의원이 당선되었다. 전체적으로 2002년 3.9%에 그쳤던 여성비율은 2006년에 오면서 13.7%로 증가했다. 그러나 여전히 광역자치단체장 16명 가운데 여성은 한 명도 당선되지 못했고 기초단체장의 경우에도 1.3%의 아주 낮은 비율을 보여서 여전히 갈 길이 멀다는 것을 보여주었다.

위의 통계로 볼 때 여성지방의원이 증가 추세에 있기는 하지만 전체적인 비율은 유권자의 과반수를 차지하고 있는 여성의 인구비와 견주어 볼 때 너무도 미미하다. 지방의회의 여성 진출 비율은 현재 프랑스가 48.6%(1000명 이상의 시)로 가장 높으며, 스웨덴이 41.3%, 노르웨이, 핀란드, 오스트리아 등은 30-40% 수준이고 오스트레일리아, 벨기에, 캐나다 등은 10-20%를 여성이 차지하고 있다.

2. 공무원

여성공무원 비율은 최근에 들어서 증가하고 있다. 특히 입법부와 중앙선거관리위원회가 증가하였고 헌법재판소도 증가했다. 행정부의 경우에도 증가해서 40%에 이르고 있다.

그러나 이를 좀 더 자세히 직급별로 살펴보면 여성의 비율은 고위직일수록 상당히 낮고 낮은 직급일수록 여성의 비율이 높음을 알 수 있다.

표 5_ 공공부문 전체

국가기관별	2003	2008	2009	2010	2011	2012	2013	2014
행정부	34.1	42.3	41.1	42	41.9	42.9	43	44.1
사법부	25.1	31.9	34.2	34.9	35.6	36.4	36.8	37.7
입법부	31.8	31.5	36.0	33.1	34.9	35	38.9	36.5
중앙선거관리위원회	18.0	30.5	30.7	31.9	31.2	31	31.4	31.6
헌법재판소	34.0	34.7	36.1	36.4	38	37.3	37.8	40.9

출처: gsis.kwdi.re.kr.

공공부문 전체를 살펴보면 2003년에서 2009년까지 여성의 비율이 증가하고 있음을 알 수 있다. 여성공무원이 증가하고 있지만 고위공무원에서는 여성의 비율이 현저히 낮다. 우선 장차관 비율을 살펴보면 여성은 다른 서구 국가들에 비해서 훨씬 낮음을 알 수 있다. 물론 장차관은 다른 공무원과는 성격이 보다 정치적이라고 할 수 있지만 그래도 공무원의 정책지향을 책임진다는 점에서 비교할 필요는 있다. 한국의 경우에는 5-6%대에 머무르고 있지만 서구 국가들의 경우에는 50%에 육박하고 스웨덴은 50%를 넘는 경우도 많이 있다. 여성들이 행정을 담당하는 최고위직에 있다는 것은 여성의 권한척도와 밀접한 관련이 있다. 장차관의 비율이 높은 국가들은 대부분 여성국회의원의 비율이 높고 또한 양쪽 모두 높은 나라들은 모두 여성권한척도가 높은 나라이다.

표 6_ 장·차관 여성비율 국가 비교

국가별	1999	2005	2008	2015*
한국	6.5	5.6	5.0	5.9
핀란드	44.4	47.1	58.0	62.5
노르웨이	42.1	44.4	56.0	47.1
스웨덴	55.0	52.4	48.0	52.2
프랑스	37.9	17.6	47.0	50.0
남아프리카공화국	38.1	41.4	45.0	41.7
스페인	17.6	50.0	44.0	30.8
스위스	28.6	14.3	43.0	42.9
엘살바도르	15.4	35.3	39.0	21.4
오스트리아	31.3	35.3	38.0	30.8
덴마크	45.0	33.3	37.0	26.3
카보베르데	35.0	18.8	36.0	52.9
아이슬란드	33.3	27.3	36.0	44.4
독일	35.7	46.2	33.0	33.3

출처: gsis.kwdi.re.kr.

2015년 데이터 출처: IPU, *Women in Politics 2015* (Woman in ministerial positions).

아래 〈표 7〉을 직급별로 보면 여성공무원 비율이 얼마나 낮은 직급에 머물러 있는지 알 수 있다.

표 7_ 공무원 직급별 여성비율(지방자치단체)

구분			현원					
			소계		지방		국가	
			전체	여성	전체	여성	전체	여성
계			289,914	94,346	289,837	94,345	77	1
일반직	일반	소계	243,022	89,133	242,969	89,132	53	1
		고위공무원	38				38	
		1급	5		5			
		2급	59	2	59	2		
		3급	331	14	331	14		
		4급	2,669	177	2,669	177		
		5급	15,853	1,647	15,853	1,647		
		6급	65,845	17,811	65,845	17,811		
		7급	87,456	35,828	87,456	35,828		
		8급	41,645	19,571	41,645	19,571		
		9급	21,848	11,884	21,848	11,884		
		연구직(관)	518	71	510	71	8	
		연구직(사)	2,505	962	2,505	962		
		지도직(관)	475	46	468	45	7	1
		지도직(사)	3,775	1,120	3,775	1,120		
	시간선택제 채용공무원	소계	277	190	277	190		
		고위공무원						
		1급						
		2급						
		3급						
		4급						

	시간선택제 채용공무원	5급						
		6급						
		7급	1	1	1	1		
		8급	13	13	13	13		
		9급	263	176	263	176		
		연구직(관)						
		연구직(사)						
		지도직(관)						
		지도직(사)						
	전문 경력관	소계	554	61	554	61		
		가군	41	4	41	4		
		나군	468	49	468	49		
		다군	45	8	45	8		
일반직	전담직위	소계	563	179	563	179		
		1급	1	1	1	1		
		2급						
		3급						
		4급	1	1	1	1		
		5급	19	2	19	2		
		6급	186	59	186	59		
		7급	260	90	260	90		
		8급	51	18	51	18		
		9급	1		1			
		연구직(관)	11	1	11	1		
		연구직(사)	30	7	30	7		
		지도직(관)						
		지도직(사)	3		3			

일반직	일반 임기제	소계	4,568	1,922	4,568	1,922		
		1급	6		6			
		2급	7	1	7	1		
		3급	22	2	22	2		
		4급	95	20	95	20		
		5급	659	239	659	239		
		6급	817	280	817	280		
		7급	1,133	472	1,133	472		
		8급	1,028	522	1,028	522		
		9급	587	312	587	312		
		연구직(관)	32	7	32	7		
		연구직(사)	170	64	170	64		
		지도직(관)						
		지도직(사)	12	3	12	3		
특정직		소계	40,179	2,761	40,157	2,761	22	
		소방직	39,286	2,553	39,264	2,553	22	
		교육직	774	184	774	184		
		자치경찰	119	24	119	24		
정무직		소계	246	9	244	9	2	
		정무직	246	9	244	9	2	
별정직		소계	505	91	505	91		
		1급 상당	14	3	14	3		
		2급 상당						
		3급 상당	1		1			
		4급 상당	36	1	36	1		
		5급 상당	106	9	106	9		
		6급 상당	156	15	156	15		
		7급 상당	134	26	134	26		
		8급 상당	37	21	37	21		
		9급 상당	21	16	21	16		

출처: 행정자치부, 『2014년 지방자치단체 공무원 인사통계』.

중앙 통계가 없어서 지방자치단체 공무원을 기준으로 살펴봤을 때 전체 여성 가운데 고위공무원과 1급은 단 한명도 없고 2급이 2명 있을 뿐이다. 3급이 14명, 4급이 177명이다. 5급은 1,647명으로 4급보다는 10배 가까이 많다. 반면 대부분의 지방공무원은 하급직임을 알 수 있다. 이 표를 좀 단순화하여 여성 지방자치단체 공무원을 비율로 살펴보면 아래와 같다.

표 8_ 직급별 여성 지방자치단체 공무원

	여성공무원 수(명)	여성공무원 비율(%)
1급	1	8.3
2급	3	4.5
3급	16	4.5
4급	198	7.2
5급	1,888	11.4
6급	18,150	27.2
7급	36,391	40.9
8급	20,124	47.1
9급	12,372	54.5

* 일반직 각 급수별 모든 여성공무원(전담직위 포함) 수를 더하고, 비율은 각 급수별 전체 인원 대비 여성 인원 수

다른 자료를 봐도 고위직에는 여성공무원이 적고 하위직에 많음을 알 수 있다. 아래의 그림은 5급 이상 여성공무원비율의 변화이다.

그림 6_ 5급 이상 여성공무원 비율

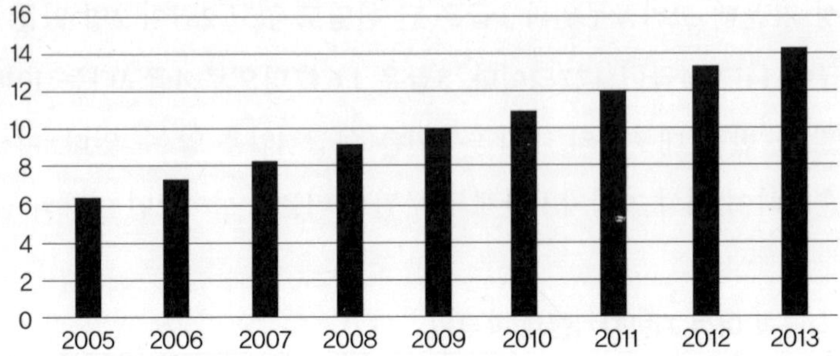

출처: gsis.kwdi.re.kr.

1999년에 3%밖에 되지 않던 5급 이상 여성공무원 비율은 상승일로에 놓여서 2007년 10%에 육박하면서 지속적인 상승추세에 있다는 것은 다행이지만 아직까지 14%밖에 되지 않는다는 것은 앞으로 얼마간은 고위공무원의 비율이 최대 20%를 넘기기 어렵다는 뜻이기 때문에 아직도 많은 발전이 필요하다. 그러나 긍정적인 것은 국가임용고시 여성합격률이 꾸준히 높아지고 있기 때문에 지속적으로 5급 이상 여성공무원은 충원될 예정으로 일정 부분 발전될 것으로 보인다.

표 9_ 국가고시 여성 합격비율

국가고시 종류	2004	2005	2006	2007	2008	2009	2010	2011	2012	2013	2014	2015
계	26.5	33.8	38.2	37.6	40.3	37.0	42.3	37.3	40.8	41.8	35	40
행정고시	34.0	38.0	40.1	43.1	45.0	40.1	42.5	35.5	38.4	39.4	36.9	41
외무고시	35.0	52.6	36.0	67.7	65.7	48.8	60	55.2	53.1	59.5		
사법고시	24.4	32.3	37.7	35.0	38.0	35.6	41.5	37.3	41.7	40.2	33.3	38.6

출처: gsis.kwdi.re.kr.

특히 외무고시의 경우에는 2007년 이래로 꾸준히 과반수의 합격자가 여성이므로 여성분야가 되어가고 있다. 외국의 경우에도 외교부 특히 통상분야 협상의 경우에는 상대국 담당자에게 거부감을 덜 줄 수 있다는 이유로 여성외교관들이 선호되고 있는 점을 생각할 때 여성외무공원의 증가는 국가로서는 바람직한 일이라고 할 수 있다.

3. 사법부

미국의 경우 여성정책의 발전을 가져오는데 연방대법원이 역할이 중요하다. 주마다 다른 법질서를 가지고 있기 때문에 연방법과 주법의 충돌이 발생한 경우, 혹은 주법들 사이의 충돌이 발생하는 경우, 또는 새로운 법질서의 등장에서 연방대법원은 중요한 역할을 한다. 연방대법원에서 여성에 대해서 어떠한 인식을 가지고 있는 판사가 임명되느냐에 따라서 여성정책은 진전하기도 하고 후퇴하기도 한다. 미국 낙태정책의 변화를 살펴볼 때 이러한 성향은 두드러진다(김민정 2010). 이런 점을 생각할 때 한국에서도 입법과정에서의 여성의 참여도 중요하고 행정과정에서의 여성의 참여도 중요하지만 사법부에서의 여성의 참여 역시 간과할 수 없는 부분이다. 사법부는 다른 어느 국가기관보다 보수적이라고 알려져 왔지만 여성의 참여도 많이 진전을 보이고 있다.

표 10_ 여성법조인

	2006	2008	2010	2012	2014
계	9.8	12.4	15	18.5	21.7
판사	16.9	21.0	24.4	26.7	27.3

검사	11.6	15.6	20.5	23.6	26.8
변호사	7.6	9.9	11.7	15.9	19.9

출처: gsis.kwdi.re.kr.

〈표 9〉에서 보여주고 있듯이 사법고시에서 2015년 여성의 합격률이 전체 합격자의 38.6%에 이르면서 시간이 지나면 법조인 전체에서 여성이 차지하는 비율도 차차 높아질 것이다.

4. 최근의 여성참여 증가

각 분야에 걸쳐서 여성의 비율이 최근에 들어서 많은 증가를 보이고 있다. 이러한 증가는 크게 두 가지 요인에 기인한다. 첫째는 여성교육의 증가이다. 1980년대 이래로 여성의 고등교육 수혜가 꾸준히 증가하면서 고학력 여성이 배출되었다. 이들은 이전과는 달리 가사영역에 머무르지 않고 적극적으로 사회에 참여하기 시작하였고 이러한 고학력 여성들은 여성에 대한 보이지 않는 차별이 남아있다고 생각하는 일반 사적영역보다는 시험에 의해서 선발되고 비교적 공정하다고 여겨지는 공적 부분에 취업하면서 여성 공무원의 비율이 증가하게 되었다.

표 11_ 여성의 고등교육 수혜율(전체 대비 여학생의 비율)

	전문대학	대학교	대학원
2002년	36.7	36.5	41.2
2005년	37	36.8	44.2
2010년	39.7	38	48.1
2015년	40.4	40.1	48.7

출처: gsis.kwdi.re.kr.

특히 대학원 학생의 경우에는 거의 50%에 육박하게 됨으로써 교육을 많이 받은 여성들은 그에 상응하는 보다 안정되고 성적 차별이 덜한 직장에 근무하기를 원하게 되고 또 시험이 어렵더라도 시험은 면접이나 혹은 다른 것에 의해서 좌우되는 일반 기업보다 공무원을 선호하게 되면서 공공부문으로 여성이 많이 가게 되는 계기가 되었다. 분야별로 봐도 여성의 고학력화는 분명하다. 공학계열이 아직도 상당히 낮고 특히 박사에서는 여성의 비율이 10%도 안 되지만 다른 분야에서, 즉 사회계열과 같이 전통적으로 남성의 영역으로 여겨지던 분야에서도 여성박사는 30%에 이르고 있어서 여성의 고학력화가 뚜렷하며 전 분야에 걸쳐 골고루 진행되고 있다고 할 수 있다.

표 12_ 전공분야별 여학생 비율(2015년)

전공분야별	석사-여자 비율 (%)	박사-여자 비율 (%)
계	50.4	36.1
인문계열	55.7	51.7
사회계열	45	33.9
교육계열	76.2	68.9
공학계열	17.5	12
자연계열	51.3	37.2
의약계열	57.9	47.3
예체능계열	67.5	52.6

출처: gsis.kwdi.re.kr.

2015년 통계를 1990년대와 비교해보면 최근에 들어 확실히 여성의 고학력화가 진행되고 있음을 알 수 있다. 1996년 정치외교학과 졸업 여학생을 연구했던 한 연구에서 보면(김민정 1997) 학부에서는 33.7%였던 여학생의 비율이 대학원으로 가면 21.4%로 떨어지고 박사과정으로 가면 14.2%로 현저히 떨어지는 것을 알 수 있다. 그렇게 박사과정에서 심하게 떨어졌던 여학생 비율은 2015년에 이르면 사회계열 석사학위 수여자의 경우 여성이 45%, 박사학위 수여자도 33.9%로 2배 가까이 증가하고 있어서 여성의 고른 고학력화를 읽을 수 있다.

두 번째 공공 부분의 여성 수 증가는 일정 부분 여성공무원 채용목표제 효과이다. 우리나라는 1995년 북경 여성세계대회의 권고에 따라 여성발전기법을 제정하고 그 6조에 "국가 및 지방자치단체는 여성의 참여가 현저히 부진한 분야에 대하여 합리적인 범위 안에서 그 참여를 촉진하기 위하여 관계법령이 정하는 바에 따라 잠정적인 우대조치를 취할 수 있다."는 조항을 신설하여 잠정적인 우대조치의 가능성을 열어두었다. 이에 따라서 행정자치부는 1996년 여성공무원 채용목표제를 시행하기 시작했다. 당시만 하더라도 각종 국가고시에서 여성의 합격률이 높지 않았기 때문에 1996년 5급, 7급 공무원 시험에서 10%를 적용하였고 1997년 13%, 1998년 15%, 1999년 18%로 하여 2000년에 20%에 도달하도록 하는 채용목표제를 실시했다. 채용목표제는 시험에서 여성의 합격이 위의 목표에 도달하지 않을 경우 도달할 수 있도록 차순위 여성을 합격시키는 방법으로 여성공무원 증가에 상당 부분 기여했다(배득종, 김영미 2002). 이후 행정자치부는 채용목표제의 비율과 실시기간, 직급별 비율을 상향조정하거나 연장해서 2002년까지 적용했다(2002년 5급 20%, 7급 27%, 9급 30%). 또 보직 부분에서는 여성공무원이 다양한 업무경험을 통해 능력을 발전시킬 수 있도록 여성공무원 발전 기본계획을 수립함으로써 각 기관마다 '1과 1여성제'를 도입, 기획, 인사, 감사 분야 등 전략업무에 여성배치를 적극 권장했다.

마찬가지로 정치에 있어서 여성국회의원의 증가 및 여성 지방의회 의원의 증가도 비례대표 정당 명부에 있어서 여성후보 50% 할당제가 중요한 영향을 미쳤다. 할당제 도입 이전에는 여성국회의원 비율은 5.9%에 지나지 않았지만 할당제의 도입과 더불어 13%로 단번에 증가하였고 이어서 지속적으로 증가하여 2016년 현재 17%에 이르고 있다. 비례대표 부분에서는 지속적으로 50% 가까이 여성의원 비율을 내고 있고 할당제가 적용되지 않는 지역구에서도 여성의원 비율이 점차 증가하고 있어서 할당제는 할당이 적용되는 부분에서는 당연히 증가하지만 할당이 적용되지 않는 부분에 있어서 여성이 증가되고 있다.

마지막으로 여성이 공공부문에서 증가하고 있는 현상은 여성의 사회활동이 증가하고 있기 때문이다. 여성의 고학력화가 급속히 진행되면서 여성들은 과거 대학 졸업과 더불어 결혼하고 육아에 전념하던 것에서부터 사회생활에 적극적으로 참여하는 형태로 변화되고 있다. 2006년에 50.3%의 여성 경제활동인구가 경제활동에 참가하였는데 2015년에는 51.8%로 증가했다. 2006년 50.3%에 이르렀다가 다소 주춤하였는데 2008년 경력단절 여성 등의 경제활동 촉진법이 제정되면서 경력단절 여성들의 경제활동 재진입을 지원하는 각종 정책적 지원이 마련되면서 다시 늘어서 2015년에는 51.8%에 이르고 있다. 이러한 추세가 여성들의 정치적 관심을 높이고 있으며 해방 직후 정치의 대상, 피치자이기만 했던 여성들이 정치와 사회의 주체로서 적극적으로 자신들의 의견을 표출하며 적극적인 참여를 표현하고 있다. 이러한 변화가 정치에서의 여성의 증가 및 공공부문에서의 증가를 가져왔다.

V. 결론

여성의 사회참여는 21세기 세계적인 화두이다. 이미 1990년대에 『메가트랜드 2000』을 쓴 나이스비트는 21세기가 여성의 시대임을 예고했다. 이런 예고대로인지는 몰라도 21세기에 들어오면서 세계 곳곳에서 여성의 약진이 눈에 띄고 있다. 여성은 곳곳에서 세계 지도자로 대통령으로 수상으로 당선되고 있고 이들의 활약상은 심심치 않게 신문지상을 장식하고 있다. 한국에서도 21세기에 들어오면서 여성총리가 배출되었고 지방자치단체장 선거에서도 여성들이 눈에 뜨인다. 이러한 가시적인 변화와 더불어 곳곳에서 여성의 진출이 눈에 띄게 나타나고 있다. 그러나 사실 이것은 시작에 불과하다. 여성들은 오랜 기간 동안 가정에 갇히어 자신의 능력을 발휘하지 못하였고 근대 산업발전의 보이지 않는 버팀목이었다. 이제 사회 전반으로 그들의 활동무대를 바꾸어 좀 더 다양하게 자신의 발전을 위해서, 그리고 사회의 발전을 위해서 일해야 할 때이고 사회는 그것이 가능하도록 마련해줘야 한다. 그것은 여성을 위해서이기도 하지만 사회를 위한 장기적인 발전 포석이다. 오늘날 사회가 필요로 하는 인재상은 근대화 시대, 발전국가 시대와는 상당히 차이가 있는 새로운 형태의 인재여야하기 때문이다.

그러면 보다 발전된 여성의 참여 확대를 위해서 무엇이 필요할까?

서유럽의 여성 발전국가에서는 이미 1980년대로부터 공공부문에서의 여성할당제를 실시해왔다. 스웨덴에서는 모든 직장에서 양성 간 평등이 유지되도록 하고 있으며 행정부에서 채용을 할 때는 성적인 균형이 맞도록 인사 조치를 취해왔다. 핀란드에서는 1988년 평등법을 통과시키고 정부위원회 및 자치단체 위원회에서 성별 균형을 유지할 것을 법으로 못 박았다. 프랑스는 2000년 공직선거에서의 할당제에 이어서 2010년 기업 고위간부에서의 여성할당제를 법으로 만들었다. 기업 이사진의 40%를 6년 안에 달성하도록 의무화하는 법안을 통과시켰다. 프랑스는 2010년 현재 상장기업의 여성이사 비율은 10%에 그치고 있고 남성이사만 있는 기업도 전체 기업의 60%에 달하는 것으로 집계되어서 이 법은 프랑스 사회의 큰 변화를 예고하고 있다(Le Monde 2010. 1. 10).

이러한 법적인 조치 이외에도 여학생들의 사회참여에 대한 관심을 높이도록 다양한 활동기회의 제공이 필요하다. 차세대 여성들의 변화는 한국 사회에 새로운 변화의 첫걸음이 될 것이다. 제도적인 뒷받침도 중요하지만 제도는 다만 변화를 촉발할 뿐이다. 실제로 변화가 이루어지기 위해서는 여성들의 태도 변화, 적극적인 사회참여가 꼭 필요한 시점이다.

21세기 정치연구회 편. 2002.『정치학으로의 산책』. 서울: 한울아카데미.

강정인. 1993.『자유민주주의의 이념적 초상』. 서울: 학문과 사상사.

김민정. 1997, "사회과학전공여성의 사회참여 현황과 활성화 방안－정치학전공자를 중심으로"『한국정치학회보』 31집 4호.

김민정. 2001. "2001년 프랑스 지방선거: 부드러운 혁명." 장공자 외.『분단·평화·여성(V)』. 서울: 민주평화통일자문회의 북한연구회.

_____. 2002. "후보 공천 방식과 여성의 대표성 확보방안."『여성연구논총』. 제17집. 서울여자대학교 여성연구소.

_____. 2003. "지방의회 여성의원들의 의정활동 분석."『세계정치연구』. 2권 2호.

_____ 외. 2003. "한국여성유권자의 정책지향적 투표 행태－16대 대통령선거를 중심으로."『한국정치학회보』. 37집 3호.

_____. 2004. "2004년 총선과 여성,"『제17대 총선과 여성』. 한국여성유권자연맹.

_____. 2004. "EU의 성평등정책이 회원국의 국내정책에 미친 영향프랑스 동수를 위한 헌법개정을 중심으로."『21세기 정치학회보』. 14집 1호.

_____. 2005. "17대 총선에서 나타난 여성유권자의 투표 성향과 시민단체의 영향." 조현옥편.『한국의 여성정치세력화 운동』. 서울: 도서출판 사회와 연대.

_____. 2006. "여성할당제의 정치적 효과－프랑스 시의회를 중심으로."『21세기 정치학회보』. 16집 1호.

_____. 2008. "18대 총선 평가, 민노당 여성후보들의 선거." 미발간 자료.

김민정. 2010. “미국 낙태 관련 정책에 영향을 미치는 요인.” 『한국정치학회보』 44집 4호.

_____. 2012. “상향식 공천제와 여성의 대표성.” 『아시아여성연구』. 51권 1호.

_____. 김경미, 최정원. 2002. “여성후보들의 경쟁력-2002년 서울시의회 여성후보자들을 중심으로.” 한국 정치학회 하계학술회의 발표논문.

_____. 김원홍. 2002. “정당 민주화와 여성의 대표성 확보방안.” 『국회여성특위 보고서』. 서울: 대한민국국회.

_____, 문경희, 민경자, 최현자. 2009. 『여성정치인의 경력지속성 향상 방안』. 국회여성위원회 정책연구 08-4.

_____ 외. 2012. 『여성국회의원의 경력 지속: 19대 총선을 중심으로』. 국회연구용역과제 연구보고서.

_____. 2014. “한국 여성의 정치적 대표성 확대를 위한 여성할당제의 효과.” 『페미니즘 연구』. 14권 2호.

김선욱, 윤덕경, 김명숙, 임보영. 1995. 『여성공무원의 평등고용실현 촉진방안』 서울: 한국여성개발원.

김영태. 2004. “17대 국회의원선거의 공천제도와 공천 과정-지역구 후보 공천을 중심으로.” 『한국정당학회보』. 3권 2호.

김영하. 2000. “6·4 지방선거에 나타난 대구·경북지역 유권자의 후보자 선택 기준.” 한국 지방자치학회 하계학술대회발표논문집.

김운태 외 공저. 1999. 『한국 정치론』. 제4개정판. 서울: 박영사.

김유향. 2005. “일본, 정치의 재발견.” 여성정치대학(경기여성연대)의 강의자료.

김원홍. 1996. 『국회의원 여성후보에 관한 연구』. 서울: 한국여성개발원.

_____, 김민정, 이현출, 김혜영. 2003. 『지방의회 여성의원의 국회진출 활성화 방안 연구』. 국회여성위원회.

_____, 김복태, 김혜영, 전선영, 김은주. 2015. 『여성의 정치적 대표성 관련 선거법, 제도의 효과성 연구』. 한국여성정책연구원 연구보고서 9.

_____, 김은경. 1998. 『선거구조 개혁과 여성의 대표성 확보방안』. 서울: 한국여

성개발원.

______, 김혜영, 김은경. 2001.『해방 후 한국여성의 정치 참여 현황과 향후과제』. 서울: 한국여성개발원.

______, 장영아. 김민정, 박의경. 2001.『ASEM회원국 정책결정과정에서의 여성의 정치 참여』. 서울: 여성개발원.

______, 김은경. 2010.『2010 지방선거와 남녀 유권자의 정치의식 및 투표 행태에 관한 연구』. 한국여성정책연구원.

______, 김혜영. 2012.『19대 총선을 통한 여성의 정치 참여 평가와 향후과제』. 한국여성정책연구원.

김은경. 2002. "16대 총선을 통해 본 남녀 유권자의 여성후보 선택 요인."『페미니즘 연구』2호.

김정숙. 1997.『여성과 정치 II』. 서울: 한국여성정치문화연구소.

김지희. 2000. "16대 총선과 한국 민주주의의 진로: 제5회의 여성정치 참여의 이상과 현실; 제16대 총선과 여성후보의 국회진출: 14, 15, 16대 총선결과의 비교분석."『16대 총선평가 학술회의』. 서울: 한국정치학회.

문미경, 김혜영, 최무현. 2006.『공공부문 여성참여 확대정책의 발전방안 연구』. 한국 여성정책 연구원 연구보고서 2006-7.

박경미. 2008. "18대 총선의 공천과 정당조직."『한국정당학회보』. 7권 2호.

배귀희, 차재권, 홍희정. 2005. "사회적 구성주의 관점에서 대표 관료제에 관한 고찰: 여성공무원을 중심으로." 한국행정학회 춘계학술대회 발표논문.

배득종, 김영미, 2002.『여성공무원 채용목표제』. 여성부 용역과제.

비키 랜달 지음. 2000.『여성과 정치』. 김민정 외 옮김. 서울: 풀빛.

손봉숙 외. 1991.『지방의회선거와 여성후보자: 정치의식 및 충원과정 조사연구』. 서울: 한국여성정치연구소.

______, 박의경. 2000.『한국민주주의와 여성정치』. 서울: 풀빛.

______ 편, 한국여성정치연구소 기획. 2000.『90년대의 여성정치』. 제2권. 서울: 다해.

송건섭·이곤수. 2011. "지방선거와 유권자 투표선택: 종단 분석." 한국 행정학회 공동학술대회 발표논문집.

신수경. 1997. "한국 주요 정당의 제15대 국회의원총선거 여성 전국선거구비례대표 국회의원 후보자 충원과정 연구."『의정자료』. 통권 제24호. 한국의회발전연구회.

여성의정 편. 2013.『여성국회의정사』.

오미연, 김기정, 김민정. 2005. "한국 정당 여성국회의원 후보자 공천과 한국의 여성정치."『한국정치학회보』. 39집 2호.

오유석·김현희. 2005. "여성유권자에 대한 잘못된 편견들." 조현옥 편.『한국의 여성정치세력화 운동』. 서울: 사회와 연대.

윤이화. 2011. "한국여성의 대표성 확대의 딜레마, 차이와 다양성의 정치제16대 국회에서 제18대 국회를 중심으로-."『대한정치학회보』. 19집 1호.

윤종빈. 2012. "19대 총선 후보 공천의 과정과 결과, 그리고 쟁점: 새누리당과 민주통합당을 중심으로."『한국정당학회보』. 11권 2호.

이갑윤·이현우. 2000. "국회의원선거에서 후보자 요인의 영향력."『한국정치학회보』. 34집 2호.

이상화. 2005. "리더십과 권력에 대한 여성주의적 재개념화."『여성학논집』. 22집 1호.

이은재. 1999. "한국 여성공무원의 직무환경 개선에 관한 연구."「한국정책학회 동계학술대회 발표논문집」, 281-301.

전경옥. 1999. "근대성과 성찰적 근대화 논의에 대한 페미니스트 비판: 인식론적 가능성."『한국정치학회보』. 33집 4호 겨울호.

전용주. 2005. "후보 공천 과정의 민주화와 그 정치적 결과에 관한 연구."『한국정치학회보』. 39집 2호.

정성호·이제영. 2007. "후보자의 자질 및 이슈가 투표의사에 미치는 영향 연구."『정치커뮤니케이션연구』. 6호.

조경신, 이신자, 이호원. 2003. "성차와 리더십."『아시아여성연구』. 43집 1호(여름).
조기숙 편. 1998.『세계를 움직인 열두명의 여성들』. 서울: 여성신문사.
조우철. 1998.『여성정책추진의 효율적 제고에 관한 실증적 연구』. 경희대 박사학위논문.
조지프 나이. 홍수원 역. 2004.『소프트파워』. 서울: 세종연구원.
조현걸·박창규. 2000. "6·4 지방선거에서 선거공약이 유권자의 투표 행태에 미친 영향분석 - 대구, 경북지역 유권자들의 의식조사를 중심으로."『대한정치학회보』. 8권 2호.
주준희. 1997. "여성정책과 여성의원의 역할." 김정숙 편,『여성과 정치2』. 서울: 여성정치문화연구소.
한승조. 1999. "한국 정치의 권력엘리트" 김운태 외 공저.『한국 정치론』. 제4개정판. 서울: 박영사.
홍득표. 2000. "정당의 공직후보 결정 모형에 관한 연구 - 한국정당을 중심으로 - ."『한국정치학회보』. 34집 3호.
황아란. 2002. "국회의원후보의 당선경쟁력에 대한 성차 연구."『한국정치학회보』. 36집 1호.
_____. 2007. "기초 지방의원 선거의 중선거구제 개편과 정치적 효과."『지방정부연구』 11권 1호.
황영주. 2001. "남성의 얼굴을 가진 군사주의·자본주의·민주주의." 이영애 편.『뉴밀레니엄의 성정치학』. 서울: 법문사.
한국여성개발원. 1997. "할당제의 합헌성에 관한 연구 - 평등권에 비추어 본 여성 일정 비율할당제." 서울: 한국여성개발원.
한국여성개발연구원. 1995. "여성공무원의 평등고용실현 촉진방안." 서울: 한국여성개발원.
한국여성단체연합. 1994.『지역운동가 여성의원의 평가토론회 자료집』.
한국정당학회. 2004.『17대 총선 현장리포트』. 서울: 푸른길.
행정안전부. 2011.『2010지방자치단체공무원인사통계』.

행정자치부 여성담당관실. 1998.『공직사회의 여성정책 및 남녀평등의식조사결과보고서』. 서울: 행정자치부.

홍미영. 2004. "여성공무원에 대한 '유리천장' 현상에 관한 연구: 성별 차이비교를 통한 시론적 분석."『한국 사회와 행정연구』 15권 3호.

중앙선거관리위원회 후보자명부, http://www.nec.go.kr/main.jsp?GUBUN=hbm.

Bayes, J. 1991. "Women in public administration in the United States." *Women and Politics, 11* (4), 85-109.

Berman, Melissa A. 1988. "Talking Through Glass Walls", *Across the Board* 25(8), 26-29.

Caroll, Susan. 1984. "Women Candidate and Support for Feminist Concerns: The Closest Feminism Syndrome." *Western Political Quarterly*. Vol. 37, No. 2(June).

Conway, M., Margaret, David H. Ahern, and Gertrude A. Steuernagel. 1997. *Women and Political Participation: Cultural Change in the Political Arena*. Washington DC: Congressional Quarterly Press.

Costantini, Edmond, Kenneth H. Craik. 1972. "Women as Politicians: The Social Background. Personality and Political Careers of Female Party Leaders." *Journal of Social Issues* 2.

Cowley, Philip, Sarah Childs. 2003. "Too Spineless to Rebel? New Labour's Women MPs." *British Journal of Political Science*. 33.

Childs, Sarah, Mona Lena Krook. 2009. "Analysing Women's Substantive Representation: From Critical Mass to Critical Actors." *Government and Opposition*. Vol. 44, No. 2.

Dahl, Robert. 1999. 김왕식 외 역,『민주주의』. 서울: 동명사.

Darcy, R. Susan Welch and Janet Clark, et al. 1987. *Women Elections and Rep-*

resentation. 1st ed. New York: Longman Publishing Group.

Evans, 정현백 역. 1977.『페미니스트』. 서울: 창작과 비평사.

Flammamg, Janet, S. G. McNall ed., 1983. "Feminist Theory: The Question of Power." *Current Perspectives in Social Theory*. Vol. 4.

Flanders, M. L.1994. *Breakthrough: The career woman's guide to shattering the glass ceiling*. London: Paul Chapman.

Gertzog, Irwin N. 1995. *Congressional Women: Their Recruitment, Integration, and Behavior*. Second Edition. London: Praeger.

Htun, Mala. 2002. "Puzzles of women's rights in Brazil." *Social Research*. 69.

IPU. 1997. *Democracy Still in Making*.

Jacobson, Gary C. 1978. "The Effects of Campaign spending in Congressional Election." A*merican Political Science Review*. No. 72.

Katz, Richard S. 2001. "The Problem of Candidate Selection and Models of Party Democracies." *Party Politics*. Vol. 7, No. 3

Kim, Minjeoung. 2008. "Theorizing Women's Political leadership." presented at MPSA Conference at Chicago.

Kim, Pan Suk. 1993. "Toward Gender Equality in the Korean Civil Service." *Public Personnel Management* 22(3): 403-419.

Klenke, Karin. 1996. *Women and Leadership: A Contextual Perspective*. New York: Springer.

Lasswell, Harold. 1958. *Politics, Who gets what, when, how*. Oklahoma: Meridian Books.

Lewis, G. B. 1992. "Men and women toward the top: Backgrounds, careers, and potential of federal middle managers." *Public Personnel Management, 21*(4): 473-485.

Merritt, Sharyne. 1972. "Sex Difference in Role Behavior and Policy Orientations of Suburban Officeholders: The Effect of Women's Employment."

in Debra Stewart ed. *Women in Local Politics.* Matuchen. N.J.: Cornell University Press.

Murray, Rainbow. 2013. "Towards Parity Democracy? Gender in the 2012 French Legislative Elections." *Parliamentary Affairs.* 66.

Naff, K. C. 1994. "Through the glass ceiling: Prospects for the advancement of women in the federal civil service." *Public Administration Review, 54*(6), 507-514.

Norris, Pippa. ed.. 1997. *Passages to Power: Legislative recruitment in advanced democracies*. Cambridge University Press.

______, and Joni Lovenduski. 1995. *Political Recruitment: Gender, Race and Class in the British Parliament.* Cambridge University Press.

______, and Lawrence LeDuc, Richard Niemi. eds.. 1996. *Comparing democraties. elections and voting in global perspective*. London: Sage.

OECD. 1999. "Structure of the Civil Service Employment in Seven OECD Countries." http://www.oecd.org/puma/

Phillips, Anne. 1998. *Feminism & Politics*. Oxford University Press.

Pitkins, Hanna. 1967. *The Concept of Representation.* Berkeley: University of California Press.

Rabat, Gideon, Reuven Y. Hazan. 2001. "Candidate Selection Methods: An Analytical Framework." *Party Politics.* Vol. 7, No. 3.

Randall, Vicky. 2000. 김민정 외 역. 『여성과 정치』. 서울: 풀빛.

Rule, Wilma. 1981. March. "Why Women Don't Run: The Critical Contextual Factors in Women's Legislative Recruitment." *The Western Political Quarterly*. Vol. 34, No. 1.

_____. 1987. "Electoral Systems, contextual factors and women's Opportunity for election to Parliament in twenty-three Democracies." *The Western Political Quarterly.* Vol. 40, No. 3.

Sapiro, Virginia. 1981. "Research Frontier Essay: When Are Interest interesting? The Problem of Political Representation of Women." *American Political Science Review*. Vol. 75, No. 3(September).

Skjeie, Hege. "Credo on difference-Women in Parliament in Norway." http://archive.idea.int/women/parl/studies6a.htm(검색일: 2008년 9월 12일).

Stivers, C. 1993. *Gender images in public administration*. Newbury Park: Sage.

Tilly, Charles. 1990. *Coercion Capital and European State, AD 990–1990*. Oxford: Basil Blackwell.

Tomkins, Jonathan. 1995. *Human Resource Management in Government*. New York: HarperCollins.

United Nations Development Programme(UNDP). 1998. *Human Development Report*. New York: UNDP.

Zetterberg, Par. 2008. "The impact of Candidate Selection on "Quota Women's" Legislative Behavior: Towards a Theoretical Framework." presented at MPSA conference at Chicago.

연합뉴스. 2016.1.11. "〈표〉 새누리당·더민주 제20대 총선 공천룰 비교." http://www.yonhapnews.co.kr/bulletin/2016/01/11/0200000000AKR20160111079700001.HTML(검색일: 2016년 6월 23일).

주간동아. 2016.1.13. "여론조사 공천? '어이없네'." http://weekly.donga.com/Rel/3/all/11/520044/1(검색일: 2016년 6월 25일).

중앙선거관리위원회. http://www.nec.go.kr.

한국 여성의 정치 참여

발행일 1쇄 2017년 1월 30일
지은이 김민정
펴낸이 여국동

펴낸곳 도서출판 인간사랑
출판등록 1983. 1. 26. 제일-3호
주소 경기도 고양시 일산동구 백석로 108번길 60-5 2층
물류센타 경기도 고양시 일산동구 문원길 13-34(문봉동)
전화 031)901-8144(대표) | 031)907-2003(영업부)
팩스 031)905-5815
전자우편 igsr@naver.com
페이스북 http://www.facebook.com/igsrpub
블로그 http://blog.naver.com/igsr
인쇄 인성인쇄 **출력** 현대미디어 **종이** 세원지업사

ISBN 978-89-7418-358-5 93340

이 도서의 국립중앙도서관 출판시도서목록(CIP)은 서지정보유통지원시스템 홈페이지(http://seoji.nl.go.kr)와 국가자료공동목록시스템(http://www.nl.go.kr/kolisnet)에서 이용하실 수 있습니다.(CIP제어번호: CIP2017000958)